Remerciements

J'aimerais remercier ceux et celles qui m'ont aidé avec la relecture et avec leurs conseils de rédaction, dont Béatrice Orès, Anne-Marie Montebello et ma fille Johanna Wagman. J'aimerais également remercier les peuples palestinien et israélien, car sans leur parcours, ce livre n'aurait jamais vu le jour.

Préface

Par Michel Warschawski. Franco-israélien, M. Warschawski est cofondateur et président du Centre d'Information Alternative dont les bureaux sont situés à Jérusalem-Ouest (Israël) et à Beit Sahour (Cisjordanie occupée). Journaliste, écrivain et dirigeant historique de la gauche extraparlementaire israélienne, Michel Warschawski est aujourd'hui une des principales figures du mouvement anticolonialiste en Israël qui œuvre pour une paix juste dans la région.

Richard Wagman est d'abord et avant tout un militant, un militant de cette vieille génération pour qui l'engagement politique était un mode de vie. Militant anticapitaliste, antiraciste, anticolonialiste, pour qui le combat ne connaît pas de frontières entre domestique et étranger. « Les pauvres de ta paroisse passent avant » ? Pour Richard, cette phrase est un non-sens, à moins de considérer l'humanité comme sa paroisse. En un mot, qui pour beaucoup est devenu ringard, Richard Wagman est un internationaliste de conviction et d'action.

Internationaliste ne signifie pourtant pas dénué d'identité. Et l'identité dont se revendique Richard Wagman n'est ni canadienne – même s'il en a gardé l'accent – ni française, même s'il a fait le choix d'adopter la France comme nouvelle patrie, mais juive. Culturelle et pas religieuse, accrochée dans une histoire et pas dans un texte, encore moins dans une essence qui précisément transcenderait l'histoire.

C'est sans doute parce qu'il se revendique de cette identité juive qu'il a été le premier – et pour longtemps un des seuls, à répondre à l'appel de Maxim Ghilan – un autre de ces Juifs sans frontières – à constituer une section française de l'Union Juive Internationale pour la Paix, dont il a été longtemps le président, le trésorier… et un des seuls membres.

La France et sa conception républicaine de la laïcité – à ce point unique que le concept est intraduisible dans une autre langue – n'est pas le terreau idéal pour constituer une organisation « communautaire » de gauche. Alors que dans la Belgique voisine, l'Union des Progressistes Juifs de Belgique (UPJB) existe depuis les années 1930 et continue encore aujourd'hui à faire partie à la fois du paysage de la gauche belge et de celui des organisations juives de ce pays, en France, les organisations juives de gauche (communistes ou bundistes) ont petit à petit disparu avec la disparition du prolétariat juif. En France, on est Français, on est de gauche – on est donc Français de gauche. Toute autre identité est perçue dans les milieux progressistes comme du régionalisme ou du communautarisme (autre concept intraduisible en anglais par exemple), donc réactionnaire ou pour le moins rétrograde.

Je me souviens d'un jour où je me trouvais en France, et des camarades m'avaient demandé d'aider à récolter des signatures de personnalités juives françaises pour un appel contre la guerre au Liban intitulé « Pas en notre nom ». Quelle galère pour obtenir les signatures de mon ami Daniel Bensaïd ou encore du professeur Schwartzenberg pour qui s'exprimer en tant que Juifs posait problème ! « Je suis Français, je suis militant de gauche, je suis médecin, mais "Juif" ? Ça ne concerne pas le domaine public » m'avait répondu le célèbre cancérologue… pour finalement accepter de rajouter son nom à la liste.

Sans doute, ses origines canadiennes – pays du multi-culturalisme par excellence – sont pour beaucoup dans l'enthousiasme avec lequel Richard Wagman répond présent à l'appel de Maxim Ghilan. Longtemps il est resté quasiment seul dans cette aventure qui avait pris le nom d'Union Juive Française pour la Paix (UJFP). C'est finalement l'Intifada qui va pousser d'autres Juifs de gauche à rejoindre l'UJFP et la transformer en une organisation qui va rapidement avoir pignon sur rue. Au moment où les Juifs communautaires soutenaient inconditionnellement la politique criminelle des dirigeants israéliens, une « autre voix juive » se devait d'être entendue, et plus encore après la « reconquête » sanglante de 2001 et la campagne cynique des dirigeants communautaires juifs-français visant à identifier critique d'Israël et antisémitisme. Une autre voix juive mais aussi un front judéo-arabe qui puisse casser ce mensonge prémédité. Le besoin ressenti par de nombreux militants arabes de France de montrer que leur combat pour la Palestine n'avait rien à voir avec l'antisémitisme les encourageait à chercher des partenaires juifs dans la lutte pour les droits des Palestiniens. L'UJFP a été une de seules organisations juives à répondre à leur appel.

Paradoxalement, Richard Wagman se trouve alors relativement marginalisé dans cette nouvelle UJFP ou les nombreux – relativement à la taille de cette organisation – nouveaux adhérents n'ont pas vraiment la fibre juive : les célébrations de la Paque juive alternative chères à Richard ne font pas recette dans une organisation dont la majorité des militants se positionne beaucoup plus sur la question palestinienne que sur l'identité juive. Est-ce un hasard si Richard ne fait pas partie de la célèbre 11ème mission civile en Palestine/Israël qui a scellé l'alliance entre l'UJFP et l'Association des Travailleurs Maghrébins en France (ATMF) et déterminé dans une large mesure le cœur du programme d'action de l'UJFP durant la dernière décennie ? Depuis dix ans, en effet, les militants et militantes de l'UJFP et de l'ATMF manifestent ensemble dans les grands rassemblements nationaux, derrière une banderole commune où l'on peut lire « Juifs et Arabes Unis pour la Justice ». L'UJFP des années 2000 n'est plus l'UJFP que l'on a longtemps identifiée à Richard Wagman, mais nul ne peut lui enlever la paternité de cette importante organisation de la solidarité avec la Palestine.

Le recueil dont ce court texte est une préface n'est pas un livre de l'UJFP ou sur l'UJFP, mais un recueil de textes de Richard Wagman. En tant que tel il est fidèle à son auteur, ses positions, ses sujets d'intérêt et ses terrains d'intervention. Un auteur qui est à la fois au centre de l'action politique en France mais qui aussi, de par ses origines, est capable de dépasser la perception franco-française qui caractérise trop souvent les analyses de la gauche d'un pays qui pourtant se targue d'avoir été le berceau de l'universalisme. Espérons que ce livre stimulera d'autres militants du mouvement de solidarité avec la Palestine, mais aussi des organisations juives de gauche en France à faire leur propre état des lieux, et ce à un moment qui n'est peut être pas celui des offensives triomphales, mais certainement propice à des bilans nécessaires, indispensables.

Michel Warschawski

Introduction

Si vous pensez que ce récit a pour objet l'État d'Israël, vous vous trompez. Et si vous pensez qu'il concerne surtout la Palestine, vous commencez à vous rapprocher de la vérité, mais ce n'est pas encore cela. Il s'agit plutôt d'un livre sur les Juifs.[1] Ces pages sont consacrées non aux Israéliens mais aux Juifs du monde entier, à travers une question qui les hante, comme le communisme a jadis hanté l'Europe, pour citer un célèbre philosophe d'origine juive du 19ème siècle. La question, c'est bien sûr celle de la Palestine. Sachez que les deux tiers de la population juive mondiale ne vivent pas en Israël mais dans d'autres pays d'Asie, d'Europe, d'Amérique et

[1] Comme veut l'usage, lorsque le mot « Juif » est utilisé comme nom – pas comme adjectif – et écrit avec un « J » majuscule, il désigne l'ensemble des personnes de cette communauté, qu'elles soient croyantes ou pas, pratiquantes ou pas. Lorsque le mot « juif » – le nom, pas l'adjectif – et écrit avec un « j » minuscule, il désigne les seules personnes croyantes qui professent la religion juive.

d'Afrique, ainsi qu'en Australie. Puis rappelons que la cause palestinienne n'est pas un sujet de polémique pour les Arabes : le soutien de ces derniers est à peu près acquis. Certes, la Palestine est une question qui se pose avec un peu plus de défis à la communauté internationale dans son ensemble. Mais elle est surtout une question juive, dans la mesure où, à l'heure actuelle, la majorité de Juifs est loin d'être gagnée à la cause palestinienne ; c'est une évidence que de le dire.[2]

Et pourtant, c'est la question qui hante par excellence la communauté juive,[3] provoquant en son sein des sentiments divers. Tantôt des sentiments de rejet, de déni, de refoulement, parfois de honte, de culpabilité. De tels sentiments vont jusqu'à la haine, à la violence. Chez d'autres Juifs la question palestinienne provoque doute, confusion, désarroi, remise en question des certitudes dont ils ont été bercés. Chez d'autres encore, la question palestinienne provoque du regret, une impression de gâchis, la sensation qu'on aurait pu procéder autrement, qu'on

---

[2] Et pourtant ce ne fut pas toujours le cas. Pour plus d'information à ce sujet, voir le remarquable ouvrage de Yakov Rabkin, *Au nom de la Torah, une histoire de l'opposition juive au sionisme*, Les presses de l'Université Laval, 2004.

[3] Dans cet ouvrage, le terme « communauté juive » est utilisé dans son sens large. Il s'agit donc de l'ensemble des Juifs, croyants ou non, pratiquants ou non, membres d'une organisation juive ou non et pas seulement les structures communautaires formelles qui se veulent représentatives de la population juive.

aurait pu régler ce conflit il y a longtemps déjà. Chez d'autres « Israélites » (on parle ici des personnes d'origine juive et non pas des citoyens de l'État d'Israël), la question palestinienne suscite la compassion, l'empathie, voire la nostalgie, surtout pour la génération de Juifs expatriés originaires de l'Afrique du Nord ou du Moyen-Orient et qui se souviennent de la coexistence paisible, agréable, douce, qu'ils ont vécue avec leurs voisins musulmans sous les palmiers du Maroc, de l'Algérie, de la Tunisie, du Yemen, de l'Irak ou d'autres pays de ce qu'il convient d'appeler, de façon générique, le « Monde Arabe ». Chez d'autres Juifs, la question palestinienne suscite solidarité, fraternité, désir de rapprochement, certains d'entre eux comparant le sort fait aux Palestiniens sous l'occupation israélienne au sort fait à leurs ancêtres dans les ghettos d'Europe. Si beaucoup de ces derniers sont d'une sensibilité politique de gauche, on peut dire de façon plus générale que les minorités et les peuples opprimés se reconnaissent dans la résistance contre l'exclusion, contre le racisme et contre l'oppression. D'où les sentiments de solidarité à l'égard des Palestiniens. Quoi qu'il en soit, dans la communauté juive, la question palestinienne ne laisse personne indifférent.

Pour un grand nombre de Juifs, consciemment ou inconsciemment, la question palestinienne provoque tous ces sentiments à la fois. Au fil des événements, l'état d'esprit de certains Juifs peut basculer du déni à l'acceptation, du rejet à la fraternité, du doute à la lucidité, de la haine à la compassion, de la violence à la main tendue, de la honte à l'action rédemptrice, ce qui les amène à adopter une prise de position parfaitement assumée, plus en phase avec des valeurs universalistes chères à la tradition juive.

Nous allons explorer en détail ces sentiments contradictoires à travers un examen historique du conflit israélo-palestinien, un examen de la récente évolution de la pensée juive prise dans ce conflit douloureux et, bien entendu, nous allons examiner les moyens de résoudre le différend israélo-palestinien une fois pour toutes. Comme pour beaucoup d'autres conflits qui ont déchiré l'humanité, celui-ci n'est pas une fatalité comme un tremblement de terre ou autre catastrophe naturelle devant laquelle les êtres humains ne peuvent rien. C'est un conflit inutile et à ce titre, il est d'utilité publique de le résoudre. Ce devoir, qui est celui de la communauté internationale, est surtout un devoir de la communauté juive pour les raisons que nous allons explorer.

Quant à la création et à la pérennisation de l'État d'Israël, elle intéresse bon nombre de Juifs. Mais ce n'est pas une question juive. Les questions juives sont celles qui interpellent les membres de cette communauté composée de plus de 15 millions de personnes à travers le monde. En clair, ce sont des questions qui s'adressent à leur conscience, ébranlent parfois leurs certitudes et leur posent des défis personnels à la lumière de la tradition juive universaliste. Sous cet angle, la création de l'État d'Israël, il y a 66 ans, n'était pas une véritable question juive. Par contre, de nos jours, la perspective de la création d'un véritable État palestinien et le sort de ce peuple est une question juive par excellence.

Il est bien entendu que ce modeste ouvrage peut intéresser les Juifs. Mais pas seulement. Il peut intéresser tous ceux et celles qui veulent mieux comprendre la minorité israélite qui a marqué l'histoire de son empreinte, de l'antiquité jusqu'à nos jours. Et il s'adresse enfin à tous ceux et celles concernés par le conflit israélo-palestinien, pressés de voir se fermer ce chapitre sanglant de l'histoire contemporaine.

Au cours du 20ème siècle, dans l'Orient, s'est créée une entité politique juive souveraine, reconnue comme telle et dotée de tous les attributs d'autonomie administrative. C'était une première depuis les royaumes juifs de l'antiquité. S'agit-il de l'État d'Israël, créé en 1948 ? Non, il s'agit de la Région autonome juive soviétique du Birobidjan, créée en 1934 ! Une bizarrerie de l'histoire, une expérience peu connue et vite oubliée, mais qui vaut la peine d'être examinée pour voir en quoi elle diffère de l'expérience israélienne. On ne peut pas qualifier le Birobidjan de « sioniste », même s'il a été conçu comme une terre d'accueil pour les Juifs où la langue officielle fut le yiddish. À son apogée il n'y avait que 30 000 Juifs au Birobidjan, « leur » région où, paradoxalement, les Juifs ne furent jamais majoritaires. Toutefois, contrairement à la Palestine, il n'y eut pas de colonisation imposée sur les terres des peuples autochtones, ni de déplacement, ni de dépossession d'autrui, encore moins de conflit armé, pas d'expulsions, pas de lois racistes contre les non-Juifs, pas de « barrière de sécurité », pas de présence militaire juive pour « contrôler » et réprimer les autres, pas de prisonniers politiques, pas un seul mort, ni un seul blessé suite à la création de cette région juive autonome. Ce qui tranche quand même avec le drame du Proche-Orient !

Après la révolution d'octobre en 1917, la « Déclaration des droits des peuples de Russie » proclame « l'égalité et la souveraineté des peuples ». La constitution fédérale rédigée sous Lénine en 1924 garantit un territoire à chaque minorité nationale. L'inconvénient, c'est que les Juifs sont la seule nationalité soviétique qui ne soit majoritaire nulle part sur le territoire de l'URSS. En 1928, un décret désigne le Birobidjan comme contrée allouée aux Juifs, avec la possibilité de créer une « entité administrative territoriale nationale juive ». C'est chose faite par Staline en 1934. Mais contrairement à d'autres minorités vues de Moscou comme « gênantes » – comme par exemple les Tartares de Crimée, qui sont déportés en Asie centrale – il n'y eut pas de déplacement forcé des populations juives. Le peuplement juif de Birobidjan était basé sur le volontariat.

Quels étaient les vrais motifs du « petit père des peuples » ? Ce n'était sûrement pas un souci de respecter scrupuleusement la constitution soviétique, ni une soudaine judéophilie. L'immigration juive croissante en Palestine pouvait exercer un attrait pour certains Juifs soviétiques, mais à juste titre Moscou considérait ce courant comme un projet colonisateur impérialiste. De plus, le gouvernement soviétique voulait « renforcer » la zone autour du fleuve Amour, située dans une région frontalière et historiquement contestée par la Chine. En même temps, Staline a sans doute voulu faire d'une pierre deux coups, en pensant se « débarrasser » ainsi de « ses » Juifs, ceux des républiques soviétiques européennes (Russie, Ukraine, Biélorussie et celles du Caucase). Car nombre d'entre eux, qui faisaient partie de l'intelligentsia, étaient critiques à l'égard de sa politique répressive. Pendant l'avancée des armées hitlériennes sur le front est au cours de la Seconde guerre mondiale, un nombre important de Juifs soviétiques ont rejoint le maquis ou se sont enrôlés dans l'Armée Rouge, préférant mourir comme combattants plutôt que de périr en déportation. Un grand nombre de Juifs qui n'ont pas pris les armes ont été exterminés par les nazis mais quelques uns se sont réfugiés au Birobidjan, obtenant ainsi la vie sauve. Après la guerre, la plupart d'entre eux sont revenus dans la partie européenne de l'URSS.

Tout compte fait, l'expérience de cette région autonome juive a été un échec car elle n'a jamais attiré de leur plein gré un grand nombre de Juifs soviétiques. Ce territoire lointain n'était pas leur terre d'origine historique, contrairement aux républiques soviétiques européennes, par exemple. Ils ne s'y retrouvaient tout simplement pas. L'expérience est donc morte de sa belle mort même si, encore aujourd'hui, il y a une petite population juive dans cette zone de la Sibérie. Mais le contraste avec Israël est frappant. Le Birobidjan était peut-être une entité politique juive autonome mais en aucun cas « sioniste » au vu des critères qui caractérisent l'État d'Israël et des conflits qui en découlent.

Quant à la déchirante histoire israélo-palestinienne, voyons ensemble le développement de ce conflit. Sans être la guerre de 100 ans, il date néanmoins d'un peu plus d'un siècle.

Une idée du conflit, un conflit d'idées

Années 1880 : Des pogroms[4] antisémites ensanglantent les ghettos et shtetls[5] dans la Russie tsariste et les territoires qu'elle contrôle en Europe de l'Est. Une résurgence de l'antisémitisme séculaire s'étend à l'Europe centrale.

1894 : Un journaliste juif d'origine autrichienne, Théodore Hertzl, correspondant en France, assiste hébété à l'éclatement de l'affaire Dreyfus. Il conclut que si les Juifs ne sont pas en sécurité au « pays des Droits de l'Homme », ils ne le sont nulle part.

1897 : Le 1er congrès sioniste se tient à Bâle, en Suisse, avec la participation de son inspirateur, Hertzl. Ce congrès privilégie le choix de la Palestine comme lieu de réalisation son projet national, la création d'un État juif.

---

[4] Pogrom : mot russe qui désigne des massacres de Juifs.

[5] Shtetls : villages et bourgades juifs en Europe Orientale.

1899 : Hertzl écrit son livre *L'État des Juifs*, qui constitue la base théorique du sionisme. À l'époque, les sionistes étaient ultra-minoritaires dans la communauté juive, rejetés par tout le monde, des rabbins aux animateurs laïques de la culture yiddish. En comparaison, le Bund (Union générale des travailleurs juifs de Lituanie, de Pologne et de Russie) était une organisation de masse. Il avait rallié une partie importante des ouvriers ashkénazes[6] dans un puissant mouvement syndical, sur un programme d'émancipation sociale et d'autonomie culturelle. Le Bund était clairement antisioniste.

1905 : La « troisième aliya » (immigration juive en Palestine dans le cadre du projet sioniste) progresse au compte-gouttes, mais provoque déjà quelques escarmouches entre les nouveaux immigrés provenant d'Europe et les Arabes autochtones.

1907 : Ber Borochov, Juif russe originaire d'Ukraine, crée le mouvement Poale Zion (« Sion des prolétaires »), qui a pour objectif de promouvoir la création d'une entité en Palestine afin de permettre à la classe ouvrière juive de se développer normalement, ce qui lui est interdit dans l'Empire tsariste. Une fois la lutte de classes menée à terme, le prolétariat juif émancipé pourrait prendre le pouvoir et édifier un État socialiste. Borochov s'est distingué du Bund, des

[6] Ashkénaze : mot qui signifie littéralement « Juif allemand », il désigne les Juifs originaires d'Europe Centrale et de l'Europe de l'Est.

bolchéviks, des menchéviks, des socialistes révolutionnaires et des anarchistes russes qui voyaient l'avenir de la classe ouvrière juive dans le cadre d'une Russie révolutionnaire, débarrassée du tsar et de son régime. Après le décès de Borochov en 1917, nombre de ses partisans sont revenus sur le projet du Poale Zion, car ils se sont rendu compte de l'importance de la civilisation arabe sédentaire en Palestine, décrite jadis comme une terre sans peuple, tout au plus comme une contrée désertique ou passaient ici et là quelques caravanes de Bédouins nomades.

1915 : En plein milieu de la Première guerre mondiale, l'Empire Ottoman se désintègre et la Palestine (province ottomane) devient la proie d'autres puissances étrangères.

1917 : La Palestine finit par tomber sous la domination anglaise et la couronne britannique fait miroiter la promesse « d'indépendance » aux Arabes de ce territoire pour, en substance, revenir aussitôt sur cette promesse par l'entremise de son ministre des Affaires étrangères, Lord Balfour. Ce dernier promet à l'organisation sioniste la création en Palestine d'un « Foyer national juif ».

1922 : La Société des Nations (le précurseur de l'ONU), créée après la Grande Guerre pour prévenir d'autres conflits armés, accorde à la Grande-Bretagne un mandat sur la Palestine, dont l'objectif annoncé est d'amener le pays à l'indépendance.

C'est également en 1922 que le Parti communiste de Palestine (PCP) est fondé comme section de l'Internationale communiste par des membres de la gauche du Poale Zion, troquant le sionisme pour le marxisme. Le parti investit la Histadrouth (centrale syndicale unique) et dès le départ milite pour un État ouvrier avec l'égalité des droits entre Juifs et Arabes dans le cadre d'une révolution socialiste. Fondé par des militants juifs qui ont rompu avec le sionisme, il a vite recruté et développé une base d'appui à la fois parmi les travailleurs juifs et arabes.

1929 : Pendant le crash boursier qui plonge les pays occidentaux dans la dépression, la cohabitation entre la population arabe et ses nouveaux voisins juifs, arrivés d'Europe, pose de plus en plus de problèmes. Il y a des disputes autour de la terre, des ressources, des marchés. Il y a surtout l'arrogance des colonisateurs, venus dans l'esprit de s'approprier des terres par des moyens plus ou moins légaux, tout en se donnant comme mission de « civiliser » les barbares de l'Orient arabe. Des incidents violents ont déjà éclaté au début de la décennie. En 1929, des Arabes commettent un horrible massacre contre des familles juives installées dans la ville d'Hébron.

1936 : Grève générale. Pas seulement en France, mais aussi en Palestine. Seulement, la « révolte arabe » n'est pas uniquement un « Front populaire » revendiquant des droits sociaux comme en France. Il s'agit d'un soulèvement de commerçants, d'artisans, d'ouvriers et de paysans palestiniens à la fois contre la domination britannique, contre la l'exploitation des grands propriétaires fonciers arabes et contre la colonisation sioniste.

1937 : Dans le but de diminuer les tensions de plus en plus exacerbées depuis la grève générale, la Commission Peel, nommée par le gouvernement britannique, propose le premier plan de partage de la Palestine en deux entités : une partie juive et une partie arabe.

Années 1930 et 1940 : Suite à la montée de l'antisémitisme en Europe, la prise de pouvoir par Hitler en Allemagne et le déclenchement de la Seconde guerre mondiale (avec la Solution finale mise en œuvre par les nazis), les sionistes passent du stade d'ultraminoritaires à un courant majoritaire dans la communauté juive. La Révolution russe de 1917 a bien émancipé les Juifs soviétiques (tout comme l'a fait la Révolution française en 1793), mais Staline est passé par là. Après les procès de Moscou et le goulag sibérien, la population juive tourne massivement le regard vers une terre d'émigration, à la recherche d'un refuge. Puisque les perspectives du rêve américain lui sont refusées, il ne reste que la Palestine comme destination alternative.

Ce mouvement n'est pourtant pas homogène. Les « sionistes généraux » militent pour un État juif mais ignorent la population arabe en Palestine. En tout cas, ils sont implicitement pour la séparation (les Juifs d'un côté, les Arabes de l'autre). Les « sionistes révisionnistes » de Vladimir Jabotinsky, se réclamant ouvertement de l'extrême droite et des méthodes terroristes, sont des nostalgiques de Mussolini. Ils prônent l'expulsion des Arabes de Palestine afin d'y édifier un État juif. Des courants marxistes comme Hachomer Hatzaïr (« Jeune garde », section jeunesse du précurseur du Parti travailliste) développent le mouvement des kibboutz (fermes collectives) pour édifier le socialisme, mais sans comprendre grand-chose à la population arabe et à ses aspirations. Pire, ils fournissent aux Juifs du Yichouv[7] une protection armée contre les Arabes ! Le mouvement « Brith Shalom » (l'Alliance pour la paix) est un courant de la gauche humaniste qui milite pour l'indépendance de la tutelle britannique dans le cadre d'une stricte égalité entre Juifs et Arabes. Ses dirigeants emblématiques, notamment Judah Magnes et Martin Buber, sont influents. Malheureusement, ils sont minoritaires et sont vite débordés par la radicalisation et la violence qui l'ont emporté à l'ombre du génocide hitlérien.

[7] Yichov : désigne des communautés juives en Palestine dont les membres y ont immigré dans le but de créer un État juif. Les Juifs palestiniens qui étaient déjà sur place au 19ème siècle et qui ne participaient pas au projet national sioniste ne sont pas concernés par ce terme.

Après la Libération, l'Organisation sioniste mondiale (OSM) affrète le bateau Exodus, parti d'Europe vers le port de Haïfa, en 1948, avec à son bord des rescapés des camps d'extermination. Repoussé par les Britanniques à son arrivée sur la côte de Palestine, le bateau reconduit ses passagers du malheur en Allemagne, ce qui choque beaucoup l'opinion mondiale. Les portes des États-Unis (destination de préférence des réfugiés) étaient fermées à l'immigration juive pendant le génocide.

1947 : La toute nouvelle Organisation des Nations Unies (qui a pris le relais de la Société des Nations) vote une de ses premières résolutions en 1947, deux ans après la capitulation hitlérienne et la reddition du Japon impérial. Après d'âpres négociations et un lobbying intense effectué par les partisans d'un État juif (OSM, Agence juive), l'ONU vote le partage de la Palestine avec une seule voix de majorité. La Grande-Bretagne doit se retirer au profit de la création de deux États : un juif et un autre arabe. Bien que le Yichouv ne compta que 30% de la population totale de la Palestine, le plan de partage de l'ONU à proposé 55% du territoire pour un État juif. À l'époque, il n'y avait que 1 660 000 habitants dans toute la Palestine historique contre 12 000 000 aujourd'hui. Même si le plan de partage onusien était favorable aux sionistes (compte tenu de la proportion de Juifs dans la population totale), OSM voulait davantage. In fine, c'est la force des armes qui redessine la carte en faveur de l'État juif qui compte 78% du territoire de la Palestine historique à l'issu de la première guerre israélo-arabe. David Ben Gourion proclame l'État d'Israël (ainsi nommé en référence à l'appellation biblique) le 14 mai 1948. Quant aux Arabes de Palestine, ils sont toujours dans l'attente de la création d'un véritable État et non dans la reconnaissance d'un État virtuel par l'ONU. Lors du vote en 1947, les représentants des Arabes (la Ligue Arabe, le mufti de Jérusalem et quelques familles influentes, dont les Husseini) s'opposent au partage de la Palestine, préférant un seul État où Juifs et Arabes pourraient vivre ensemble, dans l'égalité, sans la tutelle britannique.

1948 : Cette guerre israélo-arabe n'aboutit pas seulement à la création d'un État juif. Elle aboutit également à la « Nakba » (catastrophe), l'expulsion d'entre 600 000 et 800 000 Palestiniens de leurs foyers. Les combattants arabes (notamment la Légion jordanienne, l'armée égyptienne et des Palestiniens qui ont pris les armes) leur ont promis qu'ils pourraient réintégrer leurs foyers « dans quelques jours, tout au plus dans quelques semaines » quand la Palestine serait libérée. Plus de 60 ans après, ces personnes déplacées, leurs enfants, leurs petits enfants et – pour certains d'entre eux – leurs arrières petits-enfants attendent toujours dans des camps de réfugiées à Gaza, en Cisjordanie, au Liban, en Syrie et en Jordanie. Ils sont les éternels perdants de ce conflit.

Durant cette guerre, des milices juives d'extrême droite (Irgoun, le gang Stern) dont un des dirigeants est Yitzhak Shamir, futur Premier ministre d'Israël, inventent le terrorisme au Proche-Orient. Pas seulement avec l'attentat de l'hôtel King David à Jérusalem, mais aussi avec le massacre de civils dans le village de Deir Yassine, où les corps des victimes – hommes, femmes et enfants – sont jetés au fond d'un puits. L'objectif de ces exactions est de faire fuir la population arabe. À l'instar des milices d'extrême droite, les forces « régulières » sionistes (Haganah, Palmach) ne se privent pas non plus à se livrer à de telles atrocités. C'est bien des années plus tard que des maquisards arabes ont imité ces méthodes, réinventant le terrorisme comme arme de guerre, et le retournant contre les Juifs.

15 mai 1948 : Au lendemain de la proclamation de l'État d'Israël, *L'Humanité*, le quotidien communiste français, titrait à sa « une » : « Une grande victoire pour le peuple palestinien. » À l'époque, le mot « Palestinien » faisait référence aux Juifs de ce territoire. Cette appellation ne s'appliquait pas encore aux autres, qu'on se contentait de désigner par le mot générique « Arabes ». Cette anecdote montre que le Parti communiste français, son journal et les autres Partis communistes du monde reprenaient la position soviétique sur la question. C'est bien l'URSS qui fut le premier pays à reconnaître le jeune État juif, dans lequel elle

reconnut un projet de société socialiste dans la lutte armée qu'il avait menée contre l'Empire britannique, dans ses kibboutzim et dans ses mochavim (fermes collectives et coopératives ouvrières). Elle a surtout reconnu en lui un allié géostratégique potentiel dans un Moyen-Orient en pleine mutation, face à l'impérialisme américain qui convoitait également cette région riche en pétrole. La jeune armée israélienne fut approvisionnée en armes et munitions par la Tchécoslovaquie, un pays membre du Bloc soviétique. Le soutien affirmé des Etats-Unis vis-à-vis d'Israël n'est venu que bien après. En 1948, les relations diplomatiques des USA envers le jeune Etat juif se résumaient à une reconnaissance de facto. Le sort des Arabes (comme celui des Juifs) importait peu à Staline et à Truman, le successeur de Roosevelt pendant les accords de Yalta qui ont redessiné les frontières en Europe et au-delà.

Années 1940 : En plein milieu de la Seconde guerre mondiale, avant, pendant et après la Libération, trois visions principales se sont affrontées quant au sort de la Palestine : celle de la puissance coloniale (la Grande-Bretagne), celle des sionistes et celle des Arabes.

Le gouvernement britannique, cohérent avec les recommandations de la Commission Peel dans les années 1930, préconisait la création des provinces autonomes juives et arabes, dans un cadre fédéral, au sein de la Palestine mandataire. Les sionistes, fidèles à leur projet né à la fin du 19ème siècle, sont restés fermes sur le principe de la séparation territoriale et politique : le partage de la Palestine en deux entités, afin que les Juifs puissent édifier leur État sur une partie de ce territoire. Pour les sionistes, la présence d'une population arabe était considérée, au mieux, comme une nuisance. Le sort des Arabes de Palestine n'était pas la première de leurs préoccupations. Quant aux Arabes, ils étaient également fidèles à leur position de toujours : une Palestine indépendante dans le cadre d'un État unitaire, confirmée à Londres en 1946 à la « Palestine Conference ».

1948 : Malgré le vote de l'ONU pour le partage de la Palestine en deux États, la force des armes a fait son œuvre. À l'issue du premier conflit israélo-arabe (« guerre d'indépendance » pour les Israéliens, « Nakba » pour les Palestiniens), la Haganah, Palmach et Irgoun (principales milices juives à l'origine de la future armée israélienne) ont obtenu le contrôle de 78% de la Palestine historique, laissant 22% à ses habitants arabes, pourtant beaucoup plus nombreux.

Les Arabes palestiniens à Jérusalem-Est et en Cisjordanie sont devenus des sujets du roi Abdallah 1er de Jordanie, tandis que ceux de Gaza sont devenus des sujets du roi Farouk d'Égypte. Nasser n'était pas encore au pouvoir au Caire et le canal de Suez était sous contrôle international, surtout de la Grande-Bretagne, ancienne puissance coloniale.

1956 : La guerre de Suez éclate, un conflit provoqué par une agression militaire franco-britannique contre l'Égypte. Son jeune président nationaliste, Gamal Abdel Nasser, s'est rapproché de l'Union soviétique et a osé proclamer la nationalisation du canal. Israël a profité de ce conflit pour son propre compte, s'alliant à l'offensive franco-britannique, dans l'espoir d'affaiblir la nouvelle République égyptienne qu'il considérait comme une menace pour ses intérêts. Les forces israéliennes se sont retirées de leurs positions avancées à l'issue de ce conflit dont la diplomatie internationale a imposé la fin. Mais ce positionnement a opéré un tournant dans la politique étrangère du jeune État hébreu. Il s'aligne désormais sur la politique étrangère des puissances impérialistes européennes et, bientôt, de la puissance américaine.

1964 : L'OLP (Organisation de Libération de la Palestine) fut créée par les régimes arabes et longtemps manipulée par eux. Mais c'est peu après son lancement officiel en 1964 que le contrôle effectif de cette organisation a été repris par un jeune ingénieur né au Caire, un certain Yasser Arafat. Le nationalisme palestinien prend son essor.

Quand le contrôle de l'OLP fut aux mains du Fatah, le parti d'Arafat, ce dernier développa un discours centré sur les intérêts du peuple palestinien, en des termes qu'on n'avait pas encore l'habitude d'entendre, ni en Palestine, ni ailleurs.

La nouvelle Charte de l'OLP prônait alors la création d'un État démocratique, laïque et socialiste dans toute la Palestine historique. Cette position était basée sur le même principe qui animait la guérilla anti-Apartheid de l'ANC en Afrique du Sud : « Un homme, un vote ». En apparence, rien de plus normal. Mais pour les Juifs israéliens (largement minoritaires de la Méditerranée au Jourdain), c'était l'épouvante absolue, alimentée par le fantasme d'être « jetés à la mer » par des Arabes. Il n'en était rien, mais les dirigeants israéliens – de gauche comme de droite – ont savamment entretenu cette peur. Jusqu'à ce jour, c'est largement la peur qui gouverne la société israélienne et ses choix.

1967 : Trois ans après la création de l'OLP, la guerre des six jours éclate. Le pouvoir israélien pointe du doigt les armées arabes qui se massent à ses frontières. Mais les travaux des nouveaux historiens israéliens soulignent que le pouvoir israélien avait décidé de provoquer un conflit « préventif » contre ses voisins, bien avant que le premier coup de feu ne fût tiré. Le tout en représailles au blocus du port israélien d'Élat, imposé par la marine égyptienne…

Quelles que soient les origines de cette guerre éclair, son issue ne fait aucun doute. Israël décime l'aviation égyptienne, humilie la légion jordanienne, inflige une cuisante défaite à l'armée syrienne, puis occupe le Sinaï, Gaza, Jérusalem-Est, la Cisjordanie et le plateau du Golan (ce dernier territoire appartient à la Syrie).

Les Israéliens jubilent, sûrs de leur supériorité militaire, enfonçant le clou en pourfendant la division, l'incurie et la faiblesse de leurs adversaires arabes. Le mot « Palestinien » n'était pas encore entré dans les mœurs. Une telle célébration militaire et nationaliste n'était pas difficile à prévoir, mais elle augurait mal d'une cohabitation entre les deux peuples de la région.

1968 : En France, c'est la révolte étudiante et la grève générale de mai 68. En Tchécoslovaquie, c'est le Printemps de Prague. Au Vietnam, c'est l'offensive du Têt du Viet Cong. En Palestine, c'est la bataille de Karameh. Cette action armée de la résistance palestinienne est un des rares – sinon le seul – fait d'armes mené par des Palestiniens qui ait réussi à tenir tête à l'armée israélienne et qui lui ait infligé ce que l'on peut qualifier de déroute. Cette bataille marque le véritable essor de l'OLP. C'est à la faveur de cette victoire militaire que les fedayin[8] d'Arafat ont gagné du prestige auprès de son peuple, avec des rêves de retour (ou au moins de revanche) pour des centaines de milliers de réfugiés.

1969 : Lors d'une réunion du Conseil national palestinien (CNP – l'instance représentative de l'OLP, le parlement palestinien en exil), la centrale palestinienne réaffirme sa position de toujours : pour la création d'un seul État démocratique et non

---

[8] Fedayin : des combattants palestiniens.

confessionnel sur toute la Palestine historique. Autant cet appel sonne comme un vœu pieu compte tenu du rapport de forces, autant il exprime l'aspiration historique du mouvement national palestinien.

Années 1970 : L'histoire avec un grand « H » a retenu de l'année 1970 Septembre Noir en Jordanie, où la monarchie au pouvoir à Amman a perpétré un terrible massacre contre les Palestiniens sur son sol, que l'OLP se voit ensuite contraint d'abandonner comme base arrière.

Mais la « petite » histoire a doublé cette douleur d'une autre. À peine la poussière de la guerre des six jours s'était-elle dissipée, les Israéliens – dirigés alors par le Parti travailliste de Moshé Dayan, de Yitzak Rabin et de Shimon Pérès – se sont permis de coloniser les nouveaux territoires occupés, en violation flagrante de la Quatrième Convention de Genève et des résolutions de l'ONU. En effet, quelques mois après le conflit, en 1967, l'Assemblée générale des Nations Unies avait adopté la résolution 242, appelant au retrait de l'armée israélienne des territoires qu'elle venait de conquérir.

Les premières colonies sont créées par une organisation politico-religieuse extrémiste, « Gush Emonim » (le Bloc de la Foi), une sorte de groupe « taliban » israélien. Bien qu'ancrés à droite, voire à l'extrême droite nationaliste et messianique, les colonies de Gush Emonim sont tolérées, protégées et ensuite financées par des gouvernements successifs, de gauche comme de droite. Au début, les ténors du Parti travailliste pensent qu'ils peuvent contrôler les fanatiques de Gush Emonim. Mais comme le Golem dans la mythologie juive issue des ghettos, le monstre engendré par l'État d'Israël a vite échappé au contrôle de son créateur.

Un petit groupe d'Israéliens lucides essaie de se faire entendre. Tout de suite marginalisés et pointés du doigt comme de doux rêveurs, voire comme des traîtres, ils sont réduits au silence.

<u>1973</u> : C'est la première défaite militaire d'envergure essuyée par Israël : la guerre du Kippour. « L'État juif » a survécu. Mais au prix d'un bilan lourd en pertes militaires : 3 000 morts et 8 000 blessés. C'était un précédent jamais atteint dans l'histoire du pays, ni égalé depuis. Les Israéliens commencent à douter que leur supposée invincibilité militaire puisse à elle seule leur procurer la sécurité.

Le Premier ministre en exercice à l'époque est Golda Meir. Au cours de son mandat à la tête du gouvernement, elle prononce la fameuse phrase : « Il n'y a pas de peuple palestinien », ce qui en dit long sur sa pensée mais aussi sur celle de bon nombre de ses compatriotes. Quelques années sont nécessaires aux Israéliens pour abandonner ce concept de l'inexistence du peuple palestinien. Les leçons apprises de cette guerre et les pressions américaines les ont amenés à normaliser leurs relations avec l'Égypte et les conduisent aux Accords de Camp David en 1978. Ces accords débouchent sur le retrait israélien du Sinaï, occupé pendant la guerre de six jours.

1974 : Lors d'une réunion au Caire, le CNP accepte pour la première fois une perspective étatique réduite, à savoir l'idée d'édifier une autorité nationale sur une partie seulement de la Palestine historique. La résolution adoptée, rédigée par Arafat, appelle à la création d'un État palestinien « sur toute partie libérée de la Palestine ». Aussitôt votée, aussitôt démentie comme perspective *souhaitable*. La position traditionnelle de l'OLP est réaffirmée : pour un État unitaire, démocratique et non confessionnel sur toute la Palestine. La guerre sur le terrain se mue en guerre de mots. C'est moins meurtrier mais tout aussi agressif, tellement le dialogue de sourds s'installe entre les deux adversaires. Israël refuse de reconnaître le peuple palestinien et vice versa.

1975 : Pour la première fois, une réunion du CNP, toujours en exil, reconnaît implicitement l'État d'Israël, car il demande à « l'entité sioniste » (euphémisme utilisé par l'OLP) de mettre en œuvre la résolution 242 des Nations Unies, qui enjoint Israël de se retirer des Territoires occupés en 1967. Le CNP en profite pour proclamer « l'État de Palestine ». D'une portée tout à fait virtuelle, la proclamation est néanmoins actée.

1976 : La police israélienne a ouvert le feu contre ses propres citoyens lors d'une manifestation en Galilée, faisant de nombreux morts et blessés. Les citoyens en question étaient des Arabes, des « Palestiniens de l'intérieur », également désignés comme des « Palestiniens de 48 » (ceux qui n'avaient pas fui pendant la guerre de 1948, ainsi que leurs descendants). Chaque année, la « Journée de la Terre » commémore la répression exercée par l'État d'Israël contre une catégorie de ses propres citoyens. Le souvenir de cet événement tragique a contribué à forger chez les Israéliens arabes une identité de Palestiniens.

1978 : De cette année on retient surtout la signature des Accords de Camp David entre le Premier ministre israélien Menahem Begin et le Président égyptien Anouar el-Sadate, qui ont débouché sur le retrait israélien du Sinaï, occupé depuis la guerre des six jours.

Mais un autre événement, qui n'a pas fait la « une » de la presse internationale, était peut-être d'une portée encore plus grande. Constatant l'impasse militaire, un groupe de 300 officiers de réserve israéliens crée un mouvement qu'ils baptisent Shalom Archav (La Paix Maintenant). Il s'agit des « doux rêveurs » dont on a déjà parlé et qui ont prévenu contre le piège d'une occupation prolongée. Leur mouvement a emporté un succès inattendu. Quelques années plus tard, lors d'une énième opération militaire de Tsahal[9] au Sud-Liban, ils sont de nouveau descendus dans les rues en 1982 pour protester contre cette nouvelle aventure militaire, désastreuse pour la population civile du Liban. À la surprise générale, ils ont été rejoints par des milliers, des dizaines de milliers, puis des centaines de milliers de leurs concitoyens, dont une bonne partie d'appelés du contingent, des soldats en civil et des officiers de rangs intermédiaires. Ces professionnels de la sécurité savaient qu'en l'absence d'une solution politique, la seule force des armes ne saurait sauvegarder un avenir pour un « État juif et démocratique » dans l'Orient arabe. L'organisation à l'origine de ces manifestations, qui a mobilisé jusqu'à 400 000 personnes à Tel-Aviv – soit 8% de la population totale du pays – est devenu en quelques semaines un mouvement de masse. Son slogan, « Les Territoires contre la paix », était une façon conjoncturelle d'exprimer le souhait d'une solution à deux États. Dans les années qui ont suivi, un certain nombre d'associations et de partis de la gauche sioniste, proches de Shalom Archav, ont vu le jour sous des noms évocateurs : la Coalition pour la paix, Meretz[10], les Colombes travaillistes, Netivot Shalom[11], la Ligne Verte, etc.

---

[9] Tsahal : une translitération hébraïque qui signifie « Forces de défense d'Israël », acronyme utilisé pour désigner l'armée israélienne. Ce terme a parfois une connotation affective pour ceux qui défendent l'action de cette armée.

[10] Meretz : Parti de la gauche laïque qui a des députés à la Knesset.

D'obédience sioniste de gauche, les mobilisations autour du pôle de La Paix Maintenant ont permis à l'extrême gauche israélienne de sortir de sa marginalité. Matzpen – l'organisation de l'extrême gauche – puis tout un cortège d'ONG pacifistes, d'associations anticolonialistes et d'intellectuels connus n'hésitaient plus à critiquer publiquement l'aveuglement du gouvernement au pouvoir. Pour une fois, ils étaient entendus par un public large.

1982 : Israël fait la guerre au Sud-Liban, poussant ses forces jusqu'à Beyrouth. Ses soldats, qui contrôlent l'entrée des camps de réfugiés palestiniens de Sabra et Chatilla en banlieue de la capitale, laissent entrer des phalanges libanaises d'extrême droite, permettant l'horrible massacre perpétré contre les civils de ces camps. Ce crime de guerre, qui a terni l'image d'Israël dans le monde entier, a donné un coup d'envoi au mouvement des objecteurs de conscience dans l'armée israélienne. Quatre cent mille (400 000) personnes manifestent à Tel-Aviv pour un retrait israélien du Liban mais l'OLP est définitivement chassée de Beyrouth. Avec l'aide de la France, Yasser Arafat et la direction palestinienne sont évacués par la mer et peuvent établir un nouveau quartier général à Tunis. Quand l'état-major de l'OLP s'éloigne

---

[11] Netivot Shalom : se définit comme la seule organisation en Israël qui est religieuse, sioniste et pour la paix.

géographiquement de la Palestine, l'espoir de voir un jour émerger un État palestinien s'en éloigne aussi.

1987 : La première Intifada fait rage. La guerre de mots se mue en guerre de pierres. La répression est terrible mais des gamins palestiniens ne faiblissent pas devant les chars d'assaut de l'armée d'occupation. Ce mouvement, spontané, est parti de Gaza, le territoire palestinien le plus déshérité, sans aucun lien direct avec la direction de l'OLP en exil. Une nouvelle génération de dirigeants palestiniens, forgés dans la lutte, voit le jour dans les Territoires occupés. De plus en plus d'Israéliens comprennent que leur puissante armée ne leur apporte ni la paix, ni la sécurité. L'idée d'un processus politique pour résoudre le conflit fait son chemin.

1988 : Après un an d'Intifada, le CNP, réuni à Alger, rappelle à qui veut l'entendre que l'État de Palestine, proclamé par ses soins en 1975, existe bel et bien. Dans ses délibérations, il réaffirme à sa manière sa reconnaissance implicite de « l'entité sioniste » en se prononçant pour l'édification d'un « État palestinien indépendant aux côtés d'Israël ».

Pendant ce temps, le Hamas (acronyme arabe pour « Mouvement de la résistance islamique »), qui n'est pas membre de l'OLP, se développe, surtout à Gaza où il est né, puis en Cisjordanie. Pour les islamistes du Hamas, pas question de reconnaître l'État d'Israël. Et le processus diplomatique est jeté aux orties : le Hamas se lance dans la lutte armée. Parfois en s'attaquant à l'armée d'occupation, parfois en s'attaquant à des civils israéliens dans des attentats suicides, devenus sa spécialité. En l'absence d'une véritable volonté politique de négociation – et pour laquelle une partie importante de la population israélienne est prête – les cauchemars du terrorisme arabe reviennent pour hanter les habitants de Tel-Aviv, de Jérusalem, de Netanya et d'autres villes.

La position politique du Hamas est claire : contre l'idée de partage de la Palestine, ce mouvement se prononce pour la libération de toute la Palestine historique et la création d'un État… islamique ! Il faut rappeler que les Palestiniens sont traditionnellement assez laïques, peu portés au fanatisme religieux. Sachant qu'une partie significative du peuple palestinien est composée de minorités religieuses (chrétiens orthodoxes, druzes…), l'idée d'un État islamique ne fait pas l'unanimité, c'est le moins que l'on puisse dire. Mais le Hamas gagne du terrain malgré cela, porté surtout par un rejet des dirigeants discrédités de l'OLP, de leur corruption, de leur incapacité à améliorer les conditions de vie de leur peuple par un « processus de paix » en trompe-œil, sans résultats concrets sur le terrain.

Par ailleurs, dans le contexte de la « lutte contre le terrorisme islamiste » chère aux néo-conservateurs, de nombreux responsables politiques israéliens considèrent que des partis religieux arabes (Hamas, Jihad islamique) viennent dénaturer le jeu politique dans la région et aggraver la situation sécuritaire, avec l'irruption d'un Islam radical sur la scène politique palestinienne. Leur mémoire est courte. Il convient de rappeler que cette situation, effectivement inquiétante (qui constitue avant tout un problème interne à la société palestinienne), n'est que la réplique d'un phénomène initié par des partis religieux juifs. Une partie importante de sièges à la Knesset sont occupés par des députés du Shass[12], du Parti National Religieux[13] ou encore du Parti « Judaïsme unifié de la Torah ».[14] Des rabbins extrémistes ont siégé comme parlementaires et même comme ministres bien avant que le premier imam ait été élu au Conseil national palestinien. Les instances de l'OLP, quant à elles – organisation laïque par excellence – n'accueillent aucun représentant de parti religieux.

1991 : Dans la foulée de la première guerre du Golfe, la conférence de Madrid s'ouvre le 30 octobre, réunissant des responsables politiques israéliens et palestiniens dans une même salle. Des journaux du monde entier saluent à la une ce qui est annoncé

[12] Shass : parti religieux séfarade (droite)

[13] Parti National Religieux, formation ashkénaze, dont le principal électorat se trouvait parmi les colons dans les Territoires occupés. Dissoute en 2008 pour rejoindre « La Maison juive » (parti de la droite dure).

[14] « Judaïsme unifié de la Torah » : coalition de formations orthodoxes ashkénazes (droite).

comme une première (officiellement). En fait, le code pénal israélien fait encourir la pénalité d'une forte amende et d'une peine de prison à tout citoyen israélien qui aura eu l'indélicatesse de rencontrer un membre de l'OLP ! On assiste donc à des scènes tragi-comiques où Hanan Ashrawi, personnalité de Jérusalem-Est et chef de la délégation palestinienne, s'absente de la table de négociations pour téléphoner à Yasser Arafat, qui lui donne son approbation ou pas pour telle déclaration ou telle autre. Elle revenait à la table de négociations avec sa réponse : « oui » ou « non ». Tout le monde savait que c'est l'état major de l'OLP qui parlait par son entremise, mais la délégation israélienne ne pouvait l'admettre, contre toute évidence. En fait, des opposants israéliens ont régulièrement rencontré des émissaires de l'OLP clandestinement depuis de longues années ; c'était un secret de Polichinelle. Des représentants du gouvernement israélien en avaient fait autant, sans toutefois l'admettre en public, car c'était interdit aux simples citoyens. Une hypocrisie qui prenait des airs d'opéra bouffe. Après presque cent ans de conflit, les citoyens de la puissance occupante n'avaient pas encore le droit de rencontrer des représentants du peuple occupé.

1993 : Le 12 septembre 1993, soit à la veille de la signature des Accords d'Oslo, un événement d'envergure a lieu, complètement éclipsé par lesdits accords, mais peut-être plus significatif qu'eux. Pour la première fois, l'État d'Israël reconnaît officiellement le peuple palestinien et son représentant légitime, l'OLP. Ce n'était pas trop tôt !

1993 : Le 13 septembre, au lendemain de la reconnaissance mutuelle, les fameux Accords d'Oslo sont signés solennellement sur la pelouse de la Maison Blanche à Washington par Yasser Arafat, Shimon Pères et Yitzah Rabin. Cet acte sonne la fin de l'exil pour la direction de l'OLP. L'organisation s'installe dans un premier temps à Gaza pour ensuite s'établir à Ramallah, en Cisjordanie. Ces accords historiques créent également l'Autorité Palestinienne (AP), dotée de pouvoirs réels, bien que limités, sur le terrain. Les Accords d'Oslo prévoient, au bout d'une période intérimaire de cinq ans, la création d'un État palestinien dans les Territoires occupés. En apparence, l'histoire est en marche et la perspective d'un État palestinien – même sur une partie réduite de la Palestine historique – est à l'ordre du jour. À l'annonce de la signature de ce document, et malgré les critiques légitimes contre ces accords imparfaits, nombreux sont les Israéliens qui se réjouissent, les Palestiniens aussi. On croit enfin voir la lumière au bout du tunnel.

1994 : À peine les accords signés, ceux qui y avaient mis tant d'espoir ont vite déchanté. Lors de la cérémonie de signature à la Maison Blanche, en la présence du président américain Bill Clinton, le monde entier a pu voir sur le petit écran l'hésitation de Rabin à serrer la main d'Arafat. Aussitôt signé, aussitôt violé. Israël n'a respecté quasiment aucune des dispositions des accords, ni sur la libération des prisonniers politiques, ni sur l'arrêt de la colonisation, ni l'autorisation par l'occupant de la tenue d'élections palestiniennes dans les délais convenus, ni sur des négociations de bonne foi au sujet des différents dossiers en litige (eau, frontières, colonies, statut de Jérusalem, réfugiés, etc). Quelques mois plus tard, le Premier ministre Yitzhak Rabin est assassiné par un colon extrémiste qui ne lui pardonne pas d'avoir rétrocédé aux « Arabes » une partie de la souveraineté juive sur le « Grand Israël ».

Il y a un autre écueil. Dès sa création, l'OLP représentait l'ensemble du peuple palestinien : ceux de Cisjordanie, de Jérusalem, de Gaza, des Palestiniens « de l'intérieur » (citoyens de État d'Israël), des réfugiés dans les camps et des Palestiniens exilés à l'étranger. Or, l'Autorité Palestinienne ne représente que ceux des Territoires occupés. Elle représente difficilement ceux de Jérusalem-Est, annexée unilatéralement par Israël. Quelques années plus tard, une fois que le Hamas sera arrivé au pouvoir à Gaza, l'AP ne représentera plus que les habitants de la Cisjordanie. Et encore, plutôt ceux qui habitent les Zones A, car les Palestiniens se trouvant dans les Zones B et C[15] sont sous l'autorité

[15] Créées dans les Territoires palestiniens par les Accords d'Oslo en 1993, les Zones A sont sous contrôle exclusif palestinien, les Zones B

partielle ou entière de la puissance occupante. Ainsi, la représentativité réelle de l'AP est réduite à une peau de chagrin, à l'image de la Palestine elle-même sous occupation israélienne.

1995 : Des pacifistes israéliens, des anticolonialistes, certains diplomates étrangers et, bien sûr, les Palestiniens apprécient modérément la lenteur avec laquelle Rabin a commencé à appliquer les principes d'Oslo. Ou plutôt avec laquelle il ne les a pas appliqués. Mais on n'a rien vu encore. Immédiatement après l'assassinat de Rabin, le premier ministre par intérim qui lui a succédé (Shimon Pérès) n'a pas le temps, ni la volonté politique, de les appliquer davantage.

1996 : Les élections qui s'ensuivent voient l'administration travailliste (la « gauche » sioniste, en fait beaucoup plus sioniste que de gauche) remplacée par un gouvernement du Likoud, parti de la droite nationaliste, présidé par Benyamin Netanyahou. Pour ce dernier, il n'y a plus aucune illusion, ni faux semblants : il déclare le processus d'Oslo mort et maintient cette position pendant tout son mandat. Après Netanyahou, le prochain gouvernement de droite est présidé par nul autre que Ariel Sharon, le personnage le plus haï du Monde Arabe. Cette succession contrarie les chancelleries occidentales. D'année en année, la colonisation dans les Territoires

---

sous contrôle exclusif israélien et les Zones C sont sous contrôle conjoint israélo-palestinien.

occupés s'accroît de façon exponentielle, en violation flagrante du droit international. Oslo n'est plus qu'un lointain souvenir.

1999 : Ce n'est pas tout. Mille neuf cent quatre-vingt dix neuf (1999) est l'année où un État palestinien devait voir le jour, après la période de transition prévue par les Accords d'Oslo. Mais il n'y a jamais eu autant de colonies – et autant de colons – dans les Territoires occupés.

2000 : La Deuxième Intifada éclate sur le fond de désespoir créé par cette situation. L'étincelle qui met le feu aux poudres est une provocation d'Ariel Sharon – chef de l'opposition à la Knesset à ce moment-là – qui s'est permis de parader avec une forte escorte militaire sur l'Esplanade des Mosquées à Jérusalem, le deuxième lieu saint de l'Islam.

2001 : En lieu et place de la construction d'un État palestinien, le pouvoir israélien décide la construction d'une autre structure : le Mur de Séparation ! Facteur aggravant, ce n'est pas le Likoud, mais bien le Parti travailliste au pouvoir à ce moment-là qui en a l'idée, en la personne du Premier ministre « de gauche », le général Ehud Barak. Loin des raisons officielles pour l'édification de ce mur sous prétexte de sécurité, il a pour effet d'annexer de facto à Israël les principaux blocs de colonies en Cisjordanie. Un arrêt de la Cour Internationale de Justice à La Haye, exigeant le démantèlement de tronçons du Mur construits illégalement sur les terres palestiniennes, n'y fait rien : le Mur est toujours là, le droit international toujours bafoué.

2004 : Au mois de mars, un commando de l'armée israélienne, spécialisé dans les exécutions extrajudiciaires, assassine à Gaza Cheikh Yacine, le chef spirituel du Hamas. Au mois de mai, Tsahal lance une offensive contre ce territoire. Bilan provisoire après quelques jours de bombardements : des dizaines de morts, des centaines de blessés, des dizaines de maisons démolies, plus d'un millier de sans-abris et la menace de raser jusqu'à la moitié de la ville de Rafah. La plupart des victimes sont des civils. Pourquoi cette répression ? Officiellement, c'est en représailles à la mort de 11 Israéliens, tous des militaires, tués par des fedayin palestiniens. Le terrorisme dans ce cas est clairement du côté israélien : rien ne justifie des exactions contre la population civile et des punitions collectives. Deux cents mille (200 000) Israéliens manifestent à Tel-Aviv le 15 mai, en plein milieu de cette offensive, pour réclamer le retrait de leur armée de Gaza.

L'année 2004 voit également la mort de Yasser Arafat dans un hôpital militaire près de Paris suite à un malaise mystérieux qui l'a frappé dans la Mouquata'a, le palais présidentiel à Ramallah, lui-même frappé par l'aviation israélienne. Mais au lieu des tirs de l'artillerie israélienne, c'est probablement un empoisonnement qui a emporté le dirigeant historique du mouvement national palestinien, dans des conditions jamais élucidées.

2005 : La société civile palestinienne lance la campagne BDS (Boycott, Désinvestissements, Sanctions) dans le but de faire respecter le droit international. Relayée dans de nombreux pays, cette campagne a suscité d'autres initiatives, comme par exemple le Tribunal Russell sur la Palestine (qui a siégé à Bruxelles, Barcelone, Londres, Capetown et New-York) puis la mise sur pied de deux flottilles internationales pour briser le blocus de Gaza, en 2010 et 2011. Ces campagnes ont largement contribué à isoler Israël sur la scène internationale au niveau des opinions publiques et au niveau diplomatique.

2006 : Prétextant une escarmouche à sa frontière nord où le Hezbollah a pris comme prisonniers de guerre deux soldats israéliens, Tel-Aviv lance une nouvelle invasion du Liban. Après des milliers de morts et des destructions massives d'infrastructures civiles libanaises, la résistance – Hezbollah en tête – inflige néanmoins un sérieux revers aux forces israéliennes. Israël en sort traumatisé par cette nouvelle aventure militaire qui tourne au fiasco, provoquant le plus grand nombre de pertes dans son armée depuis la guerre du Kippour en 1973. Ce conflit rappelle surtout aux Israéliens qu'ils ne sont pas invincibles. Pire, ils peuvent être mis en déroute par une simple milice arabe, car la branche armée du Parti de Dieu n'est même pas l'armée nationale du Liban. L'opinion israélienne se retourne contre le gouvernement d'Ehud Olmert (droite), a priori pour de mauvaises raisons. Le débat le plus houleux concerne l'incompétence des autorités politiques et militaires qui n'ont pas su gagner cette guerre. Mais un débat beaucoup plus profond resurgit : la sécurité d'Israël est-il une affaire de militaires ou faut-il enfin un règlement politique pour l'assurer ? Six mille (6 000) personnes manifestent à Tel-Aviv contre cette offensive militaire, pendant que l'aviation israélienne largue ses bombes. Un des slogans entendus pendant cette marche est révélateur : « Libérez les prisonniers, emprisonnez les ministres ».

2008 : Le dernier « plan de paix » que les autorités israéliennes présentent avec la prétention d'être un tant soit peu sérieux date de l'été 2008. Ce plan n'est pas celui que l'histoire a le mieux retenu, mais il est peut-être le plus révélateur quant à l'attitude affichée par le gouvernement israélien envers ses voisins palestiniens. Examinons-le de près. Tout d'abord il est proposé par le Premier ministre Ehud Olmert. Sachez qu'à ce moment-là, interrogé par la police, accablé par des accusations de corruption, menacé de poursuites devant les tribunaux pour financement électoral illicite, prise d'intérêts, népotisme, détournement de fonds publics et autres malversations, au plus bas dans les sondages pour sa gestion catastrophique du pays, le Premier ministre finit par jeter l'éponge.

Olmert annonce qu'il ne sera pas candidat à sa succession lors des primaires de son parti, Kadima,[16] en septembre. Puisque c'est le dirigeant du parti majoritaire à la Knesset qui occupe le poste de Premier ministre, son annonce équivaut à une démission comme chef du gouvernement. C'est dans ce contexte qu'il dévoile, le 12 août 2008, les contours de son « plan de paix » qui, dans la configuration politique de l'époque, n'a aucune chance d'aboutir. Ça ressemble comme deux gouttes d'eau à celui qu'un de ses prédécesseurs, l'ancien Premier ministre travailliste Ehud Barak, a proposé à Yasser Arafat en présence de Bill Clinton à Camp David en l'an 2000, juste avant l'éclatement de la deuxième Intifada.

Dans son plan, Olmert propose la création d'un État palestinien dans toute la Bande de Gaza et dans 93 % de la Cisjordanie, avec un corridor routier qui lie les deux territoires. Tous les colons israéliens se trouvant sur le territoire de ce futur État palestinien seront évacués. Au premier coup d'œil, un tel plan peut paraître raisonnable, mais il y a un hic. Tout d'abord, ce corridor routier serait placé sous souveraineté israélienne, avec la promesse d'Olmert que l'armée israélienne n'y établira pas de point de contrôle. Compte tenu de l'expérience des Palestiniens en la matière, leur méfiance est compréhensible. Selon le

---

[16] Kadima : parti de centre droite créé par Ariel Sharon en 2005, après l'évacuation des colons de la Bande de Gaza.

plan d'Olmert, Jérusalem restera annexé à Israël et les Palestiniens devront se contenter d'établir leur capitale à Ramallah, autre point majeur de discorde. Olmert propose le droit au retour des réfugiés palestiniens… mais uniquement dans le futur État palestinien. Israël n'accueillera pas un seul réfugié sur son sol. Quant aux colons évacués, ils ne seront pas nécessairement rapatriés en Israël. Au contraire, ils seront incités à élire domicile dans les grands blocs de colonies situés dans la partie de la Cisjordanie qui, elle, seraient annexée à Israël. Notons que ces zones comptent parmi les plus fertiles de la région, avec les sources d'eau les plus nombreuses. Mais bon prince, Olmert offre aux Palestiniens en échange de ces territoires perdus une superficie équivalente de terres… en zone aride dans le désert du Néguev ! Ce n'est pas tout. D'habitude, un traité de paix se fait entre deux États souverains ou entre deux peuples souverains. Pourtant, Olmert conditionne son plan de paix à des modifications politiques profondes. Pas de son propre gouvernement, mais du gouvernement palestinien ! Il exige de l'Autorité palestinienne des « réformes internes » (Olmert, le corrompu, demande cela aux Palestiniens). De plus, il somme le président Mahmoud Abbas de reprendre le contrôle de la Bande de Gaza aux islamistes du Hamas (pourtant majoritaires aux dernières élections législatives). Attitude dominatrice de puissance occupante. Loin de reconnaître le droit à l'autodétermination du peuple palestinien, Olmert exige de lui un gouvernement à sa botte comme condition politique pour mettre fin à l'occupation. Très loin de respecter les normes internationales en matière de démocratie, un tel procédé bafoue le droit dans la plus pure tradition colonialiste. Inutile de préciser que ce dernier « plan de paix » proposé aux Palestiniens par Israël n'aboutit pas.

2009 : Pour panser ses plaies de sa relative défaite à la frontière libanaise en 2006, la direction israélienne se défoule contre la population civile de Gaza. En termes militaires, le Hamas n'est que l'ombre du Hezbollah. Prétextant des tirs de missiles artisanaux sur la ville israélienne de Sdérot, l'aviation et l'artillerie lourde israéliennes pilonnent ce territoire dans l'opération « Plomb durci ». Après 1 400 morts (la plupart des civils) et des destructions massives, Israël est condamné pour crimes de guerre par le rapport Goldstone, du nom du juge sud-africain qui a mené l'enquête à la demande de l'ONU. Et la même question se pose : suprématie militaire ou règlement politique ? Pas moins de 250 000 Israéliens – Juifs et Arabes – avaient déjà répondu à cette question. Ils avaient manifesté le 11 janvier 2009 à Jaffa, au sud de Tel-Aviv, contre cette opération militaire particulièrement dévastatrice. Un des principaux slogans scandé à cette manifestation est « Juifs et Arabes, nous refusons d'être des ennemis ! ».

L'opération « Plomb durci » est suivie par des élections législatives, qui portent Benyamin Netanyahou au pouvoir pour la deuxième fois. Il choisit comme ministre des Affaires étrangères et Vice-Premier ministre Avigdor Lieberman, le dirigeant du parti d'extrême-droite « Israël Beiténou ». Voici quelques points saillants du programme politique de Lieberman, énoncés pendant la campagne électorale : bombarder le barrage d'Assouan en Égypte, larguer une bombe nucléaire sur Téhéran et sur Gaza, noyer les prisonniers politiques dans la Mer Morte, exécuter les députés palestiniens à la Knesset qui commémorent la Nakba et expulser d'Israël tous ses citoyens arabes qui refusent de prêter un serment de loyauté à l'État juif. Drôle de choix que de l'avoir désigné comme chef de la diplomatie et numéro deux du gouvernement. Cela donne une petite idée de la mentalité ambiante et du niveau moral de la classe politique israélienne.

2011 : Le « Printemps arabe » fait souffler un vent de liberté dans cette région. Après la chute des régimes honnis en Tunisie, en Égypte puis (dans des circonstances moins révolutionnaires) en Libye, la lutte contre les gouvernements tyranniques s'étend dans d'autres pays, notamment au Barhein, au Yémen et, plus tard, en Syrie. Les Palestiniens, inspirés par ce mouvement et excédés par la division de leurs dirigeants politiques, appellent à l'unité nationale. Ce mouvement est particulièrement fort dans la jeunesse et parmi les prisonniers politiques. Au delà des élites politiques (avec les bouts de pouvoir dérisoires qui leur restent), c'est le peuple qui prend la parole. Cette pression oblige les états-majors du Fatah et du Hamas à signer un protocole d'accord pour un gouvernement d'union nationale.

Développement encore plus surprenant, le peuple israélien n'est pas en reste. Lui aussi se mobilise, inspiré à la fois par le Printemps arabe et par le mouvement des « Indignés », dont l'occupa-tion de la Plaza del Sol à Madrid a donné une impulsion internationale à la jeunesse désabusée par les politiques néo-libérales, allant des capitales européennes jusqu'aux États-Unis, avec le mouvement « Occupy Wall Street ». La version israélienne de ce phénomène, la « Révolution des tentes » (également baptisé le « Mouvement du 14 juillet », avec un clin d'œil à la révolution française), mobilise, lors de sa journée la plus suivie, 500 000 personnes dans les rues de Tel-Aviv, de Jérusalem, de Haïfa, de Netanya, d'Ashkelon, d'Ashdod, de Beer-Sheva, de Jaffa et de villes plus petites. Certes, les revendications sont centrées sur des questions sociales : la crise du logement, le coût de la vie, les services publics, les privatisations et l'écart grandissant entre riches et pauvres. Vingt-cinq pourcent (25%) de la population israélienne vivent alors au-dessous du seuil de pauvreté, avec un revenu mensuel inférieur à 740 €. Bien que les préoccupations portent sur la situation économique, il n'empêche, dans les esprits, le Monde Arabe n'est jamais loin.

En plein centre de Tel-Aviv a été érigée la « Tente de 48 », rappelant la Nakba. En temps ordinaire, cette tente n'aurait pas résisté plus de cinq minutes avant d'être déchirée et ses occupants lynchés. Sauf que maintenant, elle est restée fièrement déployée sur le boulevard Rothschild (l'artère principale de Tel-Aviv) sans que personne ne vienne déranger ses occupants, bien au contraire. Pendant une des manifestations de masse, des dizaines de milliers de citoyens ont pu voir des initiatives pour le moins originales, comme par exemple une grande pancarte en hébreu et en arabe, avec l'inscription « La place Tarhir, c'est ici » (en référence à la révolution égyptienne qui venait de chasser Hosni Moubarak du pouvoir). Mais peut-être le plus significatif est de voir des drapeaux palestiniens flotter au-dessus des foules dans des manifestations à Haïfa, à Jérusalem et à Tel-Aviv. Du jamais vu dans un mouvement de masse transversal qui mobilise à la fois des gens déjà politisés et des gens qui le sont moins, voire pas du tout. Des Bédouins (une minorité arabe dans le Néguev) manifestent avec leurs voisins israéliens à Beer-Sheva sur la base de leurs propres revendications. On voit parfois de véritables scènes de fraternisation entre Israéliens – juifs et arabes – pendant ces manifestations. Ce n'est pas toujours idyllique. L'apparition de drapeaux palestiniens ou de pancartes en arabe entraîne des débats, parfois houleux, parmi les manifestants. Mais pas de violence, ni même de rejet. D'accord ou pas d'accord sur la question palestinienne, les Israéliens descendent massivement dans la rue pour protester contre la politique sociale de leur gouvernement. Des Juifs et des Arabes le font ensemble. Dans le contexte d'un mouvement de masse – le plus grand dans l'histoire du pays – c'est un fait sans précédent.[17]

Sur le plan diplomatique, 2011 est également l'année où la Palestine est admise comme 195ème membre à part entière de l'UNESCO (l'agence des Nations Unies pour l'Éducation, la Science et la Culture). La Palestine est admise, haut la main, à l'UNESCO le 31 octobre. Seulement 14 pays votent contre l'admission de la Palestine, dont Israël et les États-Unis. Washington met aussitôt en œuvre sa menace de couper sa contribution financière à l'agence (22% du budget total de l'UNESCO). Loin de dissuader certains à voter pour l'admission de la Palestine, la menace américaine galvanise certains États indécis, mécontents de voir Washington se comporter comme une puissance impérialiste en resserrant les cordons de sa bourse. Outre ses fonctions dans le domaine de l'éducation et de la science, l'UNESCO inscrit et gère des sites historiques reconnus comme patrimoine culturel de l'humanité. La Palestine en compte plusieurs, dont le caveau des Patriarches (Hébron) ou l'Église de la

---

[17] Voir le livre *Un Autre Israël est possible, vingt porteurs d'alternatives*, Dominique Vidal et Michel Warschawski, Les Éditions de l'Atelier, Paris, 2012.

Nativité (Bethlehem). Ce vote est suivi par un autre, pour l'admission de la Palestine comme 195ème État membre de l'ONU. Cette fois-ci seulement cinq pays votent contre (dont Israël et les États-Unis) mais une fois de plus, c'est le veto américain qui prive la Palestine de son siège à l'Assemblée Générale de l'ONU en tant que membre à part entière (l'OLP y siège déjà comme membre observateur). Quant à Israël, il ne change pas ses habitudes. Il réagit au vote de l'UNESCO en annonçant la construction de 2 000 nouveaux logements dans les territoires occupés pour y installer ses ressortissants, ainsi que le gel du transfert des taxes qu'il doit à l'Autorité palestinienne. Deux mesures qui sont une violation flagrante du droit international. Ainsi va la « démocratie » dans les instances onusiennes.

2012 : Rebelote. Avec des élections législatives anticipées prévues en Israël en janvier 2013, le gouvernement sortant de Benyamin Netanyahou – sans beaucoup d'originalité mais avec une bonne dose de cynisme – déclenche un nouveau déluge de feu contre Gaza en novembre 2012, baptisé l'opération « Pilier de défense ». Après 155 morts palestiniens (et cinq morts israéliens), la résistance palestinienne réussit cette fois-ci à tirer des missiles jusqu'à Tel-Aviv et Jérusalem. Le pouvoir israélien met fin à cette aventure meurtrière sans ordonner une offensive terrestre, bien que les troupes soient déployées à sa frontière avec Gaza.

S'ensuit un nouveau vote à l'ONU, cette fois-ci pour admettre la Palestine (et non l'OLP) comme État observateur. Ce statut accorde à la Palestine de nouvelles possibilités, notamment de saisir directement des agences onusiennes comme l'Organisation mondiale de la santé, le Bureau international du travail, l'Organisation pour l'alimentation et l'agriculture ou encore le Tribunal pénal internationale (TPI). C'est cette dernière instance qui fait surtout peur à Israël, coutumier des violations du droit international, car les Palestiniens pourraient alors introduire directement des recours devant le TPI. Le vote a lieu le 29 novembre 2012, soit 65 ans jour pour jour après l'adoption par cette même assemblée du plan de partage de la Palestine mandataire en deux États. C'était en 1947. Ce nouveau vote est un succès encore plus triomphal que celui de 2011 qui a vu la Palestine admise comme membre de l'UNESCO. Cette fois-ci, seulement neuf pays (dont Israël et les États-Unis) votent contre l'admission de la Palestine comme État observateur de l'ONU. Des scènes d'allégresse éclatent un peu partout dans les Territoires occupés, à Gaza comme en Cisjordanie. La Palestine est enfin reconnue comme un État par la communauté internationale.

Aussitôt votée, cette résolution est suivie par une réaction à laquelle Israël nous a habitué : l'annonce par le Premier ministre Netanyahou de la construction de 3 000 nouveaux logements dans les colonies en Territoires occupés et un nouveau gel du transfert des taxes que Tel-Aviv doit à l'Autorité palestinienne. Comme en 2011, ces deux mesures sont en violation flagrante du droit international. Quelle est la réaction de la communauté internationale à cet affront ? À part quelques gesticulations diplomatiques, aucune sanction n'est imposée à Israël. Pas plus qu'il n'y a une nouvelle résolution au Conseil de sécurité pour condamner ces infractions caractérisées au droit international. Ainsi va le courage, la cohérence et la détermination des chancelleries occidentales devant le culot légendaire des autorités israéliennes.

Un État ? deux États ? : le débat

En 1900, la « troisième aliya » (immigration juive en Palestine) a commencé à prendre un timide essor suite à l'Affaire Dreyfus en France. Un siècle plus tard en l'an 2000, la deuxième Intifada éclate avec en arrière-fond les plans de construction du Mur de séparation (un triste rappel des murs du ghetto auxquels ont été soumis les Juifs en Europe). À cela il faut ajouter la colonisation, le piétinement du droit international et la provocation d'Ariel Sharon sur l'Esplanade des Mosquées à Jérusalem. Ces éléments bloquaient toute perspective réelle d'édification d'un État palestinien même sur une petite partie de la Palestine. En cent ans, de l'Empire ottoman au mandat britannique, du partage de la Palestine voté par l'ONU à la proclamation unilatérale de l'État juif, quatre guerres, d'innombrables opérations militaires et deux Intifadas plus tard, les conditions de vie des Palestiniens n'ont cessé de se dégrader. En ce qui concerne les Juifs, de l'Affaire Dreyfus en passant par des pogroms et le génocide hitlérien, leur sort n'avait pas été enviable. Mais les Palestiniens n'en étaient pas responsables. C'était une histoire européenne, où des antisémites au pouvoir s'en étaient pris aux Juifs européens. Les Palestiniens sont les victimes collatérales d'une histoire tragique qui n'est pas la leur.

De ce blocage est apparu une nouvelle (vieille) idée : un État binational sur toute la Palestine historique, de la Méditerranée au Jourdain.

Pourquoi ? Pourquoi maintenant ? Une des raisons souvent mise en avant est que la solution de deux États semble de plus en plus irréalisable. La Cisjordanie est trop morcelée, découpée, parsemée par les colonies, traversée par le Mur, puis séparée de Gaza par un passage obligé en territoire israélien. Si un État palestinien n'est plus possible sur 22% de la Palestine, il sera aussi bien d'opter pour un seul État sur 100% de la Palestine. Autrement dit, si on ne peut pas avoir peu, demandons tout.

Avec la mort de Yasser Arafat en 2004 est peut-être morte une idée qui lui était chère : celle de voir un jour s'édifier un État pour son peuple sur les 22% de la Palestine historique qu'Israël n'a pas arraché dans sa guerre d'indépendance en 1948. Mais la mort de cette idée, si elle est bien survenue, est sans doute moins douloureuse que celle d'une vie humaine qui s'éteint, car l'éloignement de cette idée donne naissance à son tour à une idée nouvelle, porteuse d'espoir : l'idée de promouvoir, même si c'est à plus long terme, l'édification d'un État uni dans toute la Palestine pour l'ensemble de ses habitants. En fait, il s'agit d'une vieille idée qui a vu son apogée dans les années 1930, ressuscitée par un tragique retournement de l'histoire. Combien de guerres, combien de pertes de vie, combien de déchirements et de décadence morale (inhérente à toute guerre) auraient pu être évités si cette idée s'était réalisée 70 ans auparavant ?

C'était en 2001 que Michel Warschawski, écrivain, intellectuel antisioniste et dirigeant historique de l'extrême gauche israélienne, publie un petit livre intitulé *Israël-Palestine : Le défi binational* [18]. Cet opuscule n'était pas le premier texte contemporain à relancer le débat, mais il a grandement contribué à lui donner un nouvel essor. La thèse défendue dans ces pages était celle d'un seul État, mais à caractère binational, qui conférerait des droits institutionnels aux Juifs israéliens comme aux Arabes palestiniens, garantissant aux deux communautés leurs prérogatives politiques et culturelles, quelle que soit la majorité démographique du moment. Un peu comme l'Afrique du Sud multiraciale de l'après-Apartheid : des droits assurés pour tout le monde, peu importe la communauté constituant la majorité et celle constituant la minorité.

---

[18] Éditions Textuel, collection La Discorde, Paris, 2001.

Les détracteurs de ces thèses, comme Uri Avnery – journaliste israélien, ancien parlementaire de gauche et militant anticolonialiste – n'ont pas manqué d'objecter que les deux peuples, dans leur grand majorité, ne sont tout simplement pas prêts pour un tel scénario. Après tant d'années de guerre, d'occupation et de répression, les Palestiniens n'auraient qu'une envie : faire disparaître les soldats, les colons, les checkpoints et tout autre signe de la présence israélienne sur leurs terres afin de les gouverner comme bon leur semble, dans le cadre d'un État palestinien indépendant et souverain, aussi réduit soit-il. Et avec la propagande sécuritaire en Israël, les Juifs de ce pays sont littéralement paralysés par la hantise d'un État de la Méditerrané au Jourdain où les Arabes seraient majoritaires et où le droit au retour de réfugiés verrait arriver de l'étranger d'autres vagues successives de Palestiniens. Combien ? Des dizaines de milliers ? Des centaines de milliers ? Des millions ? Peu importe, la simple évocation du droit au retour plonge l'immense majorité d'Israéliens dans un cauchemar existentiel, inenvisageable pour eux. Ces détracteurs, dont bon nombre ne sont pas sionistes, disent : soyons réalistes ; optons pour la solution de deux États dans l'immédiat et on verra par la suite. Certains d'entre eux disent à qui veut bien l'entendre que c'est peut-être la génération de leurs enfants ou de leurs petits-enfants qui, avec les Palestiniens, pourra enfin édifier un État binational.

Le débat continue à faire rage en Israël, en Palestine et ailleurs. En France, *De l'Autre Côté*, revue éditée par l'UJFP (Union juive française pour la paix) publie en 2007 un numéro intitulé « La religion sioniste »[19]. Dans ce périodique, des contributions sur ce thème sont écrites par des intellectuels israéliens, arabes et européens tels Amnon Raz-Krakotzkin, Yehouda Elkana, Mohammed Taleb ou Katell Berthelot.

Pendant ce temps, une évolution réelle a eu lieu sur la question nationale dans une partie de l'intelligentsia et du mouvement anticolonialiste israéliens. À la Knesset, des forces parlementaires ont déjà fait cette mue, mais il s'agit essentiellement de partis arabes (Balad, Liste arabe unie, Hadash – le front de masse du Parti communiste, dont la plupart des électeurs sont des Palestiniens de l'intérieur). Côté extraparlementaire, certaines organisations se sont déjà prononcées clairement pour le droit au retour des réfugiés palestiniens, comme par exemple le Centre d'information alternatif. D'autres associations lui ont emboîté le pas, à quelques nuances près, allant de la Coalition des femmes pour la paix, des Anarchistes contre le Mur, à l'ICAHD (Comité israélien contre la démolition de maisons) ou encore Zokrot (une association vouée à faire vivre la

---

[19] Le N° 3 de cette revue, Printemps 2007, publiée aux Éditions La Fabrique. Disponible à l'UJFP, 21 ter rue Voltaire, 75011 Paris, contact@ujfp.org, www.ujfp.org

mémoire des villages palestiniens détruits dans la Nakba). Viennent ensuite un deuxième cercle d'ONG moins « politisées » qui n'ont pas pour vocation de prendre position sur cette question – un État, deux États – mais dont l'action va dans le sens du respect des droits fondamentaux des Palestiniens. Il s'agit de groupes aussi variés que les Rabbins pour les droits humains, Ta'ayoush (« Vivre ensemble »), les Médecins pour les droits humains, B'Tselem (le Centre israélien d'information sur les droits humains dans les territoires occupés), les Combattants pour la paix, Nouveau profil, PCATI (Comité public contre la torture en Israël), Boycott de l'Intérieur et le mouvement des refuzniks[20].

*

* *

Deux députés arabes, deux positions étatiques

Jamal Zahalka est député à la Knesset et président du groupe parlementaire Balad.[21] Cet élu d'un des partis de la minorité arabe d'Israël a prononcé un discours le 7 décembre 2007 dans lequel il demande à la direction palestinienne d'abandonner le mot

---

[20] Refuzniks : mot russe qui signifie « ceux qui refusent ». En clair, des objecteurs de conscience de l'armée israélienne.

[21] Balad : acronyme pour « Ligue démocratique nationale », ce mot signifie également « pays » en arabe.

d'ordre « deux États pour deux peuples ». Il a fait sa déclaration à Al-Bireh, en Cisjordanie occupée, à l'occasion d'une commémoration des 40 ans de la création du FPLP (Front populaire de libération de la Palestine, un parti marxiste membre de l'OLP). Le docteur Moustapha Barghouti, président de l'« Initiative nationale démocratique », alors ministre de l'Information du gouvernement Arafat et député du Conseil législatif palestinien, était parmi les personnalités présentes. En tant que Palestinien de l'intérieur (citoyen d'Israël) et député à la Knesset, Jamal Zahalka, a demandé aux Palestiniens des Territoires occupés de renoncer à l'hypothétique solution de « deux États pour deux peuples », qui est la position officielle de l'Autorité palestinienne, partagée par une partie non négligeable de l'opinion israélienne. Il a précisé : « nous » [les Palestiniens de l'intérieur] « refusons de reconnaître qu'Israël est un État juif. (…) Les Israéliens l'exigent, afin d'acquérir une légitimité permettant de chasser notre peuple et afin de dépouiller de ses droits le peuple palestinien de l'intérieur. » Zahalka a appelé à l'unité de l'ensemble des Palestiniens (ceux de l'intérieur, ceux des Territoires occupés, ceux des camps de réfugiés dans les pays arabes voisins et ceux de la diaspora, où qu'ils se trouvent).

Il a prononcé son discours deux jours après celui d'un autre dirigeant palestinien de l'intérieur, le député à la Knesset Mohamed Barakeh, président de Hadash, le

« Front démocratique pour l'égalité et la paix » animé par le Parti communiste israélien. Contrairement à Zahalka, Barakeh a plaidé pour la « solution de deux États », tout en exigeant l'égalité des droits entre Juifs et Arabes en Israël. Devant le septième congrès de Hadash tenu à Nazareth, Barakeh a précisé : « Lorsque nous parlons de deux États pour deux peuples, nous parlons de deux États avec un droit à l'autodétermination, et pas nécessairement deux États ethniques qui sont une invention sioniste-israélienne et que nous refusons ». Barakeh a ajouté qu'il était opposé à la définition d'Israël comme un État juif, caractérisation qu'il qualifie « d'épée posée sur notre cou et sur le cou du peuple palestinien ». Un article qui passe en revue ce débat institutionnel, mené par ces deux députés arabes de gauche, a paru le 8 décembre 2007 dans le quotidien israélien de droite *Ma'ariv*. Loin des clivages politiques israéliens traditionnels (droite/gauche, juif/arabe), cette couverture médiatique démontre que le débat est désormais posé ouvertement devant l'opinion publique, à la fois en Israël et dans les Territoires palestiniens.

*

* *

Adalah propose une structure supranationale

Adalah, qui signifie « justice » en arabe, est l'acronyme d'une association de juristes basée à Haïfa, dont le nom complet est « Centre juridique pour les droits de la minorité arabe en Israël ». Il a été créé dans les années 1990 suite aux accords d'Oslo. Association officiellement non partisane, beaucoup de ses membres sont proches de Balad. En 2008 cet organisme, composé de Palestiniens de l'intérieur (20 % de la population israélienne), a rédigé un projet de constitution pour le pays. En effet, bien que muni d'un État, d'une armée, d'une administration publique, d'un siège à l'ONU et de tous les attributs d'un pays souverain, Israël, 65 ans après sa création, n'a toujours pas de constitution, ni de frontières clairement définies.

L'originalité de ce projet de constitution est de proposer une structure supranationale qui engloberait les deux peuples fondateurs. Le document que propose Adalah reconnaît les droits collectifs des peuples constitutifs (juif et arabe) et l'égalité de tous les citoyens devant la loi, quelle que soit leur appartenance communautaire, ethnique ou religieuse. S'inspirant de la Convention européenne des Droits de l'Homme, ce projet vise à garantir les droits individuels et collectifs de l'ensemble des habitants de la région, quel que soit le régime politique (deux États, un État binational ou tout autre arrangement issu de négociations à venir entre Israéliens et Palestiniens). Dans l'année de sa rédaction, ce projet de « constitution démocratique » s'est inscrit dans le 60ème anniversaire de la Nakba (expulsion des réfugiés palestiniens pendant la guerre de 1948). Le texte qui en est sorti assure aux réfugiés la possibilité de faire valoir leur droit au retour, tout en tenant compte de l'immigration juive en Israël. Cette initiative avait surtout le souci d'offrir un espace public commun qui dépasse les entités nationales classiques. Un document antérieur publié par Adalah exprime le souhait qu'Israël soit défini comme « bilingue et multiculturel » et que ses symboles soient décidés par les Juifs et les Arabes ensemble. Ce projet fait suite à trois autres initiatives dans le même sens, prises en 2006 par des organisations arabes en Israël, soient le Centre Mossawa (« Une constitution égale pour tous »), le Comité des chefs des autorités locales arabes (« Vision future ») et le Centre Mada Al-Carmel (« Convention de Haïfa »). Tous ces documents reconnaissent la frontière de 1967 comme devant délimiter le territoire de l'État d'Israël. Sans répondre nécessairement à toutes les questions en suspens, ces initiatives peuvent apporter des éléments de réponse aux aspects clefs du différend national qui oppose Israéliens et Palestiniens. Un article consacré à ce projet de « Constitution démocratique » a paru le 20 décembre 2007 dans le quotidien israélien *Ha'aretz*, sous la plume du journaliste Yoav Stern. Ainsi, le projet de constitution rédigé par Adalah représente-t-il pour les Israéliens un modèle de réflexion pour un avenir pacifique et partagé au Proche-Orient ?

En juin 2008, Mme Suhad Bishara, coordinatrice d'Adalah et avocate spécialisée dans le droit des femmes et dans le droit foncier, a participé à une tournée en Belgique et en France pour promouvoir ce projet de constitution, à l'invitation notamment d'organisations juives progressistes de ces deux pays. Le droit foncier est d'une importance primordiale pour les Palestiniens de l'intérieur, compte tenu de la législation discriminatoire en Israël. Celle-ci n'autorise pas les citoyens arabes à acheter des terres où bon leur semble, alors qu'une telle restriction ne s'applique pas à leurs compatriotes juifs. À ce titre, Suhad Bishara a déjà travaillé comme avocate conseil de l'Association des Quarante, qui regroupe des villages arabes non reconnus en Israël.

*

* *

Un seul État pour la Palestine

C'est le titre d'un manifeste paru en Israël début 2012 et signé par des intellectuels de renom de la société israélienne et palestinienne. Parmi les signataires se trouvent les Israéliens Ariella Azoulay, Eitan Bronstein, Ilan Pappé et Nurit Peled-Elhanan, ainsi que les Palestiniens Ghada Karmi, Mazin Qumsiyeh, Samir Abed-Rabbo et Susan Abulhawa. Tout d'abord ils font le constat :

« Depuis 63 ans, date de la Résolution 181 de l'ONU, les Palestiniens vivent dans la terreur et la peur. Pendant la Nakba en 1948 (...) Israël a conquis 78% de la Palestine et expulsé la majorité de la population, plus de 750 000 personnes, de leurs foyers, villes et villages. Israël a aussi fait de ceux qui sont restés – et qui depuis sont toujours sous son autorité – des citoyens de seconde classe tout en opérant aussi des discriminations à l'encontre des Juifs arabes (mizrahis[22] et séfarades[23]) dans ce qui s'est défini comme un État juif. »

Puis ils soulignent les obstacles à la réalisation d'une solution de deux États : *« Israël a continué à ignorer toutes les (...) résolutions de l'ONU exigeant son retrait des Territoires occupés et a continué à construire des colonies illégales, des routes réservées et des zones militaires. (...) Sur le plan international, Israël a organisé des lobbies puissants qui ont cherché à réduire au silence les voix de la raison parmi les Juifs du monde. »*

Puis ils poussent le diagnostic plus loin : *« Les Accords d'Oslo de 1993, résultat de négociations secrètes entre Israël et l'OLP, ont posé les bases d'un accord aux termes duquel 22% de la Palestine*

---

[22] Mizrahi : terme hébraïque qui désigne les Juifs originaires du Moyen-Orient. Par extension, ce terme est parfois utilisé en Israël pour tout Juif originaire d'où que ce soit dans le Monde Arabe, le Maghreb compris.

[23] Séfarade : également écrit « sépharade », ce terme veut dire littéralement « Juif espagnol ». Il désigne les Juifs originaires de la péninsule ibérique et d'Afrique du Nord.

historique, aux frontières définies par les lignes de cessez-le feu de 1949, devraient théoriquement être rendus à un gouvernement palestinien. Ce compromis a été systématiquement violé par Israël qui a continué depuis à confisquer plus de terre, à construire plus de colonies et à tuer plus de Palestiniens. Il est clair depuis le début qu'Israël n'a aucune intention de démanteler ses colonies ou de retirer son armée de Cisjordanie ou de Jérusalem-Est – en fait, le nombre de ses colons vivant illégalement en Cisjordanie et à Jérusalem-Est a triplé depuis la signature des Accords d'Oslo, rendant ainsi complètement irréaliste la solution à deux États. »

Pour enfin conclure : « *La solution à deux États n'a jamais été réaliste ou loyale : elle a nié toute justice pour la plupart des Palestiniens. Mais même cette "solution" injuste a été systématiquement sapée par Israël par plus de vols de terre et plus de colons dans l'État prévu pour les Palestiniens. Israël s'est assuré que la solution à deux États basée sur les "frontières" de 1967 ne puisse jamais devenir une réalité ; la plupart des Palestiniens et beaucoup d'Israéliens l'ont reconnu depuis de nombreuses années. Ils ont souhaité à la place une autre solution, une solution basée sur la justice et la non-séparation, une solution qui mettrait fin au traumatisme et à la souffrance des réfugiés palestiniens, une solution qui mettrait un terme au système militaro-colonial et à la domination du sionisme, une solution enfin qui traiterait tous les citoyens, résidents et "absents", également et justement.*

Cette solution c'est l'État unique, démocratique, non sectaire et laïque (la religion étant séparée de l'État) pour toute la Palestine historique : un État pour tous ses citoyens. »

Ce texte marque une évolution importante d'une partie de l'intelligentsia en Israël et en Palestine sur la question étatique et, au-delà même, sur l'avenir des deux peuples et les relations entre eux.

*

* *

Un État commun

La littérature continue à alimenter ce débat.[24] Début 2012, le cinéaste israélien Eyal Sivan, avec l'éditeur français Eric Hazan, a relancé le débat sur la question étatique avec un livre (et un DVD) intitulé *Un État commun.*[25] Outre les arguments développés par Michel Warschawski en 2001 et exposés par Dominique Vidal en 2011, Sivan et Hazan affirment que la solution de deux États n'est pas une perspective réelle, ce n'est qu'un discours. Un discours qui arrange tout le monde : le pouvoir israélien qui aimerait bien se satisfaire d'un État palestinien croupion sans pouvoir réel, le peuple

---

[24] Voir *Palestine-Israël : un État ? deux États ?* par Dominique Vidal, Sinbad/Actes Sud, Paris, 2011.

[25] *Un État commun entre le Jourdain et la mer*, Éditions La Fabrique, Paris, 2012.

israélien qui sait que cela veut dire le statu quo sans remise en cause de ses privilèges, l'Autorité Palestinienne qui rêvait d'obtenir un statut étatique avec un siège à l'ONU, les chancelleries occidentales qui ne demandent pas mieux que les deux protagonistes s'entendent sur une formule définitive. Puis la communauté internationale peut s'en laver les mains de la nécessité d'impulser une véritable solution basée sur le droit. La seule partie que ce discours n'arrange pas est le peuple palestinien, toujours dans une position subordonnée face à la puissance occupante qui l'empêche d'exercer sa liberté sur le plan politique et qui le maintient dans le sous-développement sur le plan économique. Les auteurs martèlent l'idée qu'un État commun serait seul acceptable sur le plan éthique. Ils prétendent qu'il ne s'agit pas d'une utopie. Au contraire, ils affirment que c'est la seule solution réaliste, la seule solution viable. C'est loin d'être une évidence pour tout le monde, mais le débat est relancé.

La jeunesse : un espoir d'avenir ?

Après les massacres de Sabra et Chatilla au Sud-Liban en 1982 avec la complicité de l'armée israélienne, s'est développé le mouvement des objecteurs de conscience, jusqu'alors inexistant en Israël. La critique de l'armée, une véritable vache sacrée dans l'État hébreu, n'a plus été un sujet tabou. Ce développement s'est accéléré avec les deux Intifadas dans les Territoires occupés. L'association Yesh Gvul (« Il y a une limite ») a été créée pour venir en aide aux soldats qui refusaient de faire leur service militaire dans les Territoires occupés, voire à ceux qui refusaient de faire leur service militaire tout court, parfois au prix d'une peine de prison prononcée par un tribunal militaire. Marginal à l'époque, le phénomène est aujourd'hui le cauchemar de l'état major de la première armée du Proche-Orient. Une estimation indique qu'un tiers de l'armée de réserve est rongé par ces « refuzniks ». Un sondage publié dans la presse israélienne en décembre 2003 indique que 30 % des jeunes israéliens considèrent que l'objection de conscience est légitime.

Une jeunesse israélienne en quête de normalité veut vivre libre, comme les jeunes juifs d'Europe ou d'Amérique. Elle ne veut plus faire une guerre qui n'est pas la sienne, ni veut-elle opprimer une population civile par mille et une brimades aux barrages militaires dans les Territoires occupés. Bon nombre de jeunes, éduqués selon les valeurs juives universelles d'équité et de justice, sont revenus meurtris de leur service militaire, quand le ministre de la Défense de l'époque, le général Yitzak Rabin (futur Premier ministre) leur a intimé l'ordre de « briser les os » des prisonniers palestiniens. Des légions de jeunes ayant terminé leur service militaire ont pris une année sabbatique pour voyager, consommer de la drogue à l'étranger, devenir alcooliques ou aboutir sur le divan d'un psychiatre, si ce n'est dans des cures de désintoxication. Les effets dévastateurs de la guerre se retrouvent également dans l'augmentation de la violence faite aux femmes en Israël, ainsi que dans le taux élevé de suicides.

Un nombre important d'Israéliens a fait la demande d'un autre passeport (car la double nationalité est admise en droit israélien). Ils étudient des langues étrangères et sont devenus des ressortissants allemands, français, britanniques, américains, etc. tout en conservant leur passeport israélien. Si jamais les choses tournent mal, ils peuvent partir. Le pays occidental où la communauté juive a augmenté plus rapidement qu'ailleurs, c'est l'Allemagne, même si les écoles en Israël enseignent aux élèves que le peuple allemand, qui a porté Hitler au pouvoir, est imprégné d'un antisémitisme ancestral. Cette croissance de la communauté juive allemande n'est pas due à l'augmentation naturelle de la population, mais… à l'immigration israélienne. Pendant qu'Ariel Sharon, Ehud Barak, Shimon Pérès et Benjamin Netanyahou tonnent contre une supposée résurgence de l'antisémitisme en Occident (qu'ils attribuent à la propagande « antisioniste »), Israël se vide de ses Juifs. On estime que 20% de la population juive du pays s'est exilée depuis la guerre des six jours. Tout en conservant leur maîtrise de l'hébreu, langue dans laquelle ils continuent à parler à leurs enfants à la maison, ces expatriés israéliens sont devenus Allemands, Scandinaves, Britanniques, Belges, Français, Canadiens, Américains ou Australiens. Après la diaspora juive, il y a désormais la diaspora israélienne.

Un « État juif » en manque de Juifs ? Qu'à cela ne tienne, les responsables israéliens rivalisent d'imagination pour palier cette lacune. L'Agence juive a installé des Amérindiens du Pérou dans une colonie de Cisjordanie et un rabbin complaisant les a aussitôt déclarés juifs (la « treizième tribu » perdue d'Israël). Cette initiative fut suivie d'une autre, fin 2012 : cette fois-ci on a fait venir des habitants des États indiens de Mizoram et Manipur, près de la frontière birmane. Encore une fois, le Grand Rabbin Shlomo Amar les a reconnus comme faisant partie d'une des tribus perdues d'Israël. Cette « aliya » avait déjà commencé entre 2005 et 2007 avec l'arrivée de 1 700 immigrés de cette région indienne. Que la judaïté de ces personnes ait été contestée en Israël n'a rien changé à l'affaire.

Mais le palmarès revient sans doute au fondateur d'Infolive.tv, la « télévision en direct de Jérusalem 24h/24 », une chaîne diffusée sur internet. Ce monsieur est un ancien responsable de la promotion de l'immigration en Israël en provenance de France, pays d'Europe occidentale qui a la plus grande communauté juive. Infolive.tv considère que la population juive française ne compte pas 600,000 âmes (estimation habituellement citée) mais bien 1,5 millions, considérant les personnes dont au moins un grand-parent est juif (critère nazi par excellence). Infolive.tv estime que l'ensemble de ces personnes sont éligibles pour faire leur « aliya » et bénéficier de la nationalité israélienne dans le cadre de la loi du retour. Cette déclaration, faite début 2008, est arrivée au moment où le nombre de Juifs français qui s'installaient en Israël était en chute libre. Et pas seulement des Juifs français. En fait, l'année 2007 a vu le plus bas niveau depuis 20 ans d'immigration juive en Israël provenant du monde entier, car l'État hébreu n'est plus un attrait pour les Juifs. Bref, on fait n'importe quoi pour maintenir à tout prix une majorité « juive » en Israël, peu importe comment on détermine « qui est Juif » pour les besoins de la cause.

*

* *

Jeunes musiciens empêchés de jouer

Un concert pour la paix était prévu le 18 décembre 2007 dans la Bande de Gaza. L'association palestinienne à but non lucratif Al Kamandjati (« le petit violoniste » en arabe), dont l'objectif est de promouvoir la musique au sein de la population palestinienne, devait jouer avec un orchestre de 20 musiciens dans le cadre d'un festival de musique baroque qui avait alors lieu à travers Israël et les Territoires palestiniens. Ce festival était soutenu par la Fondation Barenboïm-Saïd, du nom des deux célébrités, le chef d'orchestre israélien Daniel Barenboim et l'intellectuel palestinien feu Edward Saïd. Afin de pouvoir passer de la Cisjordanie à Gaza, les membres de l'orchestre d'Al Kamandjati avaient tous reçu l'aval des autorités israéliennes. Pour motifs de sécurité, Tel-Aviv octroie en effet ce genre « d'autorisation de passage » (sic) alors qu'il s'agit de deux territoires palestiniens. Pourtant, à la veille du concert, l'Administration de liaison et de coordination pour Gaza (qui dépend du ministère de la Défense israélien) a refusé au chef d'orchestre de Ramallah, Ramzi Aburedwan, la permission de franchir le point de passage d'Erez. Le ministère de la Défense n'a fourni aucune explication, prétendant qu'Aburedwan « n'avait pas les autorisations nécessaires ». Alors qu'ils auraient pu passer, les autres musiciens ont rebroussé chemin par solidarité avec Aburedwan. Lors d'une conférence de presse le 17 décembre 2007, Daniel Barenboïm a fustigé la décision israélienne, exprimant sa « désolation profonde devant cette discrimination flagrante contre un musicien palestinien, qui a empêché l'orchestre d'accomplir ce geste humanitaire vital pour la population de Gaza. » Peut-être les autorités israéliennes considèrent-elles qu'un concert pour la paix constitue un acte terroriste et une menace pour la sécurité. Mais cet incident, comme des centaines d'autres tous les jours aux barrages militaires dans les Territoires occupés, n'a rien à voir avec des impératifs de sécurité. Il constitue tout simplement une mesure vexatoire destinée à exaspérer la population et à la pousser à partir. Si la musique adoucit les mœurs, on ne peut pas en dire autant de l'arbitraire exercé par l'armée israélienne.

*

* *

Des jeunes soldats se suicident

Les exactions que les officiers ordonnent aux soldats de commettre contre les civils palestiniens sont source d'un grand désarroi chez bon nombre de conscrits et réservistes. Ce sentiment de dégoût et d'injustice se manifeste surtout par le nombre croissant d'objecteurs de conscience qui refusent de faire leur service militaire dans les Territoires occupés, ou qui refusent d'obéir aux ordres contraires à leur éthique et contraire aux valeurs juives qui leur ont été inculquées à l'école.

Un nouvel indice de ce malaise profond a été révélé dans un reportage paru dans *Ma'ariv*, quotidien israélien classé à droite. Dans son édition du 17 juin 2005, le journal fait part d'une enquête particulière : un soldat de Tsahal se donne la mort toutes les deux semaines. Depuis le début de cette année, 15 soldats ont mis fin à leurs jours. Paradoxe pour une armée qui mène une guerre coloniale, les forces armées israéliennes recensent plus de soldats suicidés que de soldats tombés au combat ou tués dans des accidents de la route. « Et pourtant, affirme *Ma'ariv*, le sentiment dominant est que rien n'est fait pour lutter contre ce phénomène. » Le journal relate le cas du lieutenant Ouri Marom, pilote d'hélicoptère de combat, qui avait 22 ans en mai 2000 lorsqu'il s'est tiré une balle dans la tête au domicile de ses parents. Son père, Benny Marom, qui était alors psychologue dans l'armée de l'air israélienne, a décidé de tout faire pour que son fils soit le dernier soldat à porter atteinte à sa propre vie. Cinq ans plus tard, le taux de suicides dans l'armée n'a jamais été aussi élevé. Moché Kaplinsky, chef d'état-major adjoint, a réuni un forum sur ce thème et a annoncé qu'il « ferait parvenir les dossiers de certains soldats à la connaissance de leurs officiers afin qu'ils soient plus à l'écoute. »

Mais le seul moyen efficace de renverser cette tendance est d'arrêter d'envoyer la jeunesse israélienne dans les Territoires occupés où les officiers leur demandent de pourrir la vie des Palestiniens, quand ce n'est pas de leur tirer dessus. L'arrêt de l'occupation ferait également baisser le taux de mortalité chez les Palestiniens, cela va de soi. Cette révélation sur le taux de suicides confirme qu'un jeune de 18 ans qu'on envoie à la guerre n'est pas un monstre assoiffé de sang, mais la victime d'une politique qui l'instrumentalise et sur laquelle il n'a pas de prise. Plus que jamais, le slogan scandé par les Femmes en Noir est d'actualité : « L'occupation nous tue tous ».

*

*   *

Ruser avec sa conscience

C'est Noam Bahat, conscrit de l'armée israélienne, qui l'a dit devant un tribunal le jugeant pour désertion. En effet, ce jeune homme, éducateur dans le civil, a refusé de faire son service militaire en 2004. Dans une déclaration émouvante, Bahat a expliqué à ses juges que « *la plupart des gens s'habituent à ruser avec leur conscience, ils l'endorment et l'empêchent de fonctionner. (...) J'ai hésité au milieu de ces contradictions entre les valeurs auxquelles je crois et la société qui m'entoure et viole continuellement ces valeurs les unes après les autres. (...) Tout éducateur qui veut enseigner les valeurs devrait voir son objectif non seulement comme l'explication et la justification de ces valeurs, mais comme l'enseignement d'une pensée critique, comme l'aspiration à faire entrer les valeurs dans la réalité, comme la création d'êtres humains conscients qui respecteront la morale et les valeurs. (...) Chaque fois qu'un enfant israélien ou palestinien reçoit une balle, notre conscience aussi reçoit une balle droit au cœur.* » Pour conclure : « *En homme de conscience, je ne pouvais pas prendre part à l'oppression par l'armée.* » Il a été condamné à une peine de prison pour désertion mais ses paroles n'ont pas été perdues auprès des jeunes : le nombre d'objecteurs de conscience a augmenté après sa condamnation.

*

* *

Le triangle des jeunes

En Israël, il y a des organisations regroupant des adolescents et de jeunes adultes, Juifs et Arabes, qui veulent participer à des activités culturelles et apprendre à mieux se connaître. L'association Reut Tsedaka, par exemple, a entrepris de monter des pièces de théâtre avec des comédiens amateurs juifs et arabes, un peu à l'image de celles créées par le Théâtre de la Liberté à Jénine. Reut Tsedaka a commencé ses activités à Ramla, au centre d'Israël, une localité avec une importante population de Palestiniens de l'intérieur d'une part, et des citoyens juifs d'autre part. D'emblée, ce groupe s'est placé sur le terrain du refus de l'occupation.

Un autre groupe de ce genre, sensiblement moins politisé, a pour nom Windows for Peace (fenêtres pour la paix). C'est une association conjointe israélo-palestinienne vouée à promouvoir les droits humains, la liberté, la dignité, l'égalité et la démocratie. Son credo : « Puisque les deux nations ont vécu et se sont développées sur cette terre, elles ont, toutes les deux, le droit de vivre ici dans l'égalité des droits. Nous croyons dans l'esprit humain, dans la capacité des individus à impulser des changements et dans le pouvoir des efforts conjoints israélo-palestiniens, des initiatives de proximité, pour réaliser ces idéaux. »

Fondée en 1991, cette association ne se contente pas de déclarations de principes. Elle a un programme d'activités pour les jeunes, propose des cours d'arabe dans son centre à Tel-Aviv (initiative peu banale dans le contexte israélien) et elle publie Windows Magazine, un périodique bilingue hébreu-arabe écrit par et pour les jeunes. Elle organise notamment des tours alternatifs en Cisjordanie avec pour objectif de transformer le Mur (physique et mental) en une fenêtre. Les participants visitent les barrages militaires, les villes et villages palestiniens affectés par les colonies, ainsi que les camps de réfugiés. Néanmoins, cette organisation a le défaut de rester fondamentalement un groupe de « dialogue » entre Juifs et Arabes. Ainsi, elle n'a jamais participé à des campagnes ou à des collectifs unitaires qui luttent activement sur la place publique contre la politique du gouvernement israélien. Il n'empêche, l'aspect le plus marquant de Windows for Peace est sans doute sa composition, qui constitue un triangle. Ses adhérents sont pour un tiers des Palestiniens des Territoires occupés (Cisjordanie), un tiers des Israéliens juifs et un tiers des Israéliens arabes (Palestiniens de l'intérieur). Ce cadre est présent à tous les niveaux de l'organisation, de la direction aux employés, en passant par les participants aux différentes activités. Ce faisant, ces jeunes montrent un exemple que leurs aînés feraient bien de suivre.

*

* *

Coupes budgétaires dans l'éducation

Le gouvernement Sharon-Pérès n'était jamais à court d'idées pour faire des économies budgétaires afin de financer l'occupation des territoires palestiniens, ruineuse pour l'économie du pays. Plutôt que de réduire les dépenses militaires ou les subventions faramineuses versées aux colons, Tel-Aviv a diminué les crédits destinés à l'éducation des jeunes. D'après une dépêche du *Jerusalem Post* daté du 5 mai 2005 : « *Quelque 7 000 enseignants ont manifesté lundi 9 mai devant la Knesset. Ils protestent contre le licenciement de 4 500 professeurs (soit un à deux enseignants par établissement) du secondaire. Cette vague de licenciements s'inscrit dans le cadre de la réforme très controversée du cursus scolaire. Désormais, les élèves israéliens ne resteront plus que dix ans et demi sur les bancs de l'école contre douze auparavant. Les professeurs licenciés ont pour la plupart bénéficié d'une mise à la retraite anticipée. Pour Ran Erez, président de l'Association des Professeurs de l'École secondaire, cette réforme "transforme le système scolaire israélien en l'un des plus primaires du monde occidental".* » Hormis le fait que la société israélienne se voit comme faisant partie du monde occidental, cette nouvelle en dit long sur les priorités du gouvernement d'union nationale, Likoud et Travaillistes confondus.

*

* *

Enfants juifs et arabes qui étudient ensemble

Ce n'était pas un scoop pour la gauche radicale en Israël. Il n'empêche, ce fut une révélation pour le public israélien dans son ensemble. Un article d'Eli Ashkenazi, paru le 24 septembre 2005 dans *Ha'aretz*, quotidien israélien de centre-gauche, fait part d'une expérience vécue dans une localité palestinienne à l'intérieur d'Israël : *« "Il y a un message ici" dit Yohanan Eshkhar, le co-directeur juif de l'école. Un message de confiance pour rompre la méfiance. Nous n'avons jamais eu auparavant une situation comme celle-ci dans laquelle des parents juifs pouvaient emmener leurs enfants dans une ville arabe. Le message a permis de lever l'atmosphère de suspicion, de peur. "Ce pas a déjà réussi à générer un changement dans l'environnement local" dit-il. »* Aussi anodine qu'elle puisse paraître pour nous, c'est néanmoins une nouvelle fracassante pour l'Israélien moyen. *« Il y a quelques mois, Maida Othamna a invité Ruthie Weiss à lui rendre visite dans sa maison de Baka al-Garbiyeh. Weiss avait refusé son invitation. Cette semaine, les deux femmes étaient assises dans la salle de repos des professeurs dans l'école où elles enseignent, parlant de ce qui était arrivé. (...) "Je n'étais pas en colère" »* dit Mme Othamna. *« La réponse de Ruthie n'était pas fondée. Il y a une réalité et il y a un mur entier de stéréotypes à la base de notre éducation'. Les deux femmes enseignent ensemble en primaire dans l'école*

"Hand-in-Hand – Bridge Over the Wadi" (Main dans la main – Un pont qui enjambe le Wadi) à Kfar Kara dans Wadi Ara, une école bilingue fréquentée par des enfants arabes et juifs. Leur conversation traite des conflits journaliers, qui surviennent entre les murs de l'école et de la volonté de discuter sur tous les sujets et d'essayer de comprendre le monde du voisin. L'école a entrepris sa deuxième année scolaire cette année. C'est la troisième école en Israël où des enfants arabes et juifs étudient ensemble. » C'est une banalité dans la plupart des pays où des élèves d'origines différentes étudient ensemble à l'école publique ; mais c'est une petite révolution en Israël où la presque totalité des enfants juifs sont scolarisés à l'école juive et la presque totalité des enfants palestiniens sont scolarisés dans des écoles arabes séparées. Comme quoi étudier ensemble, travailler ensemble, aident déjà à abattre des murs de préjugés qui séparent les peuples.

*

* *

La jeunesse manifeste

Le 14 janvier 2008, des centaines d'étudiants de l'Université de Tel-Aviv ont participé à une manifestation binationale qui a eu lieu contre le siège de Gaza. Binationale, car elle a eu lieu au point de passage d'Erez entre Israël et la Bande de Gaza. Arrivés de la capitale économique d'Israël, des jeunes, membres de la Coalition étudiante de l'Université de Tel-Aviv, ont été « rejoints » par leurs pairs de l'autre côté de la frontière, des étudiants et autres jeunes palestiniens arrivés de la ville de Gaza qui se sont massés du côté palestinien du point de passage. Les soldats israéliens qui gardent Erez n'ont pas autorisé les jeunes des deux côtés à traverser le point de passage, les empêchant ainsi de se rencontrer. Côté israélien, les étudiants tel-aviviens étaient accompagnés d'autres jeunes (et moins jeunes) participant à cette manifestation. Il s'agit notamment de femmes membres de Nouveau Profil, Bat Shalom (les Femmes pour la paix), la Coalition des Femmes pour la paix, ainsi que des Anarchistes contre le Mur, des Combattants pour la Paix, de Gush Shalom (le Bloc de la Paix), du Parti communiste, des Médecins pour les droits humains, de Tarabut-Hithabrut (association antiraciste) et d'autres ONG. En règle générale, la participation des jeunes est assez élevée dans ce genre de manifestation. Bien que ces mobilisations soient très minoritaires, elles ont le mérite d'exister. Tant que les jeunes sont mobilisés pour s'élever contre le blocus, l'occupation, et leurs multiples atteintes aux droits humains, on peut dire qu'il y a de l'espoir.

Ou est le centre ? Où est la Diaspora ?

Extraits d'un discours prononcé par Richard Wagman au colloque « Dialogue interculturel et inter-religieux » au Grand Duché du Luxembourg le 18 juillet 2007.

En Europe occidentale, la France a la particularité d'accueillir à la fois la plus grande communauté juive et la plus grande communauté arabe. Sur le plan diplomatique, la République française a également une particularité : entretenir de bonnes relations bilatérales à la fois avec l'État d'Israël et avec les pays du Monde Arabe, même si ces relations ont connu des hauts et des bas. Ceci confère à la France des responsabilités particulières en matière de relations interculturelles.

Si l'ouverture de ce colloque a eu lieu le 17 juillet, date anniversaire de la rafle du Vel d'Hiv, un incident récent a touché la communauté juive française à cette date il y a trois ans. Le 18 juillet 2004, Ariel Sharon, alors Premier ministre d'Israël, a exhorté ses coreligionnaires de l'Hexagone de s'exiler « immédiatement » pour faire leur « aliya », c'est-à-dire immigrer en Israël. Pour quelle raison ? Pour échapper à une supposée vague « d'antisémitisme déchaîné » qui frapperait la France. À entendre l'ancien chef de gouvernement d'Israël, on se croirait à une autre époque, avec des traques menées par la Gestapo et la collaboration vichyste. Depuis la Libération, les Juifs français ne sont plus objets de violences organisées à leur encontre. Nous jouissons désormais de la sécurité et d'une parfaite intégration : l'antisémitisme est réprimé par les autorités, dénoncé par la presse et globalement rejeté par la société civile. En Israël, par contre, c'est une toute autre histoire, surtout depuis la première Intifada[26] en 1987, puis la deuxième Intifada en 2000. Il n'y a pas un jour dans « l'État juif », ou dans les territoires qu'il occupe, sans son lot de fusillades, de blessés, de morts, soit du côté juif, soit du côté arabe. L'occupation provoque la résistance, qui entraîne des représailles, qui provoquent une résistance encore plus forte, dans une spirale de violence sans fin. Si les Palestiniens paient le prix fort de cette situation, les Israéliens sont loin d'être indemnes. Aujourd'hui, Israël est le seul pays au monde où des Juifs sont mis en situation de danger en leur qualité de Juifs, et ceci par la politique d'un gouvernement qui prétend les représenter.

---

[26] Intifada : « soulèvement » en arabe.

Malgré les promesses d'Ariel Sharon d'apporter la paix et la sécurité, il n'a obtenu ni l'une, ni l'autre. En s'adressant aux Français, Sharon a lourdement insisté en ajoutant : « Le fait que 10 % de la population française soit constituée de musulmans fournit un terreau à une nouvelle forme d'antisémitisme ». Ces propos, interprétés comme une ingérence dans les affaires intérieures du pays, ont été désavoués par le Ministère français des Affaires étrangères, qui a demandé des explications. Le président de l'Assemblée Nationale, pourtant de droite, a qualifié les propos de Sharon d'« inadmissibles, inacceptables et irresponsables », précisant que Monsieur Sharon a « perdu une occasion de se taire ». Mêmes réactions du côté de la gauche. Quant aux instances juives françaises, si promptes d'habitude à applaudir la moindre déclaration israélienne, comment ont-elles réagi ? La LICRA[27], pourtant très sioniste, a estimé « qu'il est déplacé, indécent, de désigner l'ensemble de nos compatriotes musulmans comme susceptibles d'être collectivement responsables d'actes et d'agressions antisémites ». Même le CRIF[28] a cru bon de regretter cette façon de « mettre de l'huile sur le feu ». Quelques semaines auparavant, le président du CRIF à l'époque, le très conservateur Roger Cukierman, s'était déjà plaint publiquement qu'« Israël

---

[27] LICRA : Ligue internationale contre le racisme et l'antisémitisme.

[28] CRIF : Conseil représentatif des institutions juives de France (sioniste).

nous contourne », déplorant l'intensification des mesures entreprises par l'Agence juive pour encourager ses coreligionnaires à s'installer en Israël, avec une augmentation de l'aide financière à la clef. Malgré de tels appels et l'activisme de l'Agence juive, les Juifs de France ne se bousculent pas pour prendre le chemin de l'exil. Même si beaucoup d'entre eux reconnaissent un certain lien affectif avec Israël, ils restent résolument Français. Les départs aller-simple pour Israël demeurent marginaux. Fait intéressant, il y a plus de Juifs israéliens qui ont fait leur « aliya » en Europe ses dernières années que le contraire. Le flux migratoire le plus important chez les Juifs, ce n'est pas vers Israël, mais à partir d'Israël pour des pays comme l'Allemagne, la France, la Grande-Bretagne, les États-Unis ou encore le Canada. Loin de la guerre, ces expatriés israéliens s'épanouissent dans une atmosphère de paix et de tolérance, chose qui ne leur a pas été possible en Israël.

*

* *

Ces Juifs qui renoncent à leur droit de « retour »

En mars 2003, le consulat israélien à New York a reçu une lettre signée par plus de 150 Juifs américains et d'autres nationalités renonçant à leur droit à la citoyenneté israélienne sous les auspices de la « Loi du retour ». Par ce geste, les signataires ont protesté contre la spoliation du peuple palestinien. La version originale de ce courrier a été rédigée en Grande-Bretagne et a circulé parmi des artistes et intellectuels. Elle a été ensuite traduit dans d'autres langues et diffusée dans de nombreux pays, recueillant des signatures d'autres Juifs sur un site web créé pour l'occasion. Les signataires expliquent leur décision au vu de la situation des réfugiés palestiniens : « Nous désirons renoncer à ce droit [de retour] que nous n'avons pas recherché parce qu'il (…) est moralement injuste et ne devrait pas nous être accordé quand ceux qui devraient normalement en bénéficier en sont exclus après avoir été terrorisés et obligés de fuir. » Puis d'un point de vue éthique : « La politique d'Israël vis-à-vis des Palestiniens est barbare et nous ne voulons pas nous identifier en quelque manière que ce soit avec ce que font les dirigeants du pays. » Puis au regard de l'antisémitisme : « Nous sommes en désaccord avec l'idée que l'émigration sioniste vers Israël soit une solution pour les Juifs de la Diaspora face à l'antisémitisme (…). Même si les Juifs ont été ou sont encore victimes de racisme, ils n'ont pas le droit de faire à leur tour d'autres victimes. (…) À ceux qui considèrent qu'Israël est un "havre de sécurité" pour les Juifs face à l'antisémitisme, nous disons qu'il ne peut pas y avoir de sécurité quand on devient un occupant et un oppresseur. »

Cette lettre constitue un geste symbolique dans la mesure où ces personnes – comme la majorité des Juifs dans le monde entier – n'ont jamais eu l'intention de « retourner » dans un pays qui n'est pas le leur. Mais voilà, ils l'ont dit aux autorités israéliennes, par écrit. Dont acte.

*

* *

Europe : des Juifs récusent le rapprochement Israël-EU

Les 27 pays membres de l'Union européenne ont décidé à l'unanimité le 16 juin 2008 de resserrer les liens entre l'UE et Israël, rejetant les nombreuses objections soulevées par plusieurs instances de la société civile européenne. Suite à cette mesure, l'État d'Israël accède désormais à un dialogue diplomatique direct avec des hauts responsables de l'Union européenne. Dans le domaine économique, ce statut privilégié permet à Israël d'adhérer aux agences européennes et aux groupes de travail afin d'aider des entreprises israéliennes à mieux pénétrer le marché européen, surtout dans les secteurs des technologies de pointe et de l'aéronautique. Ce nouveau statut facilite également l'intégration directe des étudiants israéliens dans les universités européennes pour y préparer leurs diplômes supérieurs (maîtrise et doctorat). Il permet aussi l'octroi de subventions, qui se chiffrent en dizaines de millions d'euros, aux scientifiques et chercheurs israéliens. Israël est le seul État extérieur au continent européen à bénéficier de ce statut. Bien entendu, les diplomates, fonctionnaires, chercheurs et étudiants palestiniens n'ont pas droit à un tel traitement de faveur. Pas plus que les universités ou les entreprises palestiniennes. Bruxelles a même protesté lorsque Salam Fayyad, le Premier ministre palestinien, a proposé que l'octroi de ce statut soit conditionné à un gel des constructions dans les colonies israéliennes et du Mur de séparation, ainsi qu'à des progrès réels dans le processus de paix israélo-palestinien.

Parmi les nombreuses protestations venant d'Europe, Dan Judelson, secrétaire de la fédération des Juifs européens pour une paix juste (EJJP[29], qui regroupe une quinzaine d'associations juives dans une dizaine de pays) a écrit aux membres du Parlement européen le 12 juin 2008. EJJP avait déjà tenu des congrès à Amsterdam, Bruxelles, Londres, Berlin, Rome et Paris. Dans son courrier, M. Judelson a signalé qu'un tel resserrement des liens est « profondément inopportun à l'heure actuelle. » Il rappelle que la Déclaration de Barcelone, qui réglemente le processus EuroMed et qui a été signée par le premier ministre israélien de

---

[29] EJJP : European Jews for a Just Peace.

l'époque, Ehud Barak, lie les parties signataires à « agir en conformité avec la Charte de l'ONU et avec la Déclaration universelle des droits de l'Homme, ainsi qu'en conformité avec d'autres obligations régies par le droit international. » Il conclut : « L'intention de promouvoir des valeurs européennes en renforçant les liens économiques, politiques et culturels est louable en principe. En pratique, Israël n'a démontré aucun respect pour les accords qu'il a déjà signés. Aujourd'hui ce n'est pas le moment pour l'Union européenne d'accorder à Israël un statut privilégié. » Nous connaissons la suite.

Il faut préciser que les députés européens sont plus sensibles à la cause d'une paix juste au Proche-Orient que ne le sont les commissaires européens à Bruxelles et les chefs des États membres. Mais comme on le sait, le parlement propose et Bruxelles dispose. Toujours est-il que, le 2 juillet 2008, six députés européens (quatre femmes et deux hommes, y compris Daniel Cohn-Bendit, dont les parents ont fui l'Allemagne face aux persécutions nazies) ont déposé au Parlement de Strasbourg un projet de résolution au nom du groupe Verts/ALE[30]. Ce texte propose une prise de position de l'Europe sur le sort des prisonniers palestiniens. Il exhorte Israël à mettre sa

---

[30] ALE : Alliance libre européenne, coalition de plusieurs petits partis, notamment écologistes, au Parlement européen.

législation et sa pratique en la matière en conformité avec les normes internationales et il rappelle, pour ceux qui veulent bien l'entendre à la Knesset, les obligations d'Israël dans le domaine du respect des droits humains.

*

* *

Europe : parole de l'ancien président du Congrès juif européen

Maître Théo Klein, ancien président du Congrès juif européen et ancien président du CRIF (Conseil représentatif des institutions juives de France) s'est adressé au Premier ministre israélien, Ariel Sharon, le 25 avril 2003, dans une lettre ouverte publiée dans le quotidien français *Le Monde*. Si cette éminente figure de la judaïté européenne semble s'identifier un peu trop avec Israël, ses propos ont néanmoins eu un écho retentissant auprès des Juifs en Israël comme en Europe :

« *C'est la société civile qui bâtira la paix : l'armée ne peut ensuite que défendre sa pérennité. Quant à la sécurité, vous avez vous-même prouvé l'incapacité de l'armée à éradiquer le terrorisme. L'armée peut capturer, abattre des terroristes, mais quand le terrorisme traduit la volonté de survie d'un peuple, il ne peut être combattu qu'en accordant sa dignité à ce peuple. (…) Aujourd'hui à travers le monde, notre peuple est rejeté parce qu'il rejette un autre peuple. (…) La respectabilité, nationalement et internationalement, s'acquiert par la volonté et, au besoin, le combat. Comme nous naguère, eux [les Palestiniens, NDLR] savent ce que signifie être oppressés, dédaignés et savent le prix de l'espérance. (…) Notre chance, ce sont les Palestiniens. Ce peuple est en train de se construire lui-même, à notre exemple, et il doit devenir notre allié naturel, pourvu que nous sachions lui dire nos regrets du passé et nos espoirs communs pour l'avenir. (…) Il faudra fédérer les moyens et coordonner les effets. Jérusalem, alors, pourra être la capitale des deux États et le lieu fédérateur. (…) Vous [Sharon, NDLR] pouvez continuer de vous entêter à vouloir la sécurité avant la paix ; vous n'aurez, alors, ni l'une ni l'autre. (…) Croyez-vous qu'un peuple puisse accepter la patrie de bantoustans que vous lui proposez ? Accepteriez-vous que les frontières d'Israël soient surveillées par un gouvernement étranger ? Ne comprenez-vous pas que le Palestinien a le même droit à l'indépendance que l'Israélien ? Comment pouvez-vous demeurer dans le mépris, vous qui prétendez agir avant tout comme juif. Auriez-vous oublié la blessure du mépris ?* »

Les dirigeants de la communauté juive en Europe, en Amérique, dans le Monde Arabe et ailleurs ne sont pas tous des géants de la pensée juive, mais certains d'entre eux ont néanmoins des mérites indiscutables. À côté d'eux, les hommes politiques israéliens qui exercent le pouvoir sont, il faut le dire, de véritables nains.

*

* *

Europe : J-Call qui fait écho à J-Street

En 2008, un groupe de pression émanant de la communauté juive a vu le jour à Washington, sous le nom de « J-Street ». En 2010, des Juifs « raison-nables » en Europe ont emboîté le pas à leurs homologues américains sur ce registre. « J-Call » est né comme version européenne de cette initiative américaine. Il s'agit tout d'abord d'une déclaration, diffusée dans six langues européennes et signée par un certain nombre de personnalités juives qui sont loin d'être des antisionistes, c'est le moins que l'on puisse dire. Parmi les signataires emblématiques se trouvent l'Allemand Daniel Cohn-Bendit et le Français Bernard-Henri Lévy. Ce texte, que les initiateurs qualifient d'un « Appel à la raison », est aussi modéré que ces signataires. Il ne parle pas d'un État palestinien mais il parle bien d'Israël, « cet État auquel nous sommes indéfectiblement attachés ». Les Palestiniens sont les grands absents de ce texte, qui défend l'idée d'un « État juif et démocratique ». Sur ce point, les signataires mettent sans doute la barre un peu trop haut, dans la mesure où cet État auquel ils proclament un attachement indéfectible peut être soit juif, soit démocratique, mais il peut difficilement être les deux. Le texte critique néanmoins le pouvoir israélien et dénonce la colonisation ininterrompue de la Cisjordanie et de Jérusalem-Est. De ce point de vue la naissance de J-Call marque une avancée, tant auprès des responsables politiques du Vieux Continent qu'auprès des Juifs européens eux-mêmes. Car elle ouvre un espace pour une remise en cause de la façon dont Israël se voit et de la façon dont il voit ses citoyens non-juifs, puis les Palestiniens des Territoires occupés.

*

* *

Grande-Bretagne : « Il nous faut une foi post-sioniste »

C'est le titre d'un article rédigé par l'écrivain anglais John Rose, auteur de *The Myths of Zionism*. Paru dans le quotidien britannique *The Guardian*, cet article conteste l'idée du « retour » des Juifs sur la terre d'Israël, thème récurrent et justification préférée des dirigeants israéliens pour revendiquer la légitimité d'un État juif, voire pour promouvoir un État juif sur toute la Palestine historique. Cet historien revient sur l'idée du « Foyer national juif », concept agréé au Royaume uni par Lord Balfour à l'époque du mandat britannique. Mais il s'agit surtout de regarder des temps plus anciens, antérieurs à la destruction du deuxième Temple de Jérusalem au début de l'ère chrétienne. Rose cite le philosophe juif Philon d'Alexandrie qui s'est interrogé sur le sens du terme « foyer » il y a plus de 2 000 ans. Il plonge dans l'univers de la communauté juive d'Alexandrie, nombreuse et prospère, avant la destruction du Temple. Pour ces juifs, leur « foyer » était Alexandrie, pas Jérusalem. Cette dernière ville, un centre spirituel qu'ils visitaient à l'occasion en pèlerinage, était considérée comme une cité étrangère, ce n'était pas leur patrie. L'historiographie sioniste s'appuie en grande partie sur la « dispersion » des Juifs à travers le bassin de la Méditerranée après la destruction du Temple par les Romains. Mais cette « dispersion », loin d'avoir pour seule cause un exil forcé, fut antérieure au saccage de Jérusalem par les Romains. Rose commente par ailleurs dans son article la symbiose des relations judéo-arabes après l'expansion de l'Islam, en rappelant que ce furent les croisades européennes qui massacrèrent les juifs (ainsi que les musulmans) à Jérusalem, et que ce fut Saladin qui les invita à y retourner. Mais la plupart des Juifs n'avait aucune intention de vivre à Jérusalem : ce n'était pas leur « foyer ». Dans ce papier, Rose a également examiné d'autres épisodes de l'histoire juive dans le Monde Arabe et en Europe pour revenir sur ce concept de « dispersion ».

*

*   *

France-Israël : plainte déposée devant le TPI

Conjointement avec l'AIC (le Centre alternatif d'information de Jérusalem), l'UJFP (Union juive française pour la paix) a déposé plainte devant le TPI (Tribunal pénal international) contre l'État d'Israël en mai 2007 pour crimes de guerre et crimes contre l'humanité perpétrés lors de la guerre qu'Israël a livré au Liban en 2006. Cette initiative de deux associations de la gauche juive en France et en Israël a été introduite devant le TPI par Mireille Fanon Mendès-France (à l'époque membre du Bureau national de l'UJFP et membre de l'Association internationale des juristes démocrates). L'AIC et l'UJFP sont représentées devant cette instance par l'avocate israélienne Léa Tsemel, ainsi que par le docteur Hugo Ruiz Dias Balbuena, représentant de l'Association américaine des juristes auprès du Conseil des Droits de l'Homme de l'ONU. Eh oui, il faut se rappeler en ces temps troubles que les lois et coutumes de la guerre existent bel et bien. Elles font partie du corpus du droit international, codifié notamment par les quatre conventions de Genève, que les nations signataires (dont Israël et le Liban) sont tenues de respecter. Les plaignants reprochent notamment à l'État israélien le bombardement systématique et délibéré de cibles civiles et les punitions collectives ayant provoqué la mort de plus de 1 100 civils. Il est également reproché à l'État d'Israël le bombardement de réservoirs de pétrole, qui a entraîné de graves conséquences pour l'environnement. Les pilonnages ininterrompus de la marine israélienne au large des côtes ont empêché l'action de secours nécessaire pour éviter la marée noire qui a ainsi envahi le littoral libanais. L'utilisation massive des armes à fragmentation, interdites, est également reprochée à l'armée israélienne. Le dépôt de cette plainte rappelle à Israël et à l'ensemble des nations que même en état de guerre, tout n'est pas permis. Face à Israël, qui prétend parler et agir au nom du « peuple juif », il y a des associations juives, à l'intérieur et à l'extérieur de ce pays, qui lui contestent cette qualité, surtout lorsqu'il ose commettre des crimes de guerre en leur nom. Les plaignants se réclament d'une vision juive universaliste en faveur des droits et de la dignité humaine et c'est ce refus de se voir compromis par la politique israélienne qui a motivé ce dépôt de plainte.

*

* *

Juifs et Arabes unis pour la justice

Telle est l'inscription que l'on peut lire sur une banderole déployée depuis des années dans les rues de Paris lors de manifestations antiracistes, ou bien lors de rassemblements en faveur d'une paix juste au Proche-Orient. Ce calicot est signé conjointement par une association juive et une association arabe, UJFP et

ATMF.[31] Ce genre de coopération judéo-arabe pour la justice sociale et pour la paix est typique de toute une série d'initiatives en ce sens dans plusieurs pays, en Europe, dans le Maghreb, en Amérique et ailleurs, sans oublier Israël, bien entendu. Après une énième campagne de bombardements à Gaza perpétrés par l'armée israélienne, les deux associations françaises précitées ont organisé une collecte en janvier 2008 « pour aider le peuple palestinien pris en otage à Gaza. » À cette occasion, l'UJFP et l'ATMF ont affirmé : « Un million et demi d'hommes, de femmes et d'enfants qui vivent [à Gaza] sont punis, d'une part, en tant que Palestiniens qui ont porté au pouvoir le Hamas, lors d'élections démocratiques et contrôlées par l'Union européenne, et d'autre part, parce qu'après la rupture entre le Hamas et le Fatah, l'État d'Israël a décrété la Bande de Gaza "entité hostile". Ils sont privés d'électricité, des produits de base indispensables à l'alimentation, aux soins. » Dans un communiqué, ces deux associations ont expliqué qu'aider « le peuple de Gaza à vivre, c'est donner un message d'espoir à l'ensemble du peuple palestinien ; c'est lui réaffirmer la solidarité des peuples du monde qui exigent avec lui que ses droits soient reconnus, respectés, et enfin appliqués ; c'est refuser toutes les formes de racisme qui cherchent aujourd'hui à diviser le monde. » Les organisateurs ont annoncé qu'un montant de 2 700,00 € a été recueilli et

---

[31] ATMF : Association des Travailleurs Maghrébins de France.

versé au Centre palestinien des droits humains (PCHR), basé à Gaza. Une goutte d'eau d'espoir dans une mer de désolation. Mais une goutte d'eau fraternelle judéo-arabe face à la désolation semée par « l'État juif ». Espérons que les gouttes d'eau deviendront des ruisseaux...

*

*   *

France : Stéphane Hessel, la déception d'un grand indigné

Le 30 avril 2008, le quotidien français *Libération* a publié un très bel article signé Stéphane Hessel, Ambassadeur de France, ancien résistant devenu diplomate de carrière et auteur du best-seller « Indignez-vous ». Ce membre éminent de l'UJFP y aborde la question israélo-palestinienne d'un point de vue très personnel, celui d'un Juif déçu, déçu par ce qu'est devenu Israël. Il écrit notamment : « Depuis quarante ans Israël a perdu cette légitimité [celle de la communauté internationale, NDLR] en bafouant jusqu'ici impunément ces principes, valeurs et accords qu'il est censé respecter en tant que membre » de l'ONU. Le regretté diplomate a conclu : « Pour les Juifs qui ont fait confiance à un État pour assurer leur avenir, quand se réveilleront-ils de leur sommeil pour s'apercevoir qu'ils ont été trahis ? ».

*

* *

France : on se rebiffe au CRIF

En pleine deuxième Intifada, un enfant est mort dans les bras de son père sous la tour de contrôle qui garde l'entrée de la colonie de Netzarim à Gaza. Une polémique fait le tour du monde pour savoir si c'est une balle israélienne ou bien une balle palestinienne qui a touché le garçon, comme si le vrai sujet n'était pas l'occupation. En France, le CRIF (instance du judaïsme français) mène une campagne acharnée contre un journaliste franco-israélien, Charles Enderlin, correspondant pour France 2 (principale chaîne de télévision de service public). Le seul tort d'Enderlin a été de reporter les faits tels qu'ils se sont déroulés et tels que commentés en Israël, sans hurler avec les loups, car il s'est abstenu d'affirmer que la balle venait du côté palestinien. Enderlin a donc refusé de faire partie de cette campagne surréaliste qui pointait du doigt les combattants palestiniens et non l'occupant israélien. L'ancien président du CRIF (Théo Klein, sioniste de gauche) s'en prend à un de ses successeurs à ce poste (Richard Prasquier) qui, 10 ans après le décès de l'enfant, continue sa charge contre le journaliste franco-israélien. Le fait que le tribunal compétent ait établi que M. Enderlin a fait preuve d'une déontologie irréprochable dans ses reportages, et le fait que ses détracteurs ont été condamnés pour diffamation, ne change rien pour les instances dirigeantes du CRIF. Nous reproduisons ci-dessous quelques extraits d'un courrier que Klein a adressé à Prasquier et qui en dit long sur l'ambiance au sein de ce « Conseil représentatif » de la communauté juive en France. Cette faille dans l'édifice sioniste, qui est loin d'être une exclusivité française, ferait sans doute plaisir à la Coalition des femmes pour la paix, car le courrier est daté du 8 mars 2012 (Journée internationale des femmes) :

« *Je suis plus qu'étonné, plus qu'effaré, véritablement indigné de l'utilisation que vous faites de la Newsletter du CRIF pour y poursuivre de votre vindicte contre Charles Enderlin. (...) Vous avez constamment publié sur ce point des informations inexactes en omettant de préciser que les juridictions françaises avaient, chaque fois, confirmé l'existence du délit de diffamation* [à l'encontre d'Enderlin, NDLR]. *(...) Les attaques que vous renouvelez sont une insulte permanente pour la justice (...). Je considère que les propos que vous tenez sont même insultants pour l'État d'Israël puisque vous semblez insinuer que ce pays est incapable de rétablir la vérité sur un accident situé sur un territoire dont il avait alors le contrôle. (...) Peut-être, comme je vous l'ai dit, étiez-vous alors trop jeune ou trop absent pour n'avoir pas saisi l'importance de l'intrusion des armes à feu dans un conflit qui, pourtant, semblait pouvoir se diriger vers une solution pacifique.* »

*

* *

Et les femmes s'en mêlent

Un incident s'est déroulé en décembre 2008 à Strasbourg, ville située sur la frontière franco-allemande et siège du Parlement européen. Le collectif « Femmes en Noir » y a donné la réplique aux femmes de la WIZO.[32] Les collectifs locaux des « Femmes en Noir » furent lancés en France à partir de 2001 à l'initiative des militantes de l'UJFP (Union juive française pour la paix), le tout à l'appel des « Femmes en Noir » de Jérusalem. Cette dernière association regroupe des femmes juives et arabes qui se rassemblent chaque semaine devant le bureau du Premier ministre israélien pour réclamer la fin de l'occupation. Des collectifs « Femmes en Noir » furent créés dans de nombreux pays à travers le monde. Quant à la WIZO, elle est un fidèle soutien des gouvernements israéliens, de droite et de gauche, en temps de guerre comme en temps de paix.

Voici un reportage paru dans le quotidien *Dernières Nouvelles d'Alsace* le 7 décembre 2008 :

Des personnalités qui participent aujourd'hui au Salon littéraire WIZO (...) ont reçu un courrier

---

[32] WIZO : Women's International Zionist Organisation (Organisation internationale de femmes sionistes), fondée en 1920 à Londres.

émanant des « Femmes en noir » de Strasbourg, et de leur responsable locale, Perrine Olff-Rastegar. Les « Femmes en noir » s'y disent « étonnées et déçues » de la participation de ces auteurs. En effet, écrivent-elles, la WIZO (Women's International Zionist Organisation) est une organisation internationale de femmes sionistes qui a comme objectif de « soutenir inconditionnellement l'État d'Israël », de « militer pour la défense d'Israël », sans un seul mot sur sa politique raciste et colonialiste vis-à-vis des Palestiniens. Les accusant de « se compromettre » ainsi, les « Femmes en noir » demandent aux auteurs de profiter de ce Salon pour « faire entendre la voix du peuple palestinien ». Emoi des organisateurs : « C'est donner une tournure politique à une manifestation qui ne l'est pas ! », « C'est faux et extrémiste, c'est un procès d'intention, la WIZO a seulement une vocation sociale ! », ajoute une organisatrice.

Voilà pour le social. En tout cas, si la WIZO organisait des salons apolitiques, cela se saurait. Une chance qu'il y ait dans la communauté juive stasbourgoise des femmes « en noir » qui ne laissent pas sans réplique les activités prétendument neutres de la WIZO, organisation on ne peut plus politique dans son soutien inconditionnel aux actions du gouvernement israélien.

*

* *

Allemagne : nouvelle terre promise ?

Dans un article paru le 20 janvier 2005 dans le quotidien français *Le Figaro*, son correspondant berlinois décrit un différend au sein de la coalition « rouge-verte » du chancelier Gerhard Schröder provoquée par la politique d'immigration juive provenant de l'ex-URSS. Avec la nouvelle législation sur l'immigration, le gouvernement doit se pencher sur un sujet sensible, à savoir des restrictions à apporter aux conditions d'installation des Juifs des anciennes républiques soviétiques. Dans le passé, l'immigration de ressortissants de l'ex-URSS était entièrement libre pour toute personne capable de prouver sa judaïté. Cette décision avait été prise par la Volkskammer, le Parlement de la RDA finissante, dans un geste de contrition parce que l'Allemagne de l'Est (pays du Bloc soviétique) n'avait jamais admis sa part de responsabilité dans le génocide nazi. L'Allemagne réunifiée n'avait pas touché à cette règlementation et, depuis, elle a accueilli quelque 197 000 Juifs en provenance de l'ancienne URSS. Le dossier a été évoqué pour la première fois le 19 janvier 2005 par la Commission des Affaires intérieures du Bundestag (parlement fédéral). A Berlin, par exemple, 82 % des immigrés juifs ex-soviétiques n'avaient pas de garanties suffisantes de revenus, ni forcément une connaissance minimale de la langue allemande. Le Conseil central des Juifs d'Allemagne a protesté face aux nouvelles conditions contraignantes. Son président, Paul Spiegel, s'est interrogé : « Ne veut-on plus prendre que les riches ? » Ceci étant, l'État d'Israël, qui se considère comme la destination logique pour tout candidat juif à l'immigration, s'indigne que l'Allemagne accueille plus d'immigrés juifs que lui. Et ce n'est pas tout. Selon des données citées par le quotidien *Berliner Zeitung*, des dizaines de milliers de Juifs de l'ex-URSS immigrés en Israël auraient profité de voyages en Russie et dans d'autres anciennes républiques soviétiques pour y détruire leurs passeports israéliens et déposer une demande pour l'Allemagne. Décidément, les Juifs d'Europe de l'Est sont plus attirés par l'Union européenne que par Israël, pays en guerre contre ses voisins palestiniens. Qui peut leur en vouloir ?

*

* *

Belgique : les Juifs s'impliquent, ce n'est pas une blague belge

Il y a deux grands courants au sein de la gauche juive en Belgique : les sionistes et les autres. Côté sioniste, il y a le Centre communautaire laïc juif

(CCLJ) qui publie le mensuel *Regards* et les Amis Belges de Shalom Archav.[33] Cette dernière association a organisé un colloque audit centre, fin novembre-début décembre 2003, intitulé « Où va Israël ? ». L'allocution de Dan Bitan, responsable national de Shalom Archav, était éloquente quant à la tendance politique de ce mouvement. Il a posé la question : « Quel sionisme voulons-nous pour l'avenir ? » comme si c'était une évidence que c'est bien une forme de sionisme que veulent les Juifs. Il a répondu en décrivant le programme politique classique de la gauche sioniste : pas de « Grand Israël » mais un « État juif et démocratique » (sic) dans les frontières de 1967, là où les Juifs sont majoritaires. Il n'a pas dit ce qu'il comptait faire de la minorité arabe qui vit dans ces frontières (un cinquième de la population), ni ce qu'il ferait de leurs droits civiques, moins étendus que ceux de leurs compatriotes juifs. Ce qui fait qu'une certaine blague juive devient également une blague belge : « Savez-vous qu'Israël est un État juif et démocratique ? Bien sûr ! Pour les Juifs, il est démocratique et pour les Arabes, il est juif. »

Il y a ensuite la gauche non sioniste bien implantée dans la communauté juive belge. C'est bien cette sensibilité qui a rédigé en janvier 2001 un *Manifeste pour un juste règlement du conflit israélo-palestinien.* Les initiateurs de ce texte sont des

---

[33] Shalom Archav : La Paix Maintenant.

dirigeants de l'UPJB (Union des progressistes juifs de Belgique), une association qui existe sous des noms différents depuis 1939. Historiquement proche du Parti communiste, cette organisation fut créée par des militants révolutionnaires juifs, constituant un groupe de résistance contre l'occupation nazie. Elle a publié une presse en yiddish, aujourd'hui en français et parfois en néerlandais, les deux principales langues nationales. Dans ce manifeste, les auteurs affirment :

« Citoyens de ce pays, nous avons décidé de nous exprimer en tant que Juifs sur les événements qui embrasent le Proche-Orient. En cette qualité, nous nous sentons le devoir de condamner la politique menée par les gouvernements israéliens à l'encontre du peuple palestinien au mépris de tant de résolutions des Nations Unies, que des droits élémentaires de l'Homme et du droit des peuples à disposer librement d'eux-mêmes. En exprimant notre opposition à cette politique nous contestons la prétention des dirigeants israéliens à la mener au nom du peuple juif. (...) Nous refusons précisément de nous laisser enfermer dans une logique de repli identitaire qui vise à détourner les consciences et les actes du soutien à une cause juste : celle d'une paix fondée sur la reconnaissance d'un État palestinien souverain et viable aux côtés de l'État d'Israël avec Jérusalem, capitale des deux pays. »

En 1982, l'UPJB a participé à la création du réseau des Juifs européens pour une paix juste et a accueilli le deuxième congrès de ce dernier à Bruxelles en 2003. Il poursuit aujourd'hui ses activités éducatives, culturelles et politiques au sein de la communauté juive, tant en Flandres qu'en Wallonie.

Bruxelles a beau être la capitale de l'Union européenne, on se demandait s'il était encore la capitale de la Belgique avec les déchirements commu-nautaires qui ont tant divisés Flamands et Wallons dans les années 2010 et 2011. À un moment donné beaucoup de Belges ont retenu leur souffle, se demandant si leur pays allait surmonter la crise provoquée par l'absence d'un gouvernement central pendant 535 jours. La communauté juive, une des plus petites minorités du pays, a porté un démenti à ces craintes. Si les membres d'associations comme le CCLJ et l'UPJB peuvent poursuivre leurs activités en Flandre, en Wallonie et à Bruxelles en leur double qualité de Juifs et de Belges, c'est la preuve que ce royaume a encore de beaux jours devant lui. Ce qui a donné lieu à une autre blague belge – et blague juive – pendant la crise gouvernementale en 2011 : dans les bars d'Anvers, de Charleroi et de Bruxelles personne ne pariait en faveur de l'équipe de foot nationale pour la Coupe de l'Europe de la Ligue des Champions. En même temps l'actualité du Proche-Orient défrayait la chronique dans la presse européenne. Alors les parieurs se sont contentés de mettre leur argent sur la table pour savoir s'ils verraient d'abord à la une des journaux la création d'un État palestinien ou la création d'un État… belge !

*

* *

Suisse : des Helvètes regrettent

Début 2009, des Juifs progressistes en Suisse ont lancé un « Appel mondial des Juives et Juifs préoccupés » qui a recueilli de nombreuses signatures, dont celles des membres de la section suisse des « Juifs européens pour une paix juste ». Rédigé dans un esprit de « responsabilité réciproque des uns envers les autres » et dans « l'esprit de la tradition juive », ce texte est adressé au gouvernement israélien. Le 2 mars 2009, un groupe de Juifs pacifistes a tenu une conférence de presse à Berne, la capitale de la confédération helvétique, pour annoncer leur initiative. Ainsi, ils ont expliqué aux journalistes présents pourquoi ils contestent la politique israélienne. Le texte est aussi simple et clair qu'il est court : « Nous, signataires juifs et juives, demandons la fin de l'occupation, de la colonisation et du blocus israéliens des territoires palestiniens. Nous insistons pour que toutes les personnes en Israël et en Palestine aient des conditions de vie dignes et vivent en sécurité. » Voilà, des Helvètes qui regrettent la politique répressive de l'État d'Israël. Ce texte a circulé par internet dans les trois langues nationales suisses (français, allemand et italien), ainsi qu'en espagnol, russe, hébreu et arabe. Parmi les premiers signataires se trouvent Rachel Babecoff (Genève), Philippe Levy (Berne), Miriam Spiegel (Zurich), Judith Bernstein (Munich), Tsafrir Cohen (Berlin), Ernest Goldberger (Tel-Aviv) et Rachel Livné-Freudenthal (Jérusalem). Pour faire appliquer les conventions de Genève, voilà une initiative heureuse lancée à Berne. Décidément, les Suisses ont de la suite dans les idées.

*

* *

Italie : le docteur Canarutto au chevet du malade

Pendant le siège de Gaza, le 2 janvier 2008, un médecin italien a adressé un courrier à une de ses collègues, le docteur Margaret Chan, Directrice Générale de l'OMS (Organisation Mondiale de la Santé, une agence de l'ONU basée à Genève). Le courrier provenait du docteur Paola Canarutto, de l'Hôpital Saint Jean Bosco de Turin. Outre sa compétence médicale, le docteur Canarutto est également une des dirigeantes du RETE (Réseau de Juifs italiens contre l'occupation). Dans son courrier, elle rappelle à l'OMS que « Le siège prolongé de la Bande de Gaza a entraîné une grave pénurie de médicaments et de matériel médical. (…) Des appareils à dialyse, des ventilateurs, des équipements de cardiologie et de laboratoire ne sont pas en état de fonctionner correctement, tandis que les tubes manquent pour les prélèvements. » Au nom du réseau européen auquel le RETE est affilié, elle dit que « Les Juifs européens pour une paix juste, fédération de groupes juifs de dix pays, demandent à l'OMS d'insister auprès d'Israël pour la levée de ce qui équivaut à une menace de guerre biologique et médicale contre la population de Gaza. D'autres organisations juives se joignent à cette requête. » Le docteur Canarutto, au nom du RETE et du réseau européen, a également adressé un courrier daté du 2 janvier 2008 à son homologue israélien le docteur Yoram Blachar, Président de l'Association médicale israélienne, l'ordre de médecins de ce pays. Dans ce courrier, la représentante du RETE rappelle à son collègue israélien que « la plupart de ceux qui sont dans un état critique sont privés d'accès aux soins. Les services de santé de Gaza ont toujours été insuffisants même avant le blocus actuel et ils ont certainement empiré depuis le siège de Gaza. (…) Prétendre que des patients en état critique sont un danger pour la sécurité d'Israël est absurde, tout autant que l'interdiction qui leur est faite de quitter la Bande de Gaza ou le retard inutilement mis à la délivrance des laisser-passer. L'association israélienne des Médecins pour les droits humains a dénoncé à maintes reprises la fermeture de la Bande de Gaza. (…) Cette punition collective nuit aux plus vulnérables, par exemple ceux qui souffrent de maladies mortelles comme le cancer. (…) Les Juifs européens pour une paix juste apportent leur soutien à l'association israélienne des Médecins pour les droits humains et demandent à l'Association médicale israélienne de faire de même, en respect du serment d'Hippocrate. » Malheureusement, l'ordre des médecins en Israël n'a pas donné suite, ce qui en dit long sur l'indépendance d'une partie de la société civile israélienne par rapport au pouvoir politique en place.

Pologne : Marek Edelman, l'homme qui a dit « Non »

Malgré les ravages de la Shoah, malgré le fait que le camp d'extermination de Auschwitz-Birkenau se trouvait sur le sol polonais et malgré une campagne antisémite de type stalinienne des autorités polonaises en 1968, qui a fait fuir nombre de ses compatriotes israélites, la communauté juive de ce pays compte encore aujourd'hui plus de 38 000 personnes. Elle a perdu un de ses plus éminents membres le 2 octobre 2009. Marek Edelman, le dernier survivant des chefs des combattants du ghetto de Varsovie, s'est éteint dans cette ville à l'âge de 90 ans.

Dans un article paru dans le quotidien français *Le Monde* daté du 20-21 avril 2008, l'envoyée spéciale de Varsovie, Marion Van Renterghem, raconte :

« *Orphelin, Marek Edelman n'a qu'une famille : le Bund, dont ses parents étaient des militants. "Ma mère a juste eu le temps de me transmettre comment le monde devrait être." Le mouvement prône la lutte des classes, l'émancipation des ouvriers juifs, l'autonomie culturelle juive. Antisionistes, les Bundistes jugent irréaliste la création d'un État juif en Palestine, et dangereuse sa déviance nationaliste. Certains reconnaîtront Israël ou finiront par y émigrer. Marek, lui, s'y oppose toute sa vie. "Même fini, le Bund est resté sa vie et sa ligne de vie, raconte son fils, Aleksander Edelman. C'était celle de ses parents comme de ceux qui l'ont élevé. C'était aussi celle de ma mère, c'était la nôtre." Le 12 octobre 1940, les quelque 380 000 Juifs de Varsovie, leur étoile de David en brassard sur la manche droite, sont sommés de s'entasser dans le ghetto. Un an plus tôt, dans l'affolement des bombardements, la famille adoptive de Marek a fui vers l'Union soviétique. Le jeune homme est seul. Il a environ 21 ans. Garçon de courses à l'hôpital, il traîne sur la place Umschlagplatz, d'où partent les trains de déportés. Ils seront 400 000 à embarquer pour Treblinka, sans retour. Il aide ceux qu'il peut à fuir les wagons de la mort. On peut mourir autrement, leur dit-il : "Les armes à la main." Il dit aussi : "Nous nous battrons pour que, de l'autre côté du mur, on entende que nous sommes vivants" ».*

« La résistance prend forme. L'Organisation juive de combat est créée. Le temps n'est plus aux clivages politiques : le commandant, Mordechaï Anielewicz, est un sioniste de gauche de la Jeune garde. Le commandant en second est un bundiste : Marek

Edelman. Ils sont 220, avec quelques dizaines de pistolets en mauvais état, des cocktails Molotov, des grenades, des fusils, une mitraillette. Mais le 19 avril 1943, quand 2 000 à 3 000 Waffen SS pénètrent dans le ghetto, ils rencontrent une armée de diables. Il leur faudra trois jours et des renforts pour en venir à bout, en mettant le feu au ghetto. Environ 40 combattants échappent à la mort. Marek est parmi eux. Il se souvient de leur sortie par une bouche d'égout, sales et hagards au milieu des passants, à l'aube. »

L'année d'avant sa disparition, le 15 avril 2008, une commémoration officielle a eu lieu dans la capitale polonaise à l'occasion du 65ème anniversaire de l'insurrection du ghetto de Varsovie. Étaient présents à cette cérémonie notamment Lech Kaczynsky, Président de la Pologne et Shimon Pérès, Président d'Israël. Pourquoi Israël ? Le Congrès Juif Européen ou encore d'autres représentants du judaïsme européen, ne suffisaient-ils pas ? En tout cas, Marek Edelman était convié aux cérémonies. Contrairement à d'autres survivants du ghetto, Edelman ne s'est jamais exilé. Il habitait encore la Pologne, où il a travaillé, à un âge vénérable et jusqu'à sa mort, comme cardiologue à l'hôpital Sterling de Lodz. Mais Marek Edelman, qui faisait des pèlerinages annuels à Varsovie, sur les traces de ses combats de jeunesse, a décliné l'invitation du Président Laczynsky, car il avait horreur des commémorations officielles. Qui plus est, il avait horreur de l'État d'Israël et de ce qu'il est devenu. Edelman n'a pas combattu le nazisme en Pologne pour que des Juifs aillent en Palestine, à leur tour, opprimer un autre peuple.

*

* *

Canada : Voix juives indépendantes

Le 31 mars 2008, l'auteur de ces lignes, président d'honneur de l'UJFP et délégué des EJJP (Juifs européens pour une paix juste) a eu le plaisir de visiter son pays natal, le Canada. Ce n'était pas une visite privée, car, avec un collègue britannique, il a représenté les instances française et européenne des EJJP à la conférence fondatrice de IJV (Independent Jewish Voices – Voix juives indépendantes). IJV regroupe désormais plus de vingt associations locales de Juifs progressistes, de Halifax à Vancouver. Dans une déclaration envoyée à la presse, les organisateurs ont affirmé : « *Nous devons expliquer au gouvernement du Canada que les Juifs canadiens ne parlent pas d'une seule voix concernant les politiques israéliennes actuelles et que des milliers d'entre nous ont de sérieux doutes dont l'expression, jusqu'à maintenant, a été étouffée. Nous nous sommes organisés pour créer une alliance juive pan-canadienne contre l'occupation et nous sommes prêts à présenter notre position au sein de la communauté juive du Canada et devant le grand public.* » Le grand public a fini par avoir des échos de cette nouvelle organisation. Après la conférence de Toronto, Richard Wagman a pu en parler (en français, SVP) sur les ondes de Radio Canada, la radio nationale de service public. Un article sur cette conférence (et sur la participation fraternelle des délégués européens) a été publié dans les pages de l'hebdo bilingue *Shalom Toronto*. Ce journal ne publie pas en anglais et en français – pourtant les deux langues nationales – mais bien en anglais et en... hébreu. Bien que le yiddish ait été une langue parlée par un grand nombre de Juifs qui ont immigré au Canada, il est désormais détrôné par l'hébreu, toujours grâce à l'immigration. En effet, beaucoup d'Israéliens ont fait leur « aliya » à la nouvelle Terre Promise. Il ne s'agit pas de la Palestine, mais du Canada, où des citoyens peuvent vivre leur judaïté dans un contexte multiculturel, de tolérance et de paix. Dans un pays qui accueille la deuxième plus importante communauté juive sur le continent américain et où le sirop d'érable cachère[34] est en vente libre, la notion de « diaspora » prend un nouvel essor.

*

* *

[34] Cachère : littéralement, propre à la consommation. Cette notion, dans la loi juive, découle d'une série de règles alimentaires concernant la préparation et la consommation de la nourriture.

USA : le « vote juif », des nouvelles révélatrices

La question du « vote juif », réelle ou imaginaire, a fait couler beaucoup d'encre. Aux États-Unis, pays qui, en 2004, accueillait encore la plus grande communauté juive du monde, qu'en est-il du comportement électoral des Américains d'origine juive ? Yakov M. Rabkin, professeur d'histoire à l'Université de Montréal répond à cette question dans un article paru le 23 novembre 2004 dans *Le Devoir*, quotidien québécois. On peut y lire : « Il y a peu de pays au monde que le président américain George W. Bush appuie avec autant d'ardeur que l'État d'Israël. (...) Or, le 2 novembre dernier, 75 % des Juifs américains ont voté contre Bush. A titre de comparaison, si le vote des catholiques et des protestants se divisait presque à 50 %, les musulmans ont voté tout comme les Juifs – à 76 % contre Bush – malgré l'opinion souvent exprimée selon laquelle les Juifs et les musulmans se trouveraient aux antipodes du spectre politique. » Et d'expliquer : « La droite politique est traditionnellement xénophobe, souvent antisémite, et les Juifs qui ont lutté tout au long du siècle dernier pour l'égalité et les droits de l'Homme se sont retrouvés naturellement du côté gauche du spectre politique. La responsabilité sociale et la compassion que promeut la tradition juive expliquent l'appui que donne la grande majorité des Juifs aux programmes d'aide aux démunis et aux projets d'assurance-maladie dont sont privés des millions d'Américains. Comme l'ont souvent observé les sociologues, “les Juifs gagnent [des salaires] comme les protestants blancs et votent comme les Porto-Ricains” ».

En 2003, le Congrès a adopté un texte, le « Syria Accountability Act » (loi pour rendre la Syrie redevable) dont l’objectif était d’empêcher dans ce pays l’accumulation des armes de destruction massive, que l’administration américaine craignait de voir tomber dans les mains des terroristes. Une enquête d’opinion a été conduite pour le compte du Council for the National Interest (Conseil pour l’intérêt national) au sujet de l’éventualité d’un « Israel Accountability Act », concernant à la fois les armes de destruction massive et les violations des droits humains. Publiée le 6 avril 2004, cette enquête démontre que 56% d’Américains soutiendraient une telle initiative. Sans surprise, 72% d’Américains musulmans étaient favorables à ce projet. Mais ce qui est plus surprenant, presque la moitié des citoyens juifs (45% d’Américains israélites) y étaient également favorables.

*

* *

USA : J-Street a pignon sur rue à Washington

Au pays des mille et un lobbies parlementaires, un nouveau groupe de pression a vu le jour à

Washington en avril 2008. Il s'agit de « J-Street », un lobby de plus pour interpeller les sénateurs et les députés à la Chambre des Représentants. Ce n'est pas le premier lobby émanant de la communauté juive américaine, mais celui-ci a un signe distinctif : critiquer la politique israélienne au nom des valeurs juives et demander aux élus d'arrêter de soutenir aveuglement l'État hébreu aussi longtemps que ce dernier ne change pas son attitude vis-à-vis des Palestiniens. J-Street n'a rien de radical. C'est une association sioniste de gauche, plutôt proche de La Paix Maintenant. Mais étant donné la politique américaine vis-à-vis d'Israël, c'est déjà un énorme pas en avant pour démentir la supposé unanimité pro-israélienne au sein des communautés juives que Tel-Aviv essaie de présenter devant les chancelleries occidentales.

L'apparition de J-Street a fait sensation et a damé le pion à l'AIPAC,[35] le principal lobby pro-sioniste aux États-Unis. Bien que ce dernier ait des soutiens indéniables au sein de la communauté juive américaine, l'un de ses principaux soutiens (et source de financement) vient de la communauté… protestante ! En effet, ce sont des églises évangélistes ultra-conservatrices qui sont les véritables bastions pro-israéliens aux États-Unis. Leur lecture messianique des

[35] AIPAC : American Israel Public Affairs Committee (Comité des affaires publiques israélo-américaines)

Évangiles prophétise le regroupement du peuple d'Israël sur la Terre Sainte comme condition préalable à la seconde venue de Jésus, moment où les Juifs se convertiront massivement à la religion chrétienne, sous peine de périr. Ceci dans les très religieux États-Unis d'Amérique, pays où des cliniques pratiquant des avortements ont souvent été la cible de fanatiques chrétiens armés et où l'enseignement de l'évolution des espèces selon la théorie de Darwin est concurrencé par le récit de la création selon la Bible. Et dire que cela se passe au 21ème siècle dans la première puissance économique du monde ! Hélas, la modernité à l'américaine n'est pas une garantie contre l'obscurantisme. Quant à la communauté juive (un peu plus de 1% de la population américaine – pas exactement un bastion électoral inépuisable), on y trouve une diversité d'opinions beaucoup plus nuancées sur la politique israélienne.

Au pays de l'Oncle Sam, majoritairement protestant, les églises évangélistes sont les antichambres financières et électorales de tous les candidats républicains de l'ultra-droite depuis Nixon, en passant par Reagan et Bush, des hommes politiques qui n'ont jamais manqué d'affirmer haut et fort leur soutien indéfectible à l'État d'Israël. Et pourtant, les Juifs américains votent majoritairement Démocrate. Pour préserver ses intérêts stratégiques au Moyen-Orient – région riche en pétrole – l'administration américaine a trouvé en Israël un allié fidèle, qui, en conséquence, est armé, financé, et soutenu diplomatiquement par ses soins. Voilà les véritables raisons du soutien de Washington à l'État hébreu. Le « vote juif » aux États-Unis (majoritairement démocrate) ne pèse pas lourd face à ces considérations stratégiques et face à la puissance électorale de la communauté protestante, autrement plus nombreuse.

*

* *

USA : Israël scandalise les Juifs américains

Fin 2011, des annonces publicitaires diffusées à la télévision dans certaines grandes villes américaines ont scandalisé la communauté juive des États-Unis. S'agit-il de messages haineux distillés par une organisation antisémite ? Non, il s'agit d'une campagne financée par le ministère israélien de l'Immigration et de l'Intégration. Dans une des annonces, on peut voir l'image d'une famille juive pendant la période des fêtes de fin d'année, avec l'injonction : « Avant que Hanukkah[36] devienne Noël, il est temps de retourner en Israël ». Dans une autre, on voit un petit garçon qui interpelle son père avec succès en hébreu, après avoir essayé de le faire en vain en anglais. Avec comme message : « Avant que

---

[36] Hanukkah : La « Fête des Lumières » dans la tradition juive, célébrée en décembre, peu avant Noël.

“Abba” ne devienne “Daddy”[37], il est temps de rentrer en Israël ». Après 2 000 ans d’exil, sous-entendu. Le but de cette campagne est d’inciter les Juifs américains à s’expatrier en faisant leur « aliya ». Dans ces messages publicitaires, les auteurs israéliens ont cru bon d’enfoncer le clou, affirmant que les Juifs qui refusent de quitter leur pays risquent de « perdre leurs racines juives et d’être assimilés à la société et à la culture américaine ».

Ces spots publicitaires ont créé un grand émoi chez les Juifs américains, mais pas celui escompté par Sofa Landver, ministre de l’Immigration à Jérusalem (membre du parti Israël Beiteinu, extrême droite). Les JFNA (Jewish Federations of North America – Fédérations juives d’Amérique du Nord, qui regroupe 157 organisations à travers les États-Unis) ont qualifié cette campagne de « scandaleuse et insultante ». Dans un courrier au Premier ministre israélien, les JFNA ont prévenu que cette campagne publicitaire « pourrait altérer la relation entre Israël et sa diaspora », demandant à Benyamin Netanyahou de ne pas « dresser les Juifs israéliens et américains les uns contre les autres ». Dans une réponse pathétique, le ministère israélien de l’Immigration et de l’Intégration s’est excusé à demi-mot : « Les récentes accusations selon lesquelles le gouvernement israélien essaie d’intervenir dans les choix personnels des Juifs

[37] Abba et Daddy : « Papa » en hébreu et en anglais respectivement.

américains ou de rabaisser leur mode de vie sont infondées. » Michael Oren, ambassadeur d'Israël à Washington, a été submergé de messages de colère. Devant la levée de boucliers de la communauté juive locale, Netanyahou a été obligé de réagir en personne. Il a ordonné l'annulation pure et simple de la campagne.

*

* *

USA : Finkelstein persona non grata en Israël

L'universitaire américain Norman Finkelstein, l'un des opposants à la politique israélienne le plus en vue dans la communauté juive aux États-Unis, a été expulsé d'Israël le 24 mai 2008 et y est désormais interdit de séjour. Un article qui a paru le 26 mai 2008 dans le quotidien britannique *The Guardian*, nous apprend que « Finkelstein, le fils d'un survivant de l'Holocauste, qui a accusé Israël de se servir du génocide nazi contre les Juifs pour justifier ses actions contre les Palestiniens, a été détenu par les services de sécurité israéliens, le Shin Bet, lorsqu'il a atterri à l'aéroport Ben Gourion. » L'article informe que Finkelstein a été interrogé pendant 24 heures « sur ses contacts avec la milice islamique libanaise », le Hezbollah, lorsqu'il a voyagé au Liban en début d'année et exprimé sa solidarité avec ce groupe qui a livré une guerre contre Israël en 2006. Il a aussi été accusé d'avoir des contacts avec Al-Qaïda. Finkelstein a rejeté ces accusations, disant qu'il s'était rendu en Israël pour visiter un vieil ami. L'intéressé a déclaré à la presse israélienne : « À part mes opinions politiques et le travail universitaire que je soutiens, il n'y a pas grand chose à dire sur moi : hélas, aucune mission suicide ou rendez-vous secret avec des organisations terroristes. J'ai toujours soutenu une solution à deux États basée sur les frontières de 1967. Je ne suis pas un ennemi d'Israël ». Et pourtant, cet éminent politologue est désormais persona non grata dans « l'État juif ». Hamoked, l'association israélienne pour les droits civiques, a dénoncé la détention et l'expulsion de Finkelstein comme une atteinte à la liberté d'expression. Maître Oded Peler, avocat de Hamoked, a déclaré que « cette décision, consistant à empêcher quelqu'un d'exprimer ses opinions en l'arrêtant et en l'expulsant est typique d'un régime totalitaire ». Ainsi va la démocratie dans « l'État juif et démocratique ».

*

* *

USA : Mumford soutient Bir Zeit et Gisha

L'universitaire américain David Mumford, co-lauréat du prix de mathématiques de la Fondation Wolf en 2008, a reçu ce prix le 25 mai, accompagné d'une somme de $100 000. Cette récompense lui a été décernée dans l'enceinte de la Knesset à Jérusalem par le président israélien Shimon Pérès. Mumford a aussitôt annoncé qu'il l'offrait comme don à l'Université Bir Zeit, en Cisjordanie, ainsi qu'à Gisha, une organisation israélienne qui œuvre pour la liberté de circulation des Palestiniens. Comme Norman Finkelstein, le professeur Mumford est, lui aussi, un intellectuel américain opposé à la politique coloniale de l'État d'Israël. Il a déclaré au quotidien israélien *Ha'aretz* : « Je suis très reconnaissant pour ce prix, mais je crois que les étudiants palestiniens doivent avoir l'opportunité de voyager afin de compléter leurs études. Aujourd'hui, les étudiants en Cisjordanie et à Gaza n'ont pas cette opportunité. » L'intéressé explique : « Quand j'ai visité Israël en 1995 [après les Accords d'Oslo, NDLR], il y avait un sentiment d'espoir, mais ce n'est pas la situation aujourd'hui. Aux gens des Territoires occupés, l'éducation donne un avenir. L'alternative, c'est le chaos. » Il a affirmé que sa décision n'a pas été prise contre Israël. « J'ai beaucoup de respect pour Israël, qui est sans doute une force majeure dans le milieu des mathématiques au niveau mondial. Mais malheureusement, les Palestiniens ne peuvent pas participer à cette prospérité ».

*

*   *

USA : Pessah sous les fenêtres d'AIPAC

Toute une série d'initiatives ont essaimé aux États-Unis pour mettre en cause des lobbies locaux qui soutiennent les agissements douteux de l'État d'Israël, prétendument au nom des Juifs américains. Les plus connues de ces organisations juives sont : Jewish Voice for Peace (une voix juive pour la paix), basée à San Francisco, active sur la place publique, et Brith Shalom (alliance pour la paix), particulièrement active dans des synagogues. L'organisation « Not in Our Name » (pas en notre nom) a vécu de 2002 à 2008, dans la foulée de l'attaque d'Al-Qaïda contre les tours jumelles à New York et contre le Pentagone le 11 septembre 2001. Il s'agit d'un groupe d'Américains – la plupart d'entre eux sont Juifs – qui se sont dissociés des interventions militaires de leur pays (en Irak et en Afghanistan), ainsi que des mesures discriminatoires contre la communauté musulmane, lancées par le gouvernement républicain de George W. Bush. Cette association a élargi ses mots d'ordre pour dénoncer le soutien de Washington aux crimes de guerre commis par l'État d'Israël contre les Palestiniens. Citons aussi Tikkun[38] Magazine, un bimestriel qui publie depuis 1986, d'abord sur support papier, puis sur internet. Ce périodique a une influence indéniable dans la communauté juive aux États-Unis. Son fondateur et rédacteur en chef est le

[38] Tikkun : un mot hébraïque qui signifie « réparer » ou « soigner ».

rabbin Michael Lerner, qui officie à la synagogue Beit Tikkun de San Francisco.

Examinons quelques-unes de ces nombreuses initiatives, à titre d'exemple. Pessah, la pâque juive, commémore la libération des Hébreux de l'esclavage dans l'Égypte des pharaons il y a plus de trois millénaires, selon les contes bibliques. Qu'il s'agisse d'un événement historique réel ou d'un récit mythique, le symbolisme de cette fête est très fort. Pendant la pâque juive, le 11 avril 2006, une vingtaine de jeunes juifs se sont réunis pour un séder (la cérémonie traditionnelle de Pessah) à Boston, dans l'État de Massachusetts, sous les fenêtres d'AIPAC (American Israel Public Affairs Committee) et du JCRC (Jewish Community Relations Council).[39] L'AIPAC est le principal lobby pro-israélien aux États-Unis et le JCRC se veut représentatif de la communauté juive américaine. Ces jeunes ont conduit leur séder en exprimant leur soutien aux droits du peuple palestinien. Leur cérémonie s'est tenue sous une banderole qui clamait « Pessah veut dire libération pour tout le monde. Justice pour la Palestine », précisant que ni l'AIPAC, ni le JCRC ne parlent au nom de tous les Juifs. L'ardeur universaliste de ces Juifs américains et de leurs amis ne s'arrête pas là. Le 7 mai 2006, le Comité pour une paix juste en

---

[39] JCRC : Conseil des relations communautaires juives. Un lobby prosioniste qui épaule AIPAC.

Israël et Palestine dans la ville de Oak Park (État d'Illinois) a organisé, pour la cinquième année consécutive, sa « Marche pour une paix juste en Israël et Palestine ».

Ces gestes peuvent paraître isolés mais ils sont symptomatiques d'un courant de pensée critique assez large au sein de la communauté juive aux USA.

*

* *

Argentine : de « La Protesta » à la « Yidisher Kultur Farband »

Les 250 000 Israélites qui vivent en Argentine constituent la troisième communauté juive en Amérique, après celles des États-Unis et du Canada. Raconter le parcours de son aile gauche est une longue histoire, qui commence au début du 20ème siècle quand le quotidien anarchiste *La Protesta*, publié à Buenos Aires, ouvre une colonne en yiddish. Car la vie culturelle juive au pays de la pampa est étroitement liée à l'essor des partis et organisations politiques révolutionnaires, qu'elles soient anarchistes, marxistes ou bundistes. Cette communauté, issue de l'immigration provenant d'Europe de l'Est, était imprégnée des idées socialistes en plein essor à l'époque. Plusieurs quotidiens yiddish furent publiés jusqu'aux années 1950 lorsque cette communauté, à son apogée, comptait 400 000 âmes. Les gouvernements péronistes ont laissé se développer une extrême droite nationaliste et antisémite, qui a sévi pendant la période de la junte militaire dans les années 1970. On a compté de nombreux militants juifs parmi les victimes de cette « sale guerre ». Pendant le gouvernement Menem, deux attentats à la bombe perpétrés à Buenos Aires ont ébranlé la communauté juive : celui contre l'ambassade israélienne en 1992 (32 morts), et celui contre l'AMIA (Association de la mutuelle israélite argentine) en 1994 (84 morts). Ces actes n'ont jamais été élucidés. Des éléments d'extrême droite dans la police et dans les services secrets sont fortement soupçonnés.

À ces drames s'est ajoutée la crise économique argentine à partir de 1999. Si bien que plusieurs milliers de Juifs argentins se sont exilés pour chercher une vie meilleure, et près de 5 000 se sont installés en Israël. Mais pour la plupart de ces candidats à « l'aliya », le rêve israélien a été de courte durée. Après l'Argentine, la crise économique mondiale a frappé Israël en 2003. Parallèlement, le peuple argentin s'est doté d'un gouvernement de gauche avec à sa tête Nestor Kirchner, ancien prisonnier politique pendant la junte militaire, qui, une fois au pouvoir, a mis fin à l'impunité des criminels de guerre. L'Argentine a su réussir une reprise économique, et dans ce contexte, non seulement « l'aliya » des Juifs argentins s'est ralentie, mais elle s'est inversée. La plupart des

Argentins qui avaient émigré en Israël sont retournés à Buenos Aires à partir de 2004.

Des organisations juives progressistes subsistent au pays, proches du Parti communiste ou d'autres courants de gauche. En 2006, une association argentine, l'YKUF (*Yiddisher Kultur Farband* – Union culturelle juive), a participé à Montevideo à une rencontre de groupes juifs progressistes réunissant des organisations du Brésil, d'Uruguay et d'Argentine. En novembre 2011, c'était au tour de l'YKUF d'accueillir ses camarades sud-américains à Buenos Aires. Plus concentrée sur la culture yiddish et les questions sociales domestiques, l'YKUF a néanmoins pris position contre la répression israélienne, dénonçant l'occupation des Territoires palestiniens et appelant à un règlement pacifique du conflit, avec la création d'un État palestinien aux côtés d'Israël. Puis à l'instar de leurs camarades nord-américains du Canada et des États-Unis, des Juifs progressistes en Argentine ont créé une section locale de l'association « Pas en notre nom », refusant d'être associés aux crimes de guerre commis par l'armée israélienne. Du début du 20ème siècle avec « La Protesta », en passant par la résistance contre la junte militaire, et jusqu'à ce jour avec l'YKUF et « Pas en notre nom », l'action politique et culturelle des militants de gauche a fortement marqué la vie juive en Argentine.

*

* *

Australie : aux antipodes de la politique sioniste

Forte de 110 000 membres, la communauté juive australienne n'arrête pas de surprendre. Prenons par exemple l'histoire de Lisa Jackson Pulver, présidente de la synagogue orthodoxe de Newtown, dans la banlieue de Sydney (la première femme au pays à occuper un tel poste). C'est une véritable juive cosmopolite, car Lisa Jackson Pulver est également… Aborigène ! Elle a déclaré à la presse locale : « Le premier Juif est venu ici sur la première flotte en 1788 et, depuis lors, les Juifs se sont mariés avec les Aborigènes parce que les femmes blanches étaient racistes et ne voulaient pas d'eux. Il y a une énorme communauté de Cohen qui vit dans les tribus aborigènes. » Elle explique : « Il existe une relation naturelle entre ma spiritualité autochtone et ma religion juive. Les choses qui nous rassemblent sont notre histoire de dépossession, un sens profond de la famille, de la communauté (…) et un sens profond de ce qui est mauvais et de ce qui est juste ».

Déjà en 1938 William Cooper, un ancien de la tribu aborigène Yorta Yorta, avait lancé une pétition, qu'il avait remise au consulat allemand à Melbourne, plaidant pour la fin des persécutions nazies contre les Juifs. Récemment, Copper a été honoré à titre posthume par le Mémorial Yad Vashem et le Musée de Jérusalem. Dans les années 1960, James Spigelman, un Juif de New South Wales, a conduit le « Bus de la Liberté » pour défendre les droits des Autochtones. Il s'agissait d'une campagne d'ampleur à l'époque pour défendre les autochtones, victimes d'inégalités.

Dans les années 1990, l'avocat juif Ron Castan a gagné un procès historique contre l'État australien qui utilisait une notion juridique justifiant des politiques discriminatoires à l'encontre des Aborigènes. Il s'agit de la notion de « terre sans homme (*terra nullius*) ». Ça vous rappelle quelque chose ? (« une terre sans peuple »). Aujourd'hui, la communauté juive australienne s'est enrichie d'une section locale de l'association Not In Our Name (pas en notre nom), ainsi que Jews Against the Occupation (Juifs contre l'occupation), basée à Sydney. En 2010, ce groupe fut un des soutiens du « Bateau juif pour Gaza » qui a levé l'ancre à Chypre pour essayer de rompre le blocus israélien. Puis il y a la « Australian Jewish Democratic Society » (association démocratique juive australienne) qui soutient la campagne BDS (Boycott, Désinvestissement, Sanctions) pour qu'Israël mette fin à l'occupation des Territoires palestiniens. Le tout, en somme, aux antipodes de la politique sioniste.

*

* *

Afrique du Sud : témoignages contre l'Apartheid israélien

En juillet 2008, une délégation sud-africaine a visité Israël et les Territoires palestiniens. Parmi ces visiteurs il y avait Andrew Feinstein, ancien député de l'ANC (le parti de Nelson Mandela) et militant anti-apartheid de longue date. Andrew Feinstein a fui l'Europe pour se réfugier en Afrique du Sud avant que le régime d'apartheid n'y ait été instauré. Juif, cet ancien parlementaire sud-africain a perdu sa mère et ses dix frères et sœurs dans le génocide hitlérien, tous exterminés à Auschwitz. Lors de sa visite en Israël et dans les Territoires palestiniens, il a été très impressionné par le mémorial de Yad Vashem à Jérusalem mais aussi par ce dont il a pu être témoin à Hébron. Là il a vu de ses yeux les colons jetant des pierres sur les habitants palestiniens. Et il s'interroge : « Comment, au nom du judaïsme, peut-on se comporter de cette manière ? Comment peut-on transformer en ville fantôme un quartier commerçant arabe pour protéger quelques centaines de colons ? » Ces propos ont été rapportés dans un article publié dans le quotidien français *Le Monde* du 20 juillet 2008. La délégation était composée d'un groupe de 22 Sud-Africains noirs, indiens et blancs (dont dix Juifs), tous engagés dans la défense des droits humains. Un autre membre juif de la délégation, Geoff Budlender, juriste, a déclaré : « Il n'est pas question de dénier à Israël le droit d'exister mais je dois avouer que je suis choqué par ce que j'ai vu ». Un autre membre de la délégation, Barbara Hogan, a passé huit ans dans les prisons sud-africaines pour avoir protesté contre la ségrégation raciale. Elle a été stupéfaite de voir en Cisjordanie des routes séparées pour les colons et pour les Palestiniens. Un autre membre de la délégation, le magistrat Dennis Davis, confie : « J'ai l'impression que nous sommes en 1965 en Afrique du Sud, lorsque la répression s'est intensifiée après la condamnation de Nelson Mandela. Il a passé 27 ans en prison. A Naplouse, Saïd Al-Atabeh (membre du Front populaire de libération de la Palestine, condamné à perpétuité pour des attentats perpétrés en 1977 et qui avaient fait un mort et des blessés) est incarcéré depuis 31 ans. Après le jugement de Mandela, il a encore fallu 20 ans pour que des sanctions internationales soient imposées contre le régime de l'Apartheid. Ici, je ne vois aucune solution en perspective. »

En 2004 déjà, M. Roni Kaserilas, Juif et Ministre du Renseignement dans le gouvernement de l'ANC avait, à plusieurs reprises, comparé la politique d'Israël vis-à-vis des Palestiniens à celle de l'Apartheid. Il faut rappeler que la communauté juive en Afrique du Sud fut une des rares composantes de la population blanche à avoir fourni de nombreux militants dans la lutte contre le régime de ségrégation raciale. En juillet 2004, le ministre Kaserilas a pris une initiative : il a demandé aux Palestiniens de lui livrer les noms des citoyens sud-africains qui servent dans Tsahal, afin de prendre des sanctions à leur encontre.

*

* *

Tunisie : des Juifs contre l'antisémitisme (et contre Israël)

Le 7 janvier 2012, à l'occasion d'une visite officielle à Tunis du Premier ministre palestinien, Ismaïl Haniyeh (Hamas – au pouvoir à Gaza), des salafistes tunisiens, financés par des monarchies du Golfe, ont scandé des slogans appelant à la guerre sainte, et à « tuer les Juifs ». Face à l'indignation générale, le parti islamiste gouvernemental Ennahda, arrivé en tête aux élections législatives tunisiennes, a dénoncé ces slogans comme « contraires à l'esprit de l'Islam ». Haniyeh a lui-même déclaré : « Nous ne sommes pas contre les Juifs parce qu'ils sont Juifs, notre problème est avec ceux qui occupent la terre de Palestine. Les Juifs sont partout dans le monde et Hamas ne les vise pas. » Les autorités israéliennes ont profité de l'occasion pour inciter leurs coreligionnaires tunisiens à s'expatrier pour s'installer en Israël. Réponse des intéressés : « Nous sommes Tunisiens et comme tous les Tunisiens, nous aimons notre pays » et « Il n'y a pas de sionistes en Tunisie ». Sous l'ancien régime policier de Ben Ali, ce genre de réponse formatée pouvait être mise sur le compte de la contrainte. Mais dans la Tunisie révolutionnaire ou la liberté de parole est désormais acquise, les porte-parole de la communauté juive au pays du jasmin ont envoyé une cinglante fin de non recevoir aux autorités israéliennes dans leur appel à « l'aliya ».

*

*   *

Égypte : on se souvient d'Henri Curiel

Le 4 mai 2012 a marqué le 34ème anniversaire de l'assassinat d'Henri Curiel à Paris. Militant communiste de renommée internationale, Henri Curiel est né dans une famille juive, en Égypte, en 1914. En 1943, il créa une organisation communiste qui, quatre ans plus tard, devait contribuer au lancement du MDLN (Mouvement démocratique de libération nationale, dont le Parti communiste soudanais est également issu). Dès la première guerre judéo-arabe en Palestine mandataire, en 1948, Curiel fait de la prison pour avoir pris des positions courageuses. À la fois Juif et Arabe, il est devenu l'un des pionniers du dialogue entre Palestiniens et Israéliens. Expulsé d'Égypte par le roi Farouk 1er en 1950, il s'exile à Paris où il vit dans la clandestinité. Pendant la guerre d'Algérie, le « réseau Curiel » qu'il a constitué témoigne de son engagement contre l'impérialisme français et pour l'autodétermination du peuple algérien. Cet engagement lui a de nouveau valu la prison, en France cette fois. Il a continué son travail internationaliste à travers de nombreuses luttes ouvrières et de solidarité, que seule la balle d'un assassin a pu arrêter en 1978. Les Français se souviennent. Les Égyptiens, les Israéliens et les Palestiniens aussi.

*

* *

Égypte-Canada : Clément Leibovitz

Né en Égypte en 1923, Clément Leibovitz, historien et romancier, à la fois juif et arabe, est le fondateur de l'association « Jews for Peace in the Middle East » (Juifs pour la paix au Moyen-Orient). Après avoir passé 10 ans derrière les barreaux comme prisonnier politique en Égypte, il est allé en Israël avant de s'exiler de nouveau pour trouver refuge au Canada, où il a vécu jusqu'à sa mort en 2009. Enseignant de cosmologie et d'analyse numérique à l'Université d'Edmonton, auteur de nombreux articles, il était le correspondant canadien de « Miftah », organisme fondé par la députée palestinienne Hanan Ashrawi. Il a beaucoup voyagé, faisant des tournées en Amérique, en Europe et au Proche-Orient pour témoigner de son expérience et plaider pour une solution politique au conflit israélo-palestinien.

*

* *

Iran : « notre identité nationale n'est pas à vendre »

Les déclarations antisémites de l'ancien président iranien Mahmoud Ahmadinejad sont certes outrancières. Après son célèbre « rayer Israël de la carte » en 2006, il a poussé la provocation jusqu'à organiser une conférence à Téhéran en décembre de cette même année, mettant en doute la réalité de la Shoah, sous-entendant qu'elle n'était qu'une invention (ou une exagération) de la propagande israélienne. Nombreux sont ceux qui croient que les diatribes provocatrices de l'ancien président ultra-conservateur d'Iran sont le reflet d'une stratégie diplomatique, qui était tout à fait caractéristique d'Ahmadinejad. Sur ce registre, le journaliste indépendant Jonathan Cook, basé à Nazareth (Israël), pose la question suivante : si Ahmadinejad veut « rayer les Juifs de la carte, pourquoi ne commence-t-il pas par ses propres Juifs ? ».

En effet, avec ses 25 000 citoyens de confession israélite, l'Iran est le pays de la région qui a la plus grande population juive en dehors d'Israël. Et Cook pose de nouveau une question : pourquoi ces Juifs « sont-ils si peu disposés à quitter l'Iran malgré les sollicitations répétées d'Israël et des Juifs américains ? » Car la communauté juive iranienne « *trouve ses racines jusqu'à 3 000 ans en arrière. En tant que communauté non musulmane d'Iran, parmi d'autres, les Juifs y subissent une discrimination mais ils ne sont certainement pas dans une situation pire que celle que connaît le million de citoyens palestiniens en Israël – et ils sont bien loin de connaître celle des Palestiniens sous occupation israélienne en Cisjordanie et à Gaza. Les Juifs iraniens ont peu d'influence sur les décideurs de leur pays et ne sont pas autorisés à postuler à des postes dans l'armée ou dans la fonction publique. Mais ils profitent de beaucoup de libertés. Ils ont un représentant élu au parlement, ils pratiquent leur religion ouvertement, leurs organisations caritatives sont financées par la diaspora juive et ils peuvent librement se déplacer, y compris venir en Israël. À Téhéran, il y a six boucheries cachères et environ 30 synagogues. Le cabinet d'Ahmadinejad a récemment fait une donation à un hôpital juif de Téhéran. Comme Ciamak Moresadegh, dirigeant juif iranien, le fait observer :* "Si vous pensez que le judaïsme et le sionisme ne font qu'un, c'est comme si vous pensiez que l'Islam et les Talibans c'est la même chose, mais ce n'est pas la même chose." »

En 2007, en l'absence de menaces contre les Juifs iraniens, les médias israéliens ont informé que le gouvernement d'Ehud Olmert essayait de trouver d'autres moyens pour attirer les Juifs iraniens en Israël. Le journal *Ma'ariv* précise que les propositions précédentes avaient trouvé peu de preneurs. Il y a, note l'article, « un manque de désir chez ces milliers de Juifs iraniens pour le départ ». Selon le journal *Forward*[40] de

[40] Forward : quotidien juif progressiste publié en yiddish à New-York, fondé en 1897. Il est aujourd'hui un hebdomadaire publié en anglais.

New York, « une campagne menée pour convaincre les Juifs iraniens d'immigrer en Israël n'a obtenu, entre octobre 2005 et septembre 2006, que 152 départs sur les 25 000 Juifs vivant en Iran, et la plupart d'entre eux ont déclaré immigrer pour des raisons économiques et non politiques. »

La réponse des Juifs iraniens aux sollicitations israéliennes est sans équivoque. Cook rapporte que l'appel à « l'aliya » des autorités de Tel-Aviv « n'a rencontré que du dédain dans la communauté juive iranienne et les Juifs du pays ont publié une déclaration disant que leur identité nationale n'était pas à vendre. "*L'identité des Juifs iraniens n'est pas monnayable, quelle que soit la somme. Les Juifs iraniens comptent parmi les plus anciens Iraniens. Les Juifs d'Iran aiment leur identité et leur culture iraniennes, alors les menaces et les incitations politiques immatures ne réussiront pas à rayer l'identité des Juifs iraniens.*" ».

*

*   *

60 ANS : ÂGE DE LA RETRAITE OU ÂGE DU RETRAIT (des Territoires occupés) ?

Grande-Bretagne : sur le 60ème anniversaire d'Israël

Le 14 mai 2008, alors qu'Israël et ses soutiens dans la communauté juive se réjouissaient à l'occasion du 60ème anniversaire de la proclamation de l'État hébreu, d'autres voix se sont levées pour exprimer une position radicalement différente. Le 30 avril 2008, le quotidien de centre-gauche *The Guardian* a publié une lettre de membres éminents de la communauté juive britannique. Dans ce texte, on peut lire :

« *Il est temps de reconnaître l'histoire de l'autre, le prix payé par un autre peuple pour l'antisémitisme européen et le génocide hitlérien. Comme le répétait Edward Saïd, ce que l'Holocauste fut pour les Juifs, la Nakba le fut pour les Palestiniens. (...) Nous ne célébrons pas la naissance d'un État établi par le terrorisme, les massacres, le vol de la terre d'un autre peuple. Nous ne pouvons célébrer la naissance d'un État qui persiste dans le nettoyage ethnique, qui viole la loi internationale, qui inflige à la population de Gaza la monstruosité d'une punition collective, et qui continue à dénier aux Palestiniens la jouissance des droits humains et de leurs aspirations nationales. Nous ferons la fête lorsque les Arabes et les Juifs vivront en égaux dans un Moyen-Orient en Paix.* »

Ce texte fut signé par plus d'une centaine de Juifs britanniques et pas des moindres. Parmi les signataires se trouvent des rabbins, des responsables communautaires, des élus et des intellectuels, au nombre desquels se trouvent les noms les plus prestigieux de la communauté juive du royaume.

*

* *

Canada : sur le 60ème anniversaire d'Israël

Même son de cloche du côté canadien. Le 8 mai 2008, une annonce payante est parue dans deux journaux, *The Georgia Straight* publié à Vancouver et *The Now* publié à Toronto. Ce texte, signé par trois organisations, dont l'Alliance des Juifs canadiens engagés (Alliance of Concerned Jewish Canadians) et de nombreuses personnalités de la communauté juive à travers le pays, proclame :

« *Nous ne pouvons pas célébrer pendant qu'Israël prive de nourriture et bombarde le peuple de Gaza. (...) Nous ne pouvons pas célébrer pendant qu'Israël continue à violer la résolution 194 des Nations Unies, refusant aux Palestiniens le droit de retour à leurs foyers. (...) Nous ne pouvons pas célébrer pendant que les politiques des dirigeants israéliens alimentent un conflit dans lequel des vies innocentes sont supprimées des deux côtés. Nous pouvons continuer et nous continuerons nos efforts pour mettre fin à ces injustices, soutenant le droit international, les droits humains et les résolutions des Nations Unies. C'est la seule feuille de route vers la paix.* »

*

* *

USA : sur le 60ème anniversaire d'Israël

Même son de cloche du côté américain. Voici des extraits d'un communiqué émis par Jewish Voice for Peace, basée à San-Francisco :

« Aujourd'hui, des Juifs à travers le monde sont en train de fêter le 60ème anniversaire de la création de l'État d'Israël. (...) Bien qu'Israël ait offert un havre de sécurité à de nombreux réfugiés juifs qui n'avaient nulle part ailleurs où aller – dont plusieurs étaient membres de nos propres familles – le fait terrible est qu'il a, du même coup, transformé plus de 700 000 Palestiniens en réfugiés afin de faire de la place pour le futur État d'Israël. (...) Plusieurs d'entre nous ne fêterons pas [cet anniversaire] car tant et aussi longtemps que des Palestiniens continuent à se battre pour leurs droits humains fondamentaux, nous ne pouvons pas nous réjouir. (...) Rendre invisible l'expérience palestinienne et rendre invisibles leurs réclamations pour la justice, cela a pour effet de rendre impossible toute réconciliation entre Israéliens et Palestiniens. Nous choissions plutôt de souvenir, de savoir et de travailler dans un objectif de justice et d'autodétermination pour les deux peuples. En tant que Juifs et Palestiniens, notre histoire et notre avenir sont, tous les deux, intrinsèquement liés. »

*

* *

Israël : sur le 60ème anniversaire d'Israël !

Ce ne sont pas seulement les Juifs pacifistes et universalistes d'Europe et d'Amérique qui ont exprimé leur consternation à l'occasion de cet anniversaire. Les Juifs israéliens n'ont pas été en reste. Nombreux ont été les témoignages « de l'intérieur » qui allaient dans le sens d'une remise en cause de la politique menée par les autorités de leur pays. Dans la communauté arabe bien sûr (plus d'un Israélien sur cinq), mais pas seulement. À titre d'exemple, l'association Gush Shalom (le Bloc de la Paix), sous la plume de son leader emblématique Uri Avnery – journaliste et ancien député à la Knesset – a diffusé un message le 2 mai 2008. En s'adressant à ses compatriotes, ce texte rappelle que « Ceux et celles qui aiment Israël et qui se font des soucis pour notre image et notre avenir trouveront difficile de se réjouir et d'éprouver de la fierté » à l'occasion de ce 60ème anniversaire. Le déploiement de moyens considérables pour célébrer cette fête nationale fut donc perturbé par une dissidence de plus en plus visible.

Ce qui est peut-être plus significatif est que les critiques proviennent parfois des rangs de la droite. Déjà quelques années plus tôt, en septembre 2002, le rabbin Michael Melchior, ministre adjoint des Affaires étrangères du gouvernement d'Ariel Sharon, avait rompu l'omertà. Tout en affirmant que la guerre qu'Israël mène contre ses adversaires serait juste, il admet dans le même souffle : « la réalité est que des centaines de milliers de Palestiniens souffrent entre nos mains. » Il y a décidemment quelque chose qui ne tourne pas rond dans la maison Israël et ceux dont on l'attendrait le moins commencent à s'en rendre compte.

Ces Israéliens qui résistent des groupes remarquables

Ce texte résume les grandes lignes d'une présentation donnée par Richard Wagman le 12 septembre 2009 à la Fête de l'Humanité (quotidien communiste français). Il a prononcé ces mots à une tribune aux côtés d'autres intervenants, notamment Tarek William Saab (gouverneur de l'État d'Anzoátegui au Vénézuela sous le gouvernement de Hugo Chavez) et Hind Khoury (Déléguée générale de la Palestine en France).

Nouveau Profil, une association féministe qui regroupe notamment les mères de famille qui encouragent leurs enfants dans leur refus de faire leur service militaire, a récemment été victime de répression de la part des autorités israéliennes. Ce choix n'est sans doute pas un hasard : Nouveau Profil travaille contre la militarisation et la violence de la société israélienne.

Nombre de militants et intellectuels sont également ciblés et font l'objet des campagnes de soutien tels Ezra Nawi (qui essaie de protéger les maisons palestiniennes vouées à la démolition) et Neve Gordon (professeur à l'Université Ben-Gourion). Le crime de ce dernier, menacé d'être renvoyé de son poste, est d'avoir publiquement déclaré que des pressions internationales sont désormais nécessaires pour infléchir la politique israélienne, notamment par le biais de la campagne BDS (Boycott, Désinvestissement, Sanctions).

Un autre universitaire israélien progressiste qui a fait parler de lui cet été (2009) est le professeur Uri Davis. Ce sociologue a la particularité d'enseigner à l'Université… d'Al-Quds (l'université arabe de Jérusalem). En effet, Uri Davis est marié à une Palestinienne, parle parfaitement l'arabe et se définit comme « Palestinien, hébreu et antisioniste d'origine juive ». Le 15 août, Uri Davis s'est fait élire comme membre de la direction du… Fatah (parti dirigé par le président palestinien Mahmoud Abbas et fondé par Yasser Arafat). Dans la société israélo-palestinienne, les mariages mixtes existent, les Juifs qui militent au sein des organisations palestiniennes aussi, même s'ils sont très rares.

Deux autres associations israéliennes ont eu droit dernièrement à des arrestations de leurs membres et à des procès : Yesh Gvul (la principale organisation qui vient en aide aux objecteurs de conscience) et Shovrim Shitka (« Rompre le silence » – qui regroupe des soldats qui témoignent au sujet des crimes de guerre commis par l'armée israélienne). Des témoignages de soldats, membres de Shovrim Shitka, ont suscité émoi et consternation après l'offensive israélienne à Gaza en janvier 2009. Encore une fois, ce n'est pas un hasard si les autorités essaient de réduire au silence les voix dissonantes qui se font entendre au sein même de l'armée.

Le gouvernement d'Israël prétend, à tort, parler au nom des Juifs du monde entier. Mais dans les faits, seulement un Juif sur trois vit en Israël. Le gouverneur de l'État d'Anzoátegui, Tarek William Saab, est d'origine arabe. Il y a aussi des Vénézuéliens d'origine juive. Les deux tiers de la population juive mondiale n'habitent pas en Israël, mais dans les pays comme le Venezuela (plus de 25 000 Juifs) et la France (plus de 600 000 Juifs).

En France, comme dans de très nombreux pays, l'UJFP est l'une des associations juives qui exprime son désaccord avec la politique israélienne et sa solidarité avec les droits nationaux légitimes du peuple palestinien. Cet été, l'UJFP a écrit au Président de la République, Nicolas Sarkozy, lui demandant d'intervenir auprès de Benyamin Netanyahou lors de sa récente visite officielle en France en faveur du jeune prisonnier politique franco-palestinien Salah Hamouri.

Plus important, l'UJFP et l'IJAN[41] ont émis un appel expliquant pourquoi ils boycottent les produits israéliens, à l'instar de notre camarade israélien, le professeur Neve Gordon. Cet appel explique :

« *En tant qu'associations juives attachées aux droits des peuples (…) nous ne pouvons pas supporter que l'État d'Israël poursuive sa politique sioniste de colonisation, d'exclusion, de dépossession, de répression, d'humiliation, d'apartheid et d'épuration ethnique contre le peuple palestinien (…) et que face à ceux qui s'opposent à la politique israélienne on se livre à l'odieux chantage à l'antisémitisme, à la manipulation honteuse de la mémoire du génocide hitlérien, chantage et manipulation relayés par des agents d'Israël dans divers pays, dont en France le CRIF (Conseil Représentatif des Institutions Juives de France), et soutenus activement par la politique de Sarkozy.* »

Ainsi, l'UJFP, l'IJAN et d'autres associations juives dans le monde soutiennent la campagne BDS jusqu'à la fin de l'occupation et jusqu'à ce qu'Israël respecte le droit international.

*

* *

---

41 IJAN : International Jewish Anti-Zionist Network (Réseau antisioniste juif international), présent dans plusieurs pays.

Les Anarchistes contre le Mur

Fondé en 2003, les Anarchistes contre le Mur est un groupe très actif, assurant une présence forte à des points chauds le long du Mur de séparation en Cisjordanie occupée. L'une des premières actions du groupe, en décembre 2003, a été de sectionner le grillage du portail principal du chantier de l'érection du Mur près du village palestinien de Masha. C'est là que, pour la toute première fois, l'armée israélienne a tiré à balles réelles contre des manifestants israéliens, blessant grièvement l'un des militants du groupe. Grâce à une bonne couverture médiatique, cette action a soudé le groupe et a eu un fort impact sur l'opinion publique, à un moment où la plupart des Israéliens étaient indifférents à l'édification du Mur. Depuis, les actions des Anarchistes contre le Mur se sont multipliées. Au cours de l'été 2009, neuf Palestiniens protestant contre le Mur ont été tués par l'armée israélienne, entre cinquante et cent ont été blessés par balles enrobées de caoutchouc et hospitalisés. Quant aux Anarchistes contre le Mur, un nombre important de leurs militants ont été arrêtés par l'armée et condamnés à des peines plus ou moins lourdes. Le soulèvement populaire palestinien, soutenu par les Anarchistes contre le Mur, a porté ses fruits. La construction du Mur a été ralentie dès 2004. C'est alors que le village de Bil'in et son comité populaire de résistance ont pris la relève (ce mouvement fut surnommé « l'Intifada du Mur »). Le défi des Anarchistes contre le Mur est de maintenir et d'élargir à long terme leur réseau de communication et leur présence sur le terrain, en collaboration avec les divers comités populaires locaux.

*

* *

Anarchistes et Palestiniens : le courant passe

Très porté sur les punitions collectives – formellement interdites par les Conventions de Genève qui régissent la conduite des puissances occupantes en temps de guerre – l'État d'Israël coupe périodiquement l'approvisionnement d'électricité dans la Bande de Gaza, après avoir bombardé la seule centrale électrique à Gaza en 2006. Outre les protestations habituelles venant des associations israéliennes des droits humains et du mouvement anticolonialiste, une composante de la gauche extraparlementaire a pris une initiative originale dans le but de frapper les esprits. En décembre 2007, de nombreux habitants des trois principales villes du pays (Tel-Aviv, Jérusalem et Haïfa) ont eu la surprise de recevoir dans leur boîte aux lettres un avis de la Compagnie Générale d'Électricité. Cette notice, distribuée en quelque 10 000 exemplaires, les informait qu'ils allaient bientôt subir des coupures de courant. L'avis précisait que « l'électricité reviendrait lorsque Israël cesserait d'en priver les habitants de Gaza ». Ornées du sigle de la Compagnie Générale d'Électricité, ces affichettes étaient signées d'un mystérieux « Front de Libération de Gaza ». En fait, les auteurs de ce canular n'étaient pas des agents de la Compagnie Générale, ni des combattants d'un mouvement armé inconnu, mais des militants israéliens des Anarchistes contre le Mur. Une des initiatrices, Adar Graëvsky, explique : « Les mesures prises par Israël contre les habitants de Gaza, sans distinction, nous semblent cruelles autant qu'inutiles. Ce ne sont que des actes de vengeance. » Avant d'ajouter : « De même que les habitants de Tel-Aviv sous pression ne peuvent pas arrêter les actes de leur gouvernement, de même les habitants de Gaza sous pression ne pourront pas faire cesser les tirs de Kassam. » Même si « le courant ne passe pas » dans l'opinion israélienne, les anarchistes à l'origine de cette protestation inédite espéraient que le message, lui, passerait. Selon Hagaï Mattar, objecteur de conscience et militant du « Forum contre les crimes de guerre », le but de cette action « n'était pas d'effrayer la population, mais de faire réfléchir les citoyens sur ce que fait leur gouvernement en leur nom. » L'action des Anarchistes contre le Mur a entraîné des recours devant les tribunaux. Contre les officiers israéliens pour crimes de guerre ? Non, contre les militants anarchistes pour utilisation illicite du logo de la Compagnie Générale d'Électricité.

L'entreprise réclame des dommages et intérêts. À chacun d'exprimer son indignation, qu'il s'agisse des infractions à l'encontre du droit international ou des infractions à l'encontre du droit commercial israélien…

*

* *

« Appel Olga »

Dans la ville de Giv'at Olga en Israël, un groupe d'intellectuels engagés a rédigé un appel en juin 2004 qui porte le nom de cette localité. Signé par de nombreux militants pacifistes et personnalités, la première phrase de ce document constitue en elle-même tout un bilan du sionisme : « L'État d'Israël devait apporter la sécurité aux Juifs ; il a créé un piège dans lequel les habitants vivent sous la menace d'un danger constant, état de fait qui n'est vécu par aucune autre communauté juive. » En plus de ce texte, les premiers signataires ont adressé une lettre aux militants palestiniens qui résistent contre l'occupation. Sous-titré « Pour la vérité et la réconciliation / Pour l'égalité et le partenariat », cet appel affirme notamment :

« L'État d'Israël devait réduire en poussière les murs du ghetto ; il a dorénavant édifié le plus vaste ghetto de toute l'histoire juive. L'État d'Israël devait

être une démocratie ; il a instauré une structure coloniale combinant les éléments évidents de l'apartheid avec l'arbitraire d'une occupation militaire illégale. (...) Israël est enfoncé jusqu'au cou dans le bourbier de l'occupation et de l'oppression (...). Nous sommes unis pour reconnaître que ce pays appartient à tous ses fils et filles – citoyens et résidents, présents et absents (les Palestiniens déracinés en 1948) – sans discriminations basées sur des motifs personnels ou collectifs, sans considération pour leur citoyenneté, leur religion, leur culture, leur ethnie ou leur genre. Nous demandons donc l'abrogation immédiate de toutes les lois, tous les règlements et toutes les pratiques qui exercent une discrimination entre les citoyens juifs et arabes d'Israël, et la dissolution de toutes les institutions, organisations et autorités basées sur de telles lois, règlements et pratiques. »

*
*   *

Les Femmes en Noir : certaines choses sont universelles

Les Femmes en Noir, mouvement qui s'est créé à Jérusalem, a tenu dans cette ville-symbole son second colloque international du 12 au 16 août 2005, une rencontre « Pour mettre fin à l'occupation, la guerre et la violence ». Ce colloque a réuni plus de

650 militantes de 44 pays, avec traduction simultanée en six langues. Eetta Prince-Gibson, journaliste au *Jerusalem Post*, a écrit un reportage sur le colloque des Femmes en Noir qui est paru dans ce quotidien de langue anglaise. Ce journal publie rarement des articles sur l'occupation qui parlent des droits des Palestiniens, mais le reportage en question était un récit assez fidèle du déroulement de cette rencontre. Relatant le rassemblement hebdomadaire des Femmes en Noir à un carrefour fréquenté de Jérusalem, la journaliste rapporte les propos d'une participante serbe suite aux insultes essuyées de la part de certains passants : « "C'est exactement comme nos rassemblements à domicile" dit-elle, montrant un mélange d'amusement et d'inconfort. "Certaines choses, comme haïr les femmes, et en particulier des femmes qui adoptent des positions politiques impopulaires, des femmes qui sont prêtes à critiquer leur propre gouvernement, sont universelles" » ajoute-t-elle, semblant très versée dans les mantras de la militance. « Les Femmes en Noir sont nées en 1988 comme un mouvement de base israélien et palestinien. Initialement, il a débuté à Jérusalem pour répondre au déclenchement de la première Intifada. Puis il s'est étendu à d'autres parties d'Israël. Il s'est même répandu dans le monde entier. Aujourd'hui, des Femmes en Noir existent dans près de 400 villes à l'étranger, où des vigies se tiennent dans le contexte politique du pays. »

*

* *

Europe-Israël : des Juifs en appellent aux syndicats

En 2006, la fédération des Juifs européens pour une paix juste (EJJP) a lancé un appel aux syndicats et aux universitaires européens pour qu'ils incitent les universitaires israéliens à prendre position contre l'occupation, à reconnaître les droits de Palestiniens et à refuser toute complicité avec la politique d'occupation menée par les gouvernements israéliens. Cette initiative visait les syndicalistes de différentes branches d'activité, particulièrement les enseignants. Il s'agissait de convaincre leurs collègues israéliens de rompre toute collaboration avec le dispositif d'occupation et de promouvoir, dans leur branche professionnelle, les bases d'une paix juste au Proche-Orient. EJJP a donc demandé aux syndicalistes de signer l'appel qu'il leur a adressé et de l'utiliser dans leurs syndicats. Nombreux sont ceux et celles qui ont donné suite. Entre autres propositions, ils ont demandé aux universitaires israéliens de refuser d'accomplir leur service militaire de réserviste dans les Territoires occupés. La fédération des Juifs européens pour une paix juste a fait parvenir des pétitions et des résolutions dans ce sens aux syndicats israéliens et aux députés à la Knesset. Il y a également eu des enseignants et universitaires non-européens qui ont signé l'appel de EJJP. L'appel précise notamment : « Notre expérience de la lutte pour la paix et les droits humains en Europe nous a enseigné qu'il faut dénoncer et rompre tout lien entre les universités et l'occupation, les colonies et les colons. Et refuser l'utilisation de la logistique et du personnel universitaire par les forces d'occupation, y compris en ce qui concerne la recherche militaire. (...) La liberté académique est indivisible. Mais le droit d'accès à l'éducation, à quelque niveau que ce soit, est refusé aux Palestiniens par les autorités israéliennes. (...) Les obstacles dressés par les gouvernements qui se sont succédés en Israël pour empêcher l'accès des Palestiniens à l'éducation doivent être condamnés et doivent être levés. »

*

* *

Manifestations contre la guerre faite au Liban

Le 5 août 2006, en plein milieu de l'engagement militaire de leur État au Pays du Cèdre, 10 000 Israéliens ont manifesté dans les rues de Tel-Aviv pour réclamer l'arrêt immédiat des hostilités, ainsi que le retrait d'Israël des Territoires palestiniens occupés. Cette manifestation était appelée par toutes les composantes de la gauche anticolonialiste : Gush Shalom, Ta'ayoush, l'AIC, la Coalition des femmes pour la paix, Hadash (Parti communiste), les objecteurs de conscience, les partis arabes à la Knesset, etc.

Neuf mois plus tard, la rue israélienne a manifesté à nouveau. Mais les protestataires, plus de 150 000 le 3 mai 2007, n'étaient pas les mêmes. Cette fois-ci la foule a réclamé la démission du Premier ministre Ehud Olmert (Kadima) et du ministre de la Défense Amir Peretz (Parti travailliste). La plupart des manifestants n'ont pas crié « démission » parce qu'Olmert et Peretz ont causé la mort de plus de 1 500 civils libanais et palestiniens. Ils ont crié « démission » parce que ces dirigeants n'ont su ni gagner la guerre, ni éliminer le Hezbollah (principal parti de la résistance libanaise), ni liquider son chef Hassan Nasrallah (la nouvelle bête noire d'Israël depuis la mort de Yasser Arafat). La commission Winograd était passée par là. Son rapport, rédigé à la demande du gouvernement, a identifié comme principaux responsables de cette débâcle militaire Olmert, Peretz et le général Dan Haloutz, chef d'état-major à l'époque. Si 10 000 Israéliens ont manifesté contre la guerre en août 2006, selon certaines sources 15 fois plus l'ont fait contre la débâcle en 2007. La majorité de ces manifestants en 2007 étaient visiblement des excités hurlant avec les loups pour encore plus de sang.

Il faut cependant préciser qu'Uri Avnery, journaliste et figure historique du mouvement anticolonialiste israélien, nous a informé que parmi ces 150 000 manifestants – si ce chiffre est fiable – il y avait certes des gens de droite mais aussi ceux de gauche, des religieux et des laïques, des séfarades et des ashkénazes, des colons et des pacifistes, des jeunes et des vieux. Autrement dit, des citoyens représentant toutes les sensibilités de la société israélienne souhaitent la démission d'Olmert et de Peretz... pour des raisons différentes.

*

* *

Cercle des familles endeuillées : prix international

Le prix Solidar de Silver Rose est une distinction attribuée annuellement à un individu ou à une organisation qui fait une contribution exceptionnelle en faveur de la justice sociale. Ce prix est attribué par Solidar, une alliance d'ONG historiquement liées au mouvement des syndicats libres et démocratiques. En 2007, le prix a été décerné à une association israélo-palestinienne : le Cercle des familles endeuillées. Également connue sous le nom Cercles de Parents – Forum des Familles (PCFF – Parents Circle / Families Forum), cette association singulière regroupe des familles israéliennes et palestiniennes qui ont perdu un des leurs dans le conflit entre ces deux peuples. Au lieu de réagir à ces drames par la haine, le rejet de l'Autre et des appels à la vengeance, ces familles expriment au contraire des condoléances sincères à leurs homologues d'infortune de l'autre côté de la frontière, appelant à une réconciliation entre les deux peuples et à une solution politique pour mettre fin à ce conflit qui a fait couler trop de sang de part et d'autre.

Le choix de cette association a été proposé par Luisa Morgantini, Vice-présidente du Parlement européen et députée italienne au parlement de Strasbourg pour le Parti de la Refondation communiste. Mme Morgantini siège dans le groupe Gauche Unie Européenne / Northern Green Left. Dans un communiqué émis à Bruxelles le 16 octobre 2007, Luisa Morgantini se dit ravie « que le jury du Prix Silver Rose ait accepté ma proposition de dédier cette année » le prix « dans sa catégorie internationale – Paix et Réconciliation – aux familles du Forum de cercles de parents. » Elle précise que cette organisation « se compose de plus de 500 familles en deuil en Israël et en Palestine qui encouragent le dialogue et la réconciliation véritable ». Effectivement, dans ce conflit comme dans tant d'autres, où les dirigeants politiques poussent à la haine et aux sentiments nationalistes, ce genre de réaction de la part des victimes est assez rare et assez salutaire pour être récompensé sur la scène internationale. Un communiqué, lu dans l'enceinte du Parlement européen précise que « Le Forum s'efforce de changer la perception de “l’Ennemi” (…). Il organise des rencontres de dialogue dans les écoles secondaires israéliennes et palestiniennes, impliquant 40 000 étudiants dans plus de 1 000 classes chaque année (…) ».

*

*   *

Boycott de l’intérieur

C’est le titre d’une campagne en Israël qui porte mal son nom. Car il ne s’agit pas d’un boycott actif mené sur le sol israélien, mais des personnalités et associations israéliennes qui soutiennent des initiatives de boycott à l’étranger, dans le but de faire pression sur le gouvernement d’Israël. Même si l’idée ne fait pas l’unanimité, cette question devient de plus en plus incontournable comme moyen de pression sur les autorités israéliennes, visiblement peu sensibles aux arguments portant sur les droits humains. C’est l’avis de Mme Naor, par exemple, l’une des responsables du mouvement Nouveau Profil, une association féministe qui travaille contre la militarisation de la société israélienne. Ses réactions ont suivi la décision du syndicat britannique des travailleurs des transports, qui a voté le boycott des produits israéliens en 2007. « *Tandis que les gouvernements américains, britanniques et européens continuent à soutenir Israël, il y a quelque espoir de voir que des syndicats, des églises et d'autres organismes décident d'exprimer leur mécontentement et leur opposition au comportement d'Israël. Le processus est lent mais croissant. Et peut-être, comme pour l'Afrique du Sud, lorsque le jeu de boules de neige aura exercé suffisamment de pression sur les gouvernements, alors eux aussi imposeront des sanctions* ». Les Israéliens engagés contre l'occupation sont de plus en plus nombreux à soutenir ce genre d'initiative. Ils appellent à leur renforcement, convaincus que leur gouvernement ne sera stoppé dans sa stratégie destructrice que par les sanctions qui seront prises à son encontre.

*

* *

B'Tselem : vidéos contre atrocités

L'image a fait le tour du monde le 21 juillet 2008 sur la toile, sur le petit écran et dans les journaux. Que voit-on ? Un civil palestinien arrêté lors d'une manifestation contre le Mur, les yeux bandés, les mains liées derrière le dos. À côté de lui, un lieutenant colonel de l'armée israélienne qui a mené les opérations répressives contre cette manifestation pacifique. À peine à deux mètres devant le prisonnier, un soldat du rang, sous les ordres de l'officier, tire à bout portant une balle enrobée de caoutchouc dans la jambe du prisonnier. Quand la victime s'écroule de douleur, ni le soldat, ni l'officier ne bougent. Or, on apprend que ce soldat a été arrêté et qu'Ehud Barak en personne, le ministre de la Défense, l'a sermonné. Le lampiste attend actuellement son jugement derrière les barreaux d'une prison militaire tandis que l'officier, lui, sévit encore sans avoir été inquiété. Cette arrestation – exceptionnelle – d'un militaire israélien n'est pas due à la présence de journalistes ce jour-là mais à une action « subversive » de B'Tselem (le Centre israélien d'information sur les droits humains dans les Territoires occupés). Ce dernier a entrepris d'armer les militants palestiniens, non de fusils, mais de... caméras vidéos. Désormais des scènes comme celle-ci ont beaucoup plus de chance d'être filmées et révélées au monde entier. Car elles sont malheureusement une banalité quotidienne dans les Territoires occupés. Leur divulgation auprès de l'opinion publique israélienne et internationale était rare mais grâce aux caméras de B'Tselem elles pourront maintenant faire le tour du monde. Dès lors, les autorités israéliennes vont-elles tempérer leur ardeur répressive ? Et l'opinion publique israélienne va-t-elle enfin se réveiller ? On est en droit de l'espérer.

*

*   *

Sdérot-Gaza : une volonté de dialogue

En dépit des bombardements, des destructions, du nombre des blessés et des morts, certains habitants palestiniens de Gaza et certains habitants israéliens de la ville voisine de Sdérot tiennent à maintenir un dialogue citoyen. Interdits de se rendre les uns chez les autres par l'occupation israélienne, ils échangent néanmoins sur un blog. Un journaliste de *Ha'aretz* nous raconte dans un article daté du 19 février 2008 : « Une sirène pouvait hurler à n'importe quel moment, mais ils persistaient à essayer d'imaginer comment ramener un peu de bon sens dans la région. Ils ont pensé à des colonies de vacances d'été pour les enfants de Gaza et de Sdérot. » Et il cite l'un des protagonistes israéliens : « "Nous avons renoncé à persuader les autorités de les laisser sortir de Gaza" dit Danny Gal, l'un des organisateurs de ce dialogue. "Ces gens ne constituent pas une menace pour la sécurité, au contraire, ils sont positifs et peuvent aider à rétablir une accalmie, mais le bouclage de Gaza est total. Donc, nous avons décidé de nous rencontrer sur le Net, pour que le monde entende une autre voix de Gaza et de Sdérot." » Lancé en janvier 2008, ce blog commun, en anglais, repose sur deux personnes anonymes : « Peace Man » de Gaza et « Hope Man » de Sdérot. Danny Gal parle en leur nom : « Révéler leur identité, ce serait vraiment mettre la vie du gars de Gaza en danger. À cause de ce blog, il serait soupçonné de collaboration. Quant à celui de Sdérot, c'est lui qui l'a décidé. Il pense qu'en s'exposant aux médias, comme cela, si tôt, il deviendrait un stéréotype dans sa ville. Il veut d'abord voir si une dynamique peut s'enclencher. » Et le dialogue continue, renforçant les liens, fragiles mais réels, entre des gens ordinaires des deux côtés de la frontière.

Les participants de cette initiative à Sdérot ont créé une association, « Kol-Acher » (Une autre voix). Ils ont lancé une pétition signée par 500 habitants de leur ville à peine quelques semaines avant que l'armée israélienne ne déclenchement l'opération « Plomb durci ». Dans ce texte, ces Israéliens demandent à leur gouvernement de « ne pas écouter les voix de la provocation et de faire tout ce qu'ils peuvent pour éviter une autre vague d'escalade, d'assurer la poursuite du calme et de travailler à des négociations directes ou indirectes avec la direction palestinienne de Gaza pour des accords à long terme. » Ils n'ont pas été entendus.

Tandis que ses administrés s'engagent dans ce genre d'initiative citoyenne, Elie Moyal, le maire de Sdérot, s'est déclaré prêt à négocier directement avec le Hamas. Réponse de Tel-Aviv : Non ! Interdit de dialoguer, interdit de négocier. Pourtant, le maire de Sdérot n'est pas un élu du Parti communiste, ni même du Parti travailliste, mais bien du… Likoud, la droite nationaliste israélienne. Il n'empêche : « Pour moi », dit-il, « en tant qu'individu, la chose la plus importante est la vie, et je suis prêt à faire tout ce qu'il faudra pour cela. » De toute évidence, ce qui intéressait le gouvernement Olmert-Barak, ce n'était pas de sauver les vies, mais bien de punir les Gazaouis pour avoir mal voté et d'essayer de les détourner du Hamas, même au prix d'une effusion de sang.

*

* *

Élections municipales en Israël

Ce petit reportage fut rédigé peu après les élections municipales par Nadège Edwards, à l'époque membre du Bureau national de l'UJFP :

Les Israéliens ont voté fin 2008 pour renouveler les conseils municipaux de leurs villes. La surprise est venue de Tel-Aviv où Dov Hanin, candidat du Parti communiste (le Hadash) et refuznik antisioniste dont la liste comportait de nombreux Palestiniens de Jaffa[42], a eu 35% des voix. Pour les prochaines législatives, Netanyahou, qui fait campagne pour l'annexion de la Cisjordanie, est donné en tête même si l'élection d'Obama avantage sa rivale Tzipi Livni. Le Parti travailliste d'Ehud Barak est en perdition et la « gauche sioniste » (comme si on pouvait être de gauche et sioniste) se restructure hors du parti.

---

[42] Jaffa : ville située dans la grande banlieue sud de Tel-Aviv, habitée majoritairement par des Palestiniens de l'intérieur (citoyens d'Israël).

Fondamentalement, il n'y a rien à attendre. Le gouvernement israélien vient d'annoncer qu'il boycotterait la conférence de l'ONU sur le racisme (improprement appelée Durban II). Le racisme d'Israël avait été dénoncé lors de la première conférence de Durban. Un « musée de la tolérance » est en construction à Jérusalem sur des terres confisquées aux Palestiniens. Et un étudiant palestinien de Jérusalem (Ali Bahar) qui avait refusé de serrer la main de Shimon Pérès (pour protester contre ses crimes, notamment à Cana)[43] a été momentanément arrêté et menacé d'expulsion.

*

* *

Quelques jours après le début du déluge de feu

Fin décembre 2008, fort de ses relations renforcées avec l'Union européenne, Israël déclenche l'opération « Plomb durci » contre Gaza, se soldant un mois plus tard par quelque 1 400 morts palestiniens, la plupart des civils. Les réactions n'ont pas tardé à venir. Voici un reportage rédigé par l'auteur de ces lignes le 31 décembre 2008 et paru sur le site web de l'UJFP[44] :

---

[43] Cana : camp de réfugiés de l'ONU située au Sud-Liban, bombardé par l'aviation israélienne en 2006, causant de nombreux morts et blessés.

[44] UJFP : Union juive française pour la paix, www.ujfp.org

En Israël, la droite rivalise de déclarations martiales, entre le Premier ministre Ehud Olmert, son ministre des Affaires étrangères Tzipi Livni (Kadima) et le grand rival de cette dernière pour les législatives anticipées de février, Benyamin Netanyahou (Likoud)[45]. Par ailleurs Tzipi Livni est attendue à Paris pour une visite officielle le 1er janvier. Et les va-t'en-guerre n'ont rien à craindre du côté de la « gauche » (sioniste et social-démocrate). Car le ministre de la Défense, qui mène les opérations militaires contre Gaza, n'est nul autre qu'Ehud Barak, ancien Premier ministre et actuel chef du parti… Travailliste ! Quant au Meretz (parti qui, à la Knesset, se présente comme la « gauche laïque »), il soutient l'offensive de l'armée israélienne à Gaza. Tout comme l'association Shalom Archav, proche du Parti travailliste, dont l'appellation en français se traduit par « La Paix Maintenant ». Avec de tels soutiens pour « la paix », la guerre a de beaux jours devant elle.

Il n'empêche, tous les Israéliens ne sont pas complètement aveuglés. Même si les partis institutionnels (à l'exception du Parti communiste et des formations arabes à la Knesset) se sont tous ralliés à « l'union sacrée » comme le veut la tradition en temps de guerre, la société civile continue à faire de la

---

[45] Likoud : parti historique de la droite nationaliste, à la tête duquel Yitzak Shamir, Menachem Begin, Ariel Sharon et Benyamin Netanyahou ont tous occupé le poste de Premier ministre.

résistance. À commencer par les objecteurs de conscience, dont plusieurs militants purgent actuellement des peines derrière les barreaux pour insoumission et refus de faire son service militaire (obligatoire) dans les Territoires occupés, voire pour refus tout court d'être incorporés dans une armée d'occupation. D'autres groupes de citoyens se sont unis dans la Coalition israélienne contre la guerre : des syndicats étudiants, les Médecins pour les droits humains, les Rabbins pour les droits humains, Gush Shalom (le Bloc de la paix), les Anarchistes contre le Mur, le Centre d'information alternative de Jérusalem, la Coalition des femmes pour la paix et bien d'autres encore. Un certain nombre de journalistes et d'intellectuels dissidents ont également fait entendre leur voix. De cette mouvance critique, allant des pacifistes de conviction aux militants anticolonialistes, la presse israélienne ne parle guère. Pas plus que la presse internationale. Et pourtant, cette dissidence israélienne, fondée sur une exigence de justice à l'égard du peuple palestinien et relayée dans l'opinion internationale, représente un véritable espoir de paix. C'est à la résistance légitime du peuple palestinien et à l'activité courageuse des Israéliens antimilitaristes que nous exprimons notre soutien, dans la perspective de créer les conditions d'une véritable solution politique sur cette terre où ne cesse de se répandre le sang de victimes innocentes.

*

* *

Europe-Israël : rehaussement des relations

C'était en 2008 que l'Union européenne (UE) a cru bon de rehausser ses relations avec Israël, lui accordant des facilités et des privilèges inédits pour un pays non membre de l'UE. Ces avantages politiques, diplomatiques et économiques ont été accordés à l'État hébreu malgré de nombreuses mises en garde, avant et après le vote des 27 pays membres de l'UE, et pas seulement du côté palestinien. Examinons par exemple l'extrait d'un texte envoyé aux dirigeants européens le 2/12/08 par l'écrivain et journaliste israélien Michel Warschawski :

« *En tant que citoyen israélien, j'attends de l'Union européenne qu'elle nous aide à mettre la pression sur notre gouvernement pour qu'il cesse ses crimes contre la population palestinienne de Gaza. En récompensant Israël avec un renforcement de ses relations avec la communauté européenne, le message de l'Union européenne est une honte qui devrait être condamnée et combattue par tous les Européens attachés à la dignité humaine.* »

*

* *

Israéliens contre le KKL[46]

Ci-dessous des extraits d'une présentation rédigée par Hithabrut-Tarabut, une association antiraciste israélienne qui se définit comme un « mouvement juif-arabe pour un changement politique et social ».

Des dizaines de familles d'al-Araqib[47] ont perdu leurs maisons et risquent de perdre leurs terres. L'existence de ce village bédouin « non reconnu » par l'État, situé dans le Néguev, précède la création de l'État d'Israël. Mais celui-ci considère ses habitants comme des « intrus » qui occupent illégalement des terres de la Nation. La semaine du 17 janvier 2011, al-Araqib a été détruit pour la 10e fois depuis juillet 2010. Cette fois-ci, l'opération a été accompagnée par l'évacuation de ses décombres et par le nivellement du terrain. Des dizaines

---

[46] KKL : Keren Kayemeth LeIsrael. Son sigle hébraïque signifie littéralement « Fonds pour la création d'Israël ». Cet organisme, fondé en 1901, a racheté des terres en Palestine « au nom du peuple juif » dans le cadre du projet sioniste. Également connu en français sous le nom « Fonds national juif » et en anglais sous le nom « Jewish National Fund », il se présente aujourd'hui comme une ONG environnementale. En fait, il s'agit d'un organisme paragouvernemental israélien qui acquiert des terres surtout dans les Territoires occupés afin d'y installer des colons. Il exproprie également des populations arabes en Israël (Bédouins, Palestiniens de l'intérieur) afin de « judaïser » certaines zones, notamment dans le Néguev et en Galilée.

[47] Al-Araqib : village bédouin dans le sud d'Israël, rasé par Tsahal en 2012 après la rédaction du texte de Hithabrut-Tarabut. Une exposition de photos sur al-Araqib a circulé dans plusieurs villes en Europe à partir de 2011, ainsi que dans la ville israélienne de Beer-Shiva, pour soutenir la lutte des Bédouins.

de personnes ont été battues par les forces de l'ordre pendant cette opération. (...) Cinq personnes ont été arrêtées pendant l'évacuation, dont deux membres du « Forum de coexistence juive-arabe dans le Néguev ». Quelle est la finalité de cette destruction ? La préparation du sol en vue de plantations d'arbres pour la fête juive de Tou Bishvat[48], lors de laquelle on plante traditionnellement des arbres !

Cette opération, qui a été menée par la police et par le Minhal Mekarkei Israel[49], suit les directives du KKL. Ce dernier organisme a d'importantes responsabilités dans les domaines de la gestion des terres et des plantations de forêts, c'est-à-dire environ 93% du territoire israélien, sachant qu'il s'agit d'une institution internationale qui ne dépend pas de la Nation et ne représente pas les citoyens. Le KKL suit un règlement raciste qui discrimine les citoyens palestiniens de l'État et ne leur permet pas d'acheter des terres. L'État d'Israël, via le KKL, conduit depuis de nombreuses années une politique d'expulsion des habitants des villages bédouins qu'il refuse de reconnaître et les prive ainsi de leurs terres.

---

[48] Tou Bishvat : le « Nouvel an des arbres » dans le calendrier hébraïque.

[49] Minhal Mekarkei Israel : administration des domaines d'Israël, institution opérant sous responsabilité gouvernementale.

Ces Israéliens qui résistent : des personnes d'exception

Reuven Abarjet : la révolte séfarade des Panthères Noires

« Les Panthères Noires » furent un mouvement radical qui combattait pour les droits des Noirs aux États-Unis à partir de la fin des années 1960. Ce nom fut également utilisé par un mouvement de protestation israélien datant de la même époque qui, lui, militait pour les droits des Séfarades ou Juifs orientaux. Cette communauté, regroupant des Juifs originaires du Monde Arabe, est l'objet de toutes les discriminations dans la société israélienne. Aujourd'hui encore, elle est largement exclue des élites et sur-représentée dans les couches les plus défavorisées de la classe ouvrière. Reuven Abarjet, Juif d'origine marocaine et fondateur des Panthères Noires israéliennes, est l'une des personnalités de la gauche qui soutiennent le boycott universitaire d'Israël dans le cadre de la campagne BDS afin d'exercer des pressions contre le gouvernement et contre sa politique d'occupation des Territoires palestiniens. L'appel au boycott des facultés israéliennes a été initié par des universitaires britanniques. Dans un article expliquant sa prise de position, Reuven Abarjet revient sur les origines des Panthères Noires et les liens entre sa lutte et celle du peuple palestinien. Reuven écrit :

« *Notre lutte contre le régime fut difficile et sans compromis. La violence s'est répandue dans la rue et, pour casser la résistance séfarade, la police a agi de toutes ses forces sur ordre du Premier ministre d'alors, Golda Meïr. Dès le début de notre lutte, les Panthères Noires ont entamé le dialogue avec les dirigeants palestiniens aussi bien sur place qu'en Europe. Des délégations de Panthères Noires se sont rendues en Italie, en France, en Belgique, aux Pays-Bas. Parallèlement, nous avons rencontré, dans les camps de réfugiés, des familles endeuillées qui avaient perdu leurs enfants dans la lutte contre l'occupation. Juste avant la mort du Président Yasser Arafat, j'ai fait partie d'une délégation de militants qui l'a rencontré dans la Mouquata'a assiégée.* » Il précise : « *Le système politique israélien, maintenu par des motivations capitalistes externes, entraîne l'effondrement des Palestiniens et des Séfarades sous le poids de l'oppression et de l'occupation.* » Au sujet du boycott, qui s'inscrit dans le cadre d'une campagne plus large pour des sanctions internationales contre l'occupation israélienne, Abarjet explique : « *Il est du devoir de tout pacifiste dans ce monde, qu'il soit universitaire ou non, de se joindre à la lutte contre des gouvernements racistes qui pratiquent la discrimination à l'égard des minorités...* ».

*

* *

Nurit Peled-Elhanan : la paix est un combat antiraciste

Nurit Peled-Elhanan, une mère de famille israélienne, a écrit un article en 2006 sur le racisme en Israël. Il mérite d'être cité pour sa clairvoyance et pour l'exemplarité du combat antiraciste dans lequel il s'inscrit. Nurit Peled-Elhanan est la fille du regretté général Matti Peled, un officier qui avait compris qu'il n'y a pas de solution militaire au conflit avec les Palestiniens. Le père de Nurit est devenu un des artisans historiques du mouvement pacifiste israélien. En 1994, Nurit Peled-Elhanan a perdu sa fille, tuée dans un attentat suicide palestinien à Jérusalem. Elle commence son article ainsi :

« *Je voudrais dédier ces mots à la mémoire des enfants palestiniens assassinés jour après jour, de sang froid, non pas à la suite d'une erreur humaine ni à cause d'un raté de la technologie – comme on nous l'explique dans les médias – mais conformément aux procédures. Ces enfants dont jamais personne n'est jugé coupable de l'assassinat méthodique, routinier. Je voudrais dédier ces mots aux mères de ces enfants assassinés, elles qui continuent à mettre au monde des enfants et à fonder des familles, elles qui se dépêchent de préparer des sandwiches en voyant les bulldozers approcher pour détruire leurs maisons, elles qui accompagnent chaque jour leurs enfants jusqu'à l'école sur des kilomètres de destruction et de saletés, devant les fusils brandis par des soldats apathiques, elles qui savent que ces soldats, assassins de leurs enfants, ne seront jamais amenés à comparaître devant un tribunal et que même s'ils devaient l'être, ils ne seraient jamais jugés coupables, parce que le meurtre d'enfants palestiniens n'est pas un crime dans l'Etat d'Israël (...). Enfin je voudrais dédier ces mots à la mémoire de l'écrivain et poète, le professeur Izzat Ghazzawi, avec qui j'ai eu l'honneur de partager le Prix Sakharov pour les Droits de l'Homme et la liberté de pensée. Quelques mois avant de mourir d'humiliation, il m'écrivait à propos des soldats qui faisaient irruption chez lui la nuit, brisant meubles et fenêtres, souillant tout, terrorisant les enfants, "il me semble qu'ils cherchent à faire taire ma voix". Izzat Ghazzawi m'a demandé de m'adresser au Ministère des Affaires étrangères pour demander qu'ils corrigent l'erreur. Mais son cœur savait la vérité et a cessé de battre peu de temps après. »*

La suite du texte jette un regard lucide sur les enfants israéliens, la façon dont ils sont éduqués par le système scolaire, par leurs familles, par les médias. L'article de Mme Peled-Elhanan est un plaidoyer pour un changement radical dans le système éducatif du pays :

« *Je ne suis pas une femme politique mais il est clair pour moi que les politiciens d'aujourd'hui sont les étudiants d'hier et que les politiciens de demain, ce sont les étudiants d'aujourd'hui. C'est pourquoi il me semble que celui qui fait de la paix et de l'égalité sa devise doit s'intéresser à l'éducation, l'explorer, la critiquer, protester contre la propagation du racisme dans le discours pédagogique et dans le discours social, proposer des lois ou réactiver des lois contre un enseignement raciste et instaurer des cadres alternatifs où s'offrent un environnement où l'on peut enseigner une connaissance de l'autre réelle, profonde, barrant toute possibilité de s'entretuer.* »

*

* *

Ilan Halevi : un Juif qui a représenté l'OLP

Ilan Halevi était un drôle de Français, un drôle d'Israélien et un drôle de Palestinien. Il est né à Lyon en 1943, dans un bureau de poste servant de cache pour la Résistance. C'était en pleine période de rafles antisémites dirigées par Klaus Barbie, chef de la Gestapo dans cette ville pendant l'occupation nazie. Ilan Halevi est mort en région parisienne en 2013 à l'âge de 70 ans. Sa famille a survécu la terreur fasciste pendant la Seconde Guerre Mondiale et le jeune Ilan a fait son alyia en Israël, où sa famille croyait être à l'abri de l'antisémitisme. C'était sans compter sur le sens de justice d'Ilan. Peu de gens étaient aussi Israéliens que lui, qui a vite assimilé la langue et la culture de ce pays. Et pourtant, il a très tôt commencé à militer contre les injustices faites aux Palestiniens. Au début des années 1970 il a adhéré à Maavak (« Lutte »), un groupe radical anti-sioniste. Il a également été membre de Matzpen, formation historique de l'extrême gauche israélienne. Au déclenchement de la guerre de Kippour, en 1973, il a fait partie d'autres organisations binationales (israélo-palestiniennes) afin de militer contre l'occupation. Ilan a également vécu à Berlin et il faisait souvent la navette entre Israël, les Territoires palestiniens, l'Allemagne et la France. Un beau matin, Ilan a renoncé à son identité israélienne. Il a décidé de devenir Palestinien et il l'est devenu par excellence, jusqu'à être nommé représentant de l'OLP auprès de l'Internationale socialiste. En plus de siéger au Comité exécutif du Fatah, il a également servi comme représentant de l'OLP en Europe et a agi comme Vice-ministre des Affaires étrangères de l'Autorité Palestinienne. Pour un Juif lyonnais né sous l'occupation nazie, ce n'était pas banal. Dans sa France natale, il a occupé des responsabilités avec statut diplomatique à la Délégation générale de la Palestine à Paris. Polyglotte, journaliste, écrivain, poète, musicien, Ilan était un touche à tout, un bon vivant, un père de famille, un brillant intellectuel et un militant hors pair. L'auteur de ses lignes a partagé plusieurs tribunes avec lui dans le cadre des activités de solidarité pour une paix juste au Proche-Orient. Son décès précoce a réuni dans un cimetière parisien de nombreux amis et admirateurs venus pour l'occasion des quatre coins de la France, d'autres pays européens, d'Israël et de Palestine. On se souvient de lui comme de quelqu'un pour qui l'éthique a franchi les limites de sa communauté d'origine, de sa tribu.

*

* *

Lin Chalozin-Dovrat et le défi altermondialiste

Parmi les femmes de qualité dans le mouvement anticolonialiste israélien il y a Lin Chalozin-Dovrat. Militante de la Campagne israélienne contre le Mur (et responsable du Comité de soutien de Tali Fahima[50]), Mme Chalozin-Dovrat a écrit un article intitulé « Le défi altermondialiste » publié dans la

---

[50] Tali Fahima : prisionnière politique israélienne, incarcérée de 2004 à 2007.

revue *Pour la Palestine*, éditée par l'AFPS (Association France-Palestine Solidarité). Ce texte est en partie inspiré de l'expérience de Lin Chalozin-Dovrat au Forum social mondial à Porto Alegre (Brésil) en 2002, où elle faisait partie de la délégation des ONG israéliennes. Elle jette d'abord un regard lucide sur la situation sociale dans les Territoires palestiniens : « *Il ne faut surtout pas, au nom d'un scrupule statistique, compter les morts et négliger le problème de la dignité des vivants, difficilement quantifiable, ou bien, réduire la Palestine à un projet humanitaire. Car il s'agit d'une affaire bien plus délicate et dont les enjeux transcendent ce que la miséricorde peut nous proposer.* » Pour ensuite enchaîner sur le défi posé aux militants internationalistes : « *Si le monde est devenu l'objet d'une entreprise néolibérale à l'échelle globale, la résistance doit être altermondialiste ; si la Palestine est le laboratoire de l'oppression possible dans le cadre de cette logique de force particulière, à nous de rechercher comment faire de l'altermondialisme un projet réussi. (...) Et c'est ici que le défi altermondialiste s'impose. En apparence, ça fait 38 ans que les Palestiniens et leurs sympathisants combattent contre l'occupation, et appellent à l'instauration d'un État palestinien dans les Territoires occupés. En apparence, presque rien n'a bougé, le combat est long et il faut continuer sur le même chemin. Or, en réalité beaucoup a changé. L'occupation a changé, la Palestine a changé, Israël a changé, et surtout, le monde a changé. Nous avons beau nous complaire dans une esthétique de combat pour la souveraineté nationale, typique du XXe siècle – on n'en est simplement plus là. Nous devons bien évidemment continuer à soulever le drapeau du droit des peuples à disposer d'eux-mêmes, ne serait-ce que parce qu'il s'agit d'un des droits les plus fondamentaux et que la justice le réclame. Mais cela ne suffit pas. Si on n'a rien compris des accords d'Oslo, il n'est plus possible de fermer les yeux devant la politique de Sharon. Les deux, au même titre, nous racontent l'histoire du monde tel qu'il est, d'un régime global où le discours de l'État-Nation est simplement propagé afin d'occulter un commerce destiné à rendre les forts encore plus forts. Si, dans notre action et dans notre discours, nous continuons à respecter les prémisses déterminées par le capitalisme militarisé, nous allons perdre la bataille, non seulement de la Palestine mais du monde entier.* »

*

* *

Maxim Ghilan : il a vécu surtout en exil

Les sionistes disent que les Juifs doivent « retourner » en Israël et mettre fin à leur « exil ». Les religieux disent que les juifs sont toujours en exil, jusqu'à l'arrivée du Messie. L'exil, ainsi était la vie de Maxim Ghilan, ancien ouvrier devenu journaliste, traducteur, écrivain, poète et analyste politique. Militant pacifiste de premier plan, l'ancien rédacteur en chef de *Israel and Palestine Political Report* (en anglais) et de *Mitan* (en hébreu), qui a fondé en 1982 l'UJIP (Union juive internationale pour la paix), Maxim Ghilan est mort à Tel-Aviv le 2 avril 2005. Né à Lille (France) en 1931, Maxim repose désormais en Israël, cette terre qu'il aimait tant mais qui ne lui a jamais rendu l'affection qu'il lui portait. Juif errant par excellence, Maxim a vécu en France, en Espagne, en Palestine (avant 1948), en Israël par la suite, puis en Angleterre. Autodidacte, il parlait le français, l'espagnol, l'italien, l'hébreu, le yiddish, l'allemand et l'anglais. Il avait cinq ans lorsque sa famille émigra à Barcelone en pleine guerre civile espagnole et où son père, militant antifasciste, allait être assassiné par les hommes de Franco. A l'âge de 13 ans, Maxim Ghilan immigre en Palestine avec sa sœur, sa mère et sa grand-mère.

En 1947, à 16 ans à peine, il s'engage dans la Haganah, la principale milice juive qui résiste contre l'occupation anglaise de la Palestine alors sous mandat britannique. Il combat dans la guerre de 1948, voit la proclamation de l'État d'Israël, et continue à évoluer dans la mouvance sioniste où il aide à la création de réseaux nationalistes clandestins. Arrêté en 1953, il passe 14 mois dans une prison du jeune État juif où il est témoin de tortures infligées à des prisonniers arabes (à l'époque, déjà !). Cette expérience l'amène à évoluer et réoriente son engagement politique. Artisan précoce d'une réconciliation judéo-arabe, il fonde en 1958 *Koakh Yozem* (Force initiatrice), unique organisation politique du pays, avec le Parti communiste, à réclamer une égalité complète entre tous les citoyens israéliens. Ghilan est de nouveau incarcéré en 1966 pour avoir publié un article sur l'implication du Mossad dans l'assassinat de l'opposant marocain Mehdi Ben-Barka. Il regagne ensuite l'Europe où il crée, en 1971, le périodique *Israel and Palestine Political Report* avec l'aide du docteur Nahoum Goldmann. A cette époque l'État d'Israël, dirigé par les travaillistes, n'entretient aucune relation avec l'OLP. Et c'est en exil que le citoyen israélien Maxim Ghilan noue des contacts, d'abord secrètement, ensuite au grand jour, avec des dirigeants palestiniens tels Yasser Arafat, Abu Iyad, Abu Mazen et Issam Sartaoui. Ce dernier fut d'ailleurs assassiné par la suite et Maxim échappe lui-même à plusieurs tentatives d'assassinat.

En 1983, il co-fonde le Comité international de coordination des ONG sur la Palestine. En 1987, à Alger, il est le seul non-Palestinien présent à la réunion historique du Conseil national palestinien (CNP) puis, l'année suivante, à la réunion du CNP qui lance le processus de paix en reconnaissant implicitement l'État d'Israël. Avec la signature des Accords d'Oslo en 1993, après 24 ans d'absence,

Maxim est autorisé à revenir en Israël grâce à l'intervention de Shulamit Aloni, ministre (Meretz) du gouvernement de Yitzhak Rabin. Bien qu'il soit en relation avec des dirigeants politiques israéliens, palestiniens et européens de premier plan, Maxim n'a jamais cherché ni célébrité, ni fortune. Il a essentiellement œuvré dans l'ombre et a vécu dans la pauvreté, et c'est ainsi qu'il a quitté ce bas monde. Un homme d'exception dont la vie était intimement liée à l'histoire tumultueuse de la Palestine et d'Israël.

*

* *

Ilan Pappé : l'université et le boycott

Avec les nouveaux historiens israéliens qui ont commencé à écrire l'histoire réelle du pays (opposée à l'histoire officielle) à partir des années 1980, Pappé est l'auteur de plusieurs ouvrages, dont *La purification ethnique de la Palestine*, publié en 2006. Un des rares intellectuels de haut niveau qui ayant apporté son soutien à la campagne BDS (Boycott, Désinvestissement, Sanctions), il a subi des pressions pour démissionner de sa chaire de maître de conférences en sciences politiques à l'Université de Haïfa et s'est exilé en Grande-Bretagne en 2007. Actuellement professeur à la faculté de Sciences sociales et d'Études internationales à l'Université d'Exeter en Angleterre, il continue à écrire et à donner des conférences sur le conflit israélo-palestinien. Dans un appel publié en Israël le 20 avril 2005, il explique sa position :

« *Je fais appel à vous en tant que Juif israélien qui souhaite depuis des années, et par divers moyens, mettre un terme à ce mal commis contre les Palestiniens dans les Territoires occupés, à l'intérieur d'Israël comme dans les camps de réfugiés. J'ai consacré toute ma vie d'adulte, avec d'autres, à créer un substantiel mouvement pour la paix à l'intérieur d'Israël, dans lequel nous souhaitions que les universitaires jouent un rôle prédominant. Mais après 38 années d'une sévère et brutale oppression du peuple de Cisjordanie et de Gaza, et après 57 années de colonisation et dépossession des Palestiniens dans leur ensemble, je pense à présent que ce projet est irréaliste et que d'autres voies sont à étudier de façon à faire cesser ce conflit (...). La violence et la lutte armée ont aussi échoué, et elles ne peuvent être facilement pardonnées par des gens comme moi qui sont viscéralement pacifistes. (...) Le boycott et les pressions externes n'ont jamais été réellement expérimentés dans le cas d'Israël (...). La position élevée qu'occupent les universités israéliennes dans la communauté savante internationale est le reflet de ce soutien de l'Occident à "la seule démocratie" du Moyen-Orient. Protégés par ce soutien tout particulier aux universités et autres organismes culturels, l'armée israélienne et les services de sécurité peuvent poursuivre leur besogne en démolissant des maisons, en expulsant des familles, en maltraitant les citoyens et en tuant presque tous les jours des enfants et des femmes sans avoir à rendre compte de leurs crimes (...). Appeler au boycott contre son propre pays et ses universités n'est pas chose facile pour un membre de ces universités. Mais j'ai appris combien les communautés universitaires au niveau mondial peuvent se mobiliser au bon moment alors que j'étais menacé d'expulsion de l'Université d'Haïfa, en mai 2002. (...) Le fait que l'université ait des liens étroits avec les services de sécurité – en fournissant des diplômes universitaires supérieurs – n'est pas un crime en soi, mais comme il s'agit dans notre cas des agences qui participent quotidiennement à l'occupation des zones palestiniennes, leur présence dans le campus signifie que l'université est impliquée dans la perpétuation de ce mal. Comme je l'ai appris par mon propre cas, les pressions extérieures ont de l'effet sur un pays dont les gens veulent être vus comme partie intégrante du monde civilisé (...). Il est temps pour les sociétés civiles, à travers des organisations comme les vôtres, d'envoyer des messages aux universités israéliennes, aux hommes d'affaires, aux artistes, aux industriels de la haute technologie et de tout autre secteur de cette société, disant que c'est le prix à payer pour cette politique. »*

*

* *

Gideon Lévy : un nouveau consensus

Chroniqueur et infatigable opposant à l'occupation, Gideon Lévy fait partie du paysage journalistique israélien. Avant même les élections législatives qui ont porté Ehud Olmert (Kadima) au pouvoir, Lévy a écrit dans *Ha'aretz* le 19 mars 2006 : « La majorité absolue des Israéliens ne veut pas d'une paix juste avec les Palestiniens, ne considère pas que ceux-ci ont droit à un État à eux et ne les voit en fait pas comme des égaux. Voilà comment nous sommes et voilà à quoi ressemble notre aspiration à la paix. » Lévy a bien identifié ce qu'il est convenu d'appeler un nouveau consensus en Israël, favorable à l'annexion des « blocs de localités », nom pudique pour décrire les grosses colonies en Cisjordanie. Cet article est révélateur de la conjoncture et identifie assez bien une nouvelle cristallisation à droite de la politique israélienne. En même temps, il fournit des arguments aux opposants israéliens pour élaborer une critique de la classe politique au pouvoir. Le journaliste ironise : *« Pendant que les commentateurs et les sondages d'opinion pointent un supposé glissement à gauche, avec une majorité favorable à la création d'un État palestinien et à l'évacuation des colonies, la vraie carte politique s'est déplacée à droite, et radicalement. Les programmes des trois grands partis, Likoud, Kadima, et Parti travailliste – censés représenter la droite, le centre et la gauche – s'unissent en un parfait accord sur la conservation par Israël des grandes colonies. Même le Plan de Genève*[51]*, tenu pour "radical", maintient Ma'ale Adoumim dans les frontières d'Israël. On se lève un beau jour en découvrant autour de soi un nouveau consensus : on ne voit pas au juste clairement comment s'est cristallisé ce consensus de droite. Auparavant, le consensus portait sur Jérusalem ; maintenant sur la moitié de la Cisjordanie. Et on appelle encore ça un "glissement à gauche".* » Lévy clame sans détour : « *Ce masque trompeur doit être démoli : la société israélienne dit en réalité un grand "non" à tout espoir de paix, à un accord juste et à la création d'un État palestinien… Les blocs de colonisation mettront en échec tout espoir de ce genre : une Cisjordanie dépecée ne sera jamais un État palestinien indépendant. C'est précisément à cette fin que les "blocs de localités" ont été créés.* » S'adressant aux lecteurs israéliens, le journaliste conclut : « *Celui qui prétend avec passion que la vision du Grand Israël céderait au profit du "partage du pays", de même que*

---

[51] Accords de Génève, un plan de paix négocié en secret en 2003 par Sari Nusseibeh et Yossi Beilin, personnalités palestinienne et israélienne. Malheureusement, ni l'un, ni l'autre ne détenait le pouvoir politique. Lesdits accords sont restés virtuels mais avaient le mérite de démontrer qu'un règlement pacifique du conflit est possible, moyennant la volonté politique pour le voir aboutir.

celui qui parle pompeusement de la conscience qu'aurait la société israélienne de la nécessité de mettre fin à l'occupation trompent à la fois cette société et le monde entier. La vérité est infiniment plus amère : le discours public en Israël continue d'entretenir l'aspiration nationale la mieux enracinée ici : avoir le beurre et l'argent du beurre. »

*

* *

Tanya Reinhart : le meilleur geste de solidarité

Tanya Reinhart était professeur de linguistique à l'Université de Tel-Aviv. Experte reconnue dans son domaine, elle a également enseigné au Pays-Bas, en France et aux États-Unis. Et cependant elle soutenait le boycott contre les universités israéliennes, compte tenu de la politique de son pays. Née en Palestine en 1943, elle fut membre du Parti communiste israélien et militante de la première heure contre l'occupation des Territoires palestiniens. Journaliste, elle tenait une chronique dans *Yediot Aharnot*, le quotidien le plus lu d'Israël. Elle a écrit deux livres remarquables, *Détruire la Palestine, ou comment terminer la guerre de 1948* en 2003 et *L'héritage de Sharon, suite* en 2006.[52] Voici quelques extraits du synopsis de son dernier ouvrage :

---

[52] Éditions La Fabrique, Paris, 2003 et 2006 respectivement.

« Au moment où ce livre paraît, en avril 2006, le monde occidental est encore sous le charme de la légende de Sharon, de l'histoire du grand tournant qu'il a imposé à la politique israélienne. Depuis l'évacuation des colonies de Gaza, le discours dominant veut qu'Israël ait parcouru sa part du chemin vers la solution du conflit. Comment est-il possible que Sharon, le dirigeant le plus brutal, le plus raciste, le plus manipulateur qu'Israël ait jamais connu, ait terminé sa carrière politique en héros de la paix ? Ce livre retrace l'histoire de l'occupation israélienne de la Palestine depuis 2003. Il montre qu'à travers toutes les étapes – depuis la "feuille de route" jusqu'au "désengagement" à Gaza – Sharon n'a jamais changé. Ses buts et ceux de ses successeurs sont restés les mêmes : maintenir étanche la prison Gaza, transformer la Cisjordanie en un système d'enclaves fermées, confisquer les terres palestiniennes grâce au trajet du mur de séparation. L'armée, qui représente le véritable pouvoir en Israël, appliquera sans état d'âme le testament de Sharon et pour cela, l'arrivée au pouvoir du Hamas constitue un prétexte idéal. Seule la lutte conjointe des Palestiniens, des Israéliens et des internationaux le long du mur est capable de faire obstacle à ce redoutable héritage. »

Outre ses talents d'analyste politique et de pédagogue, la pensée de Tanya Reinhart est peut-être mieux représentée par une réponse qu'elle a donnée dans une de ses conférences, lorsqu'on lui reprochait la critique « féroce » parfois faite à l'encontre de l'État d'Israël. Elle affirmait qu'une telle critique « est le meilleur geste de solidarité que l'on peut faire, et la meilleure expression de compassion que l'on peut avoir, envers les Juifs ».

*

* *

Dror Etkes : l'instrumentalisation de la Shoah par Israël

À la tête de l'Observatoire des colonies pour La Paix Maintenant pendant cinq ans, Dror Etkes dirige aujourd'hui le projet sur les droits fonciers de Yesh Din, une ONG israélienne dont le nom signifie « Il y a une justice ». Il a écrit un article qui a paru le 22 décembre 2006 dans le quotidien israélien *Ha'aretz*, intitulé « Israël, ou la Shoah comme alibi ». Dans ce texte, il commente la conférence négationniste du président iranien Mamoud Ahmadinejad, tenue à Téhéran début décembre 2006. Hormis une condamnation unanime dans la société israélienne de ce que Etkes a décrit comme une « comédie de l'absurde initiée par le régime iranien », il a posé un problème « plus crucial, à savoir le lien entre l'identité israélienne contemporaine et l'Holocauste ». Etkes a souligné : « Bien que l'Holocauste soit un événement majeur de l'histoire contemporaine de l'Occident et qu'il ait acquis une signification propre à l'échelle de l'humanité, il continue, plus de 60 ans après, à servir d'alibi à Israël dans ses choix politiques déviants. » Ce dirigeant pacifiste conclut : « Il n'y a – il n'y a jamais eu – aucune raison d'utiliser la Shoah pour justifier la politique mise en œuvre depuis 40 années maintenant dans les Territoires palestiniens. » Il continue en décrivant l'instrumentalisation cynique du génocide hitlérien par le pouvoir israélien, à droite comme à gauche. Sans oublier que les « dizaines de milliers de survivants qui ont connu le génocide dans leur chair gravé par les nazis (…) vivent ici dans des conditions honteuses et au-dessous du seuil de pauvreté. » Dans son article, Etkes a également parlé du détournement de « l'argent des Réparations (payées par l'Allemagne) au détriment de centaines de milliers de survivants – et de façon criminelle, en négligeant bon nombre d'entre eux ».

*

*   *

Avraham Burg : le sionisme de confrontation vit ses dernières heures

Avraham Burg est un ancien président de la Knesset (travailliste). En 2007, il a écrit un livre intitulé *Vaincre Hitler*, qui a provoqué un vif débat public en Israël.[53] L'auteur a donné une interview sur son ouvrage, paru dans le quotidien israélien *Ha'aretz.* Dans son livre, Burg, qui est également un ancien président de l'Agence juive, remet en question certains fondements de l'État israélien et du projet sioniste. Voici quelques extraits des propos qu'il a tenus lors de cet entretien :

« *Le sionisme a été le vecteur pour passer de l'état de Juif à celui d'Israélien. Il me semble que c'était Ben Gourion* [fondateur de l'État d'Israël] *qui déclarait que le mouvement sioniste était un échafaudage nécessaire pour construire notre foyer national et qu'il fallait le démonter aussitôt après avoir construit notre État.* » Burg, juif pratiquant, continue : « *Pour moi, l'État d'Israël ne peut être qu'un moyen, pas une fin, car il est indifférent aux aspirations spirituelles et mystiques exprimées par la religion juive. En outre, faire de cet État l'instrument de notre rédemption collective, tout en nous acharnant à le définir comme démocratique, ce n'est pas seulement impossible, c'est de la dynamite. (...) Ce qu'Ahad Ha'Am* [fondateur des Amants de Sion et pionnier de la renaissance littéraire hébraïque en Ukraine au 19ème siècle, NDLR] *reprochait à Théodor Herzl, c'était de fonder le sionisme sur le seul antisémitisme des gentils* [non-Juifs]. *Ahad Ha'Am voulait faire d'Israël un centre*

---

[53] Vaincre Hitler, Avraham Burg, traduction en français publié par Fayard, Paris, 2007.

spirituel fondé sur nos ressources spirituelles. Son heure est venue. Le sionisme de confrontation vit ses dernières heures. Notre sionisme de confrontation contre le monde entier est en passe de nous mener au désastre. (...) Regardez ce qui s'est passé avec le Liban [la guerre de juillet 2006]. *Tout le monde a dû convenir que la force n'était pas une solution. Que disons-nous quand il s'agit de Gaza ? Que nous allons leur rentrer dedans, les éliminer. Nous n'apprenons rien. Cette violence n'irrigue pas seulement les rapports entre nos deux nations* [israélienne et palestinienne], *mais entre tous les individus. Il suffit d'entendre un simple échange verbal dans la rue entre des Israéliens ou d'écouter les femmes battues pour prendre la mesure de la violence qui nous empoisonne. Regardons-nous dans un miroir.* »

*

* *

Amira Hass : faire connaître la réalité

Journaliste pour le quotidien israélien *Ha'aretz*, Amira Hass est actuellement correspondante dans les Territoires occupés. Elle a résidé à Gaza de 1993 à 1997 et le Prix mondial de la liberté de la presse de l'UNESCO lui a été décerné en

2003 pour son livre *Boire la mer à Gaza.*[54] C'est au cours de l'été 2007 que le Hamas a consolidé son pouvoir à Gaza. La lecture des articles d'Amira Hass a pu éclairer, à ce sujet, de nombreux observateurs sur la scène internationale. S'agissait-il d'un coup de force, comme disaient certains, ou bien de la prise de fonction d'un parti qui a remporté une majorité des suffrages aux élections municipales et législatives dans ce territoire ? Et qu'en fut-il de la lutte sanglante entre les partisans du Hamas et du Fatah qui s'en est suivi ? Est-ce que c'était l'œuvre d'une main étrangère, d'une partition définitive des Territoires occupés par Israël et les État-Unis ? Cette journaliste, opposée à l'occupation, a donné de nombreuses conférences en Israël et à l'étranger. Une de ces rencontres a eu lieu à Paris le 2 juillet 2007, organisée par l'UJFP (Union juive française pour la paix), à laquelle a assisté un public très attentif. À cette occasion Amira Hass était accompagnée à la tribune par Mahmoud Safadi, un Palestinien de Jérusalem-Est, ancien prisonnier politique qui venait d'être libéré et Elik Elhanan, un Israélien de Jérusalem-Ouest, qui a refusé de faire son service militaire, ne voulant pas cautionner l'occupation. Cette conférence fut une occasion d'analyser en détail le conflit israélo-palestinien et d'explorer des pistes. En sa qualité de journaliste et d'écrivain, Amira Hass a fait de nombreuses interventions de ce type.

*

* *

---

[54] *Boire la mer à Gaza*, un recueil de ses articles paru dans *Ha'aretz* entre 1933 et 1996, Éditions La Fabrique, Paris, 2001.

Shulamit Aloni : une ancienne ministre accuse

Une dépêche envoyée de Jérusalem le 2 novembre 2007 montre les contradictions dans la société israélienne. Aucun milieu n'est épargné, pas même les cercles du pouvoir politique au plus haut niveau. Voici de larges extraits de cette dépêche, envoyé par l'AFP (Agence France Presse) :

« Le ministre israélien de la Défense et l'ancien chef d'état-major, le général Dan Haloutz, devraient être traduits devant la Cour internationale de justice de La Haye pour "crimes contre l'humanité", estime une ancienne ministre de l'Éducation, Mme Shulamit Aloni. Elle reproche au général à la retraite d'avoir jadis ordonné des bombardements aériens massifs contre la bande de Gaza. "Barak[55] *est le plus dangereux pour Israël, à cause de son tempérament d'extrémiste et parce que c'est un homme de guerre qui croit ainsi pouvoir battre Bibi" (surnom de Benjamin Netanyahou, populaire chef du parti d'opposition Likoud, droite), a ajouté Mme Aloni, une ancienne dirigeante historique du parti Meretz de la gauche laïque. "Je me réjouirais de savoir que les Palestiniens engagent contre lui (Barak) des poursuites à La Haye pour sa décision de couper l'électricité à la bande de Gaza (...). C'est une décision illégale, inhumaine,*

[55] Ehud Barak, ancien Premier ministre (travailliste). Au moment de cette déclaration, il était ministre de la Défense du gouvernement union nationale dirigé par Benyamin Netanyahou (Likoud).

entrant dans la catégorie des crimes de guerre, qui constitue une punition collective frappant des civils", a-t-elle encore dit. »

*

* *

Michel Warschawski : bruits de bottes des États-Unis contre l'Iran

Fin décembre 2007, la conférence d'Annapolis a eu lieu aux États-Unis, à l'initiative du président George W. Bush, en présence du Premier ministre israélien Ehud Olmert et du Président palestinien Mahmoud Abbas. Outre la liste des présents, ce sont plutôt les absents qui révèlent le sens véritable (et les limites) de cette rencontre. Annapolis, fut-elle une rencontre de paix ou une conférence de guerre ? Cette question est posée dans un article signé Michel Warschawski, président du Centre d'information alternative de Jérusalem, écrivain, journaliste et dirigeant historique de l'extrême gauche en Israël. Dans ce texte, Warschawski examine la liste des invités à cette conférence. Ou plutôt la liste de ceux qui n'ont pas été invités, ce qui est encore plus révélateur. La conclusion ne se fait pas attendre : « Une rencontre pour la paix portant sur le conflit israélo-palestinien où le Hamas n'est pas invité n'est pas une rencontre pour la paix, mais une conférence pour la guerre. » Qui plus est : « Le contexte stratégique de la conférence d'Annapolis se place dans la stratégie néo-conservatrice pour une guerre globale, préventive et sans terme, contre "la menace islamique", ce que les fondamentalistes de la droite chrétienne US qui conseillent le président George W. Bush appellent avec simplicité et sans qu'il soit besoin d'euphémisme, "la guerre contre l'Islam" ».

Dans ce cadre, la tournée que la secrétaire d'État américain Condoleezza Rice a effectué à l'époque au Moyen-Orient était tout sauf diplomatique. Car elle a « disposé ses troupes pour la guerre à venir, distribuant l'argent aux pays mercenaires, menaçant ceux qui hésitent encore et donnant ses dernières instructions au gouvernement israélien. » Dans une telle configuration, quel serait le rôle du président palestinien Mahmoud Abbas à Annapolis et quelles sont les chances pour une paix juste dans la région ? Warschawski pose une autre question qui, pour le moment, reste sans réponse : « Quelles seront les représailles iraniennes et combien une telle guerre coûtera-t-elle en hommes et en matériel ? » Car « Téhéran n'est pas Gaza, et l'Iran a les moyens de répondre à une agression israélo-américaine. Les habitants de Tel-Aviv pourraient bien être de ceux qui vont payer très cher les plans déments de George W. Bush… lequel ne s'en préoccupe pas beaucoup. »

L'auteur de l'article décrit comment les néo-conservateurs américains présentent cette nouvelle aventure militaire comme une guerre « pour la défense des Juifs ». En guise de réponse, Warschawski clame « Non, merci ! Nous, les Juifs, nous aurons à payer deux fois, et un prix très élevé, pour cette guerre : d'abord en étant les bataillons de pointe des croisés et ensuite comme boucs émissaires, quand cette guerre sera perdue. Il ne fait aucun doute que lorsque l'aventure US arrivera à son terme, dans un fiasco sanglant, ces mêmes dirigeants qui se sont servis des Juifs comme prétexte accuseront les Juifs de leur échec. Nul besoin d'être prophète pour prédire que les fondamentalistes chrétiens qui entourent Bush et poussent à un "clash des civilisations" – qui sont des super-sionistes et des antisémites archi-convaincus – s'en prendront, une fois encore, aux Juifs pour la crise dans laquelle la sainte croisade, qui fut la leur, contre l'Islam, aura conduit le monde occidental. Il faudrait qu'une voix juive, forte, en Israël comme dans le monde entier, se lève pour dire au monde : "Pas en notre nom ! Ne vous servez pas des Juifs comme prétexte à votre agression impériale !" » Ce responsable du mouvement anticolonialiste israélien, un athée affirmé, conclut son article ainsi : « Que Dieu nous aide, ou quiconque d'autre qui puisse arrêter cette folie ! ».

*

* *

Shlomo Sand : notre part de mensonge

Professeur d'histoire à l'Université de Tel-Aviv, Shlomo Sand est l'auteur de plusieurs ouvrages, dont le best-seller au titre provocateur *Comment le peuple juif fut inventé*, publié en 2008. Sand explique que ce « peuple » (le terme est sujet à caution) a évolué à travers l'histoire à coup de conversions de masse – à une époque où le judaïsme était une religion prosélyte – et de mariages mixtes, beaucoup plus que par la croissance naturelle de la population juive « de souche », descendante des anciens Hébreux. Dans cet ouvrage, il arrive également à la conclusion que, pour l'essentiel, la population arabe palestinienne de nos jours – peuple sémite s'il y en a un – est formé des descendants des Juifs habitant les royaumes antiques de Judée, de Samarie et d'Israël, puis de la Palestine sous l'empire romain, convertis à l'Islam au huitième siècle de l'ère chrétienne. Ces anciens « Israélites » d'ascendance sont sans doute plus « juifs » (dans le sens ethnique et non dans le sens confessionnel du terme) que la grande majorité des Ashkénazes, dont des ancêtres slaves vivaient dans le Caucase et dans l'est de l'Europe, ou que la grande majorité de Séfarades d'origine nord-africaine, dont les ancêtres berbères faisaient partie des tribus judaïsées après la seconde destruction du Temple au début de l'ère chrétienne. À méditer pour les sionistes qui font encore la promotion de la « loi du retour », une véritable fiction historico-législative.

Dans un article publié dans le quotidien français *Le Monde* du 4 janvier 2002, intitulé « Israël : notre part de mensonge », Sand explique les prémices de la théorie qu'il a reprise d'autres historiens et qui est étayée par une solide documentation historiographique. Dans les pages du prestigieux journal français, Sand mène une polémique savante avec Mme Limor Livnat, membre du gouvernement israélien[56]. Cet échange est devenu disponible aux lecteurs francophones après sa parution en hébreu dans la presse israélienne :

« Nous savons depuis le 19ème siècle avec Ernest Renan[57] que, pour édifier une nation, il faut non seulement se souvenir, mais aussi oublier. Le point de vue exprimé dans Le Monde *(21 décembre 2001) par Limor Livnat, ministre israélienne de l'Éducation, confirme que la négation des droits d'un autre peuple nécessite de recourir à ce même mécanisme mental. (…) Au cours des dernières années, en Israël, il nous a été donné de voir un historien (Shlomo Ben Ami[58]) s'essayer à la politique ; nous pouvons maintenant voir ce que donne l'écriture de l'histoire par une politicienne. (…) Limor Livnat n'est pas la seule patriote au monde à croire à l'antériorité quasi éternelle de la nation dont elle se revendique. Nombre de*

---

[56] Il s'agit du premier gouvernement d'Ariel Sharon, dans lequel Mme Livnat, membre du Likoud, siégeait comme ministre de l'Éducation.

[57] Ernest Renan : 1823-1892, historien, philosophe, philologue et écrivain français.

[58] Shlomo Ben Ami : membre du Parti travailliste, ministre de l'Intérieur sous le gouvernement d'Ehud Barak.

nationalistes, dans le monde entier, ont procédé ainsi et se sont inventé un passé historique imaginaire (...). Je recommanderais, par exemple, à Mme la ministre de lire les études d'archéologues israéliens importants que leurs recherches ont conduits à réfuter l'idée de la conquête de Canaan par les Hébreux et, partant, du génocide qu'ils auraient exécuté sur instruction divine. J'imagine toutefois que, pour Limor Livnat, la Bible est un livre d'histoire crédible (...). Il faudrait aussi rappeler à Limor Livnat que, selon la croyance juive millénaire, "Sion" ne constituait pas une patrie mais un lieu saint vers lequel il ne sera permis d'émigrer qu'après la rédemption. C'est d'ailleurs pourquoi les juifs de Babylone, se sentant menacés, partirent vers Bagdad et non pas à Jérusalem, bien que les deux cités appartinssent au même royaume. Mais tout cela est peine perdue, car Limor Livnat semble trop éloignée de la compréhension de toute religiosité juive. (...) Je fais partie des Israéliens qui ont cessé de revendiquer pour eux-mêmes des droits historiques imaginaires : si l'on invoque, en effet, des frontières ou des "droits" remontant à deux mille ans pour organiser le monde, nous allons le transformer en un immense asile psychiatrique. »

Morale de l'histoire : si l'Histoire risque de tomber dans les mains d'élus aux calculs électoraux à court terme, qui, par ailleurs, font preuve de peu de rigueur sur le plan scientifique, il vaut mieux laisser la politique aux politiciens et l'histoire aux historiens.

*
* *

Jeff Halper : « Je ne peux rester sur le bord du chemin »

Jeff Halper, ancien professeur d'anthropologie à l'Université hébraïque de Jérusalem, est le fondateur et coordinateur de l'ICHAD (Comité israélien contre la démolition des maisons palestiniennes), nommé pour le prix Nobel de la Paix en 2006. Avant même la « Première flottille internationale » d'envergure qui a navigué vers Gaza en 2010, d'autres embarcations avait déjà levé l'ancre pour essayer de ravitailler ce territoire asphyxié par le blocus israélien. Jeff Halper était à bord d'un de ces navires, parti de Chypre le 5 août 2008. Il était accompagné par une femme de 83 ans, survivante de la Shoah, ainsi que d'autres militants de 17 nationalités et de cinq religions différentes. Les organisateurs ont exprimé le souhait que la marine israélienne « ne jugera pas utile d'attaquer un groupe de civils inoffensifs ». Ce convoi humanitaire, comme les autres qui l'ont suivi, n'est jamais arrivé à destination car il a été intercepté en haute mer par la marine israélienne. Quelques jours avant le départ des deux bateaux de cette petite flottille, Jeff Halper a écrit un article dans lequel il explique sa participation :

« Notre voyage met également en lumière les

tentatives d'Israël de s'absoudre de toute responsabilité quant à ce qui se passe à Gaza. Israël prétend qu'il n'y a pas d'occupation ou que l'occupation a pris fin lors du "désengagement",[59] *ce qui est totalement faux. L'occupation est définie par le droit international comme reposant sur le contrôle total d'un territoire. Si Israël intercepte nos bateaux, il sera clair qu'il est bien une puissance occupante exerçant le contrôle effectif de Gaza. Le siège n'a non plus rien à voir avec des questions de "sécurité". A l'instar de ce qui constitue l'occupation de la Cisjordanie et de Jérusalem-Est, où Israël assiège des villes, des villages et des zones entières, le siège de Gaza est avant tout politique. Il a pour objectif d'isoler le gouvernement palestinien démocratiquement élu, et de briser sa capacité de résistance face aux tentatives israéliennes d'imposer un régime d'apartheid sur tout le pays. C'est pourquoi un Juif israélien comme moi se sent obligé de faire partie de ce voyage pour briser ce siège. (…) Contrairement à ce que nos politiciens nous disent, ils (les Palestiniens, NDLR) ne sont pas nos ennemis mais plutôt un peuple voulant bénéficier de l'autodétermination — comme nous-mêmes auparavant — et je ne peux rester sur le bord du chemin. Je ne peux plus assister passivement à la destruction d'un autre peuple opérée par mon gouvernement, pas plus que je ne peux contempler la*

---

[59] Désengagement : l'évacuation des colons israéliens de Gaza par le gouvernement d'Ariel Sharon en 2005.

façon dont l'occupation détruit la structure morale de mon propre pays. Rester passif, ce serait violer mon engagement en matière de droits humains, qui constituent le fondement de la religion prophétique juive comme de sa culture et sa morale, et sans lesquels Israël n'est plus juif mais devient une Sparte vide quoique puissante. »

*

* *

Daniel Barenboïm : la musique adoucit les mœurs

Dans un article paru dans le quotidien français *Le Monde* du 4 février 2008, le célèbre chef d'orchestre israélien Daniel Barenboïm explique pourquoi il a accepté la nationalité palestinienne. Musicien et humaniste de renommée internationale, Barenboïm précise :

« *J'ai souvent eu l'occasion d'affirmer que le destin des peuples palestinien et israélien était inextricablement lié et qu'il n'y avait pas de solution militaire à leur conflit. En prenant aujourd'hui la nationalité palestinienne, je peux donner corps à ces convictions. (...) Le conflit israélo-palestinien se caractérise depuis toujours par l'incapacité à entendre la voix de l'autre. Si l'idée juive européenne qui a donné naissance à l'État d'Israël doit encore avoir une résonance dans le futur, elle devra faire chœur avec l'identité palestinienne. (...) Pour ma part, en acceptant la nationalité palestinienne, j'assume pleinement le destin de ce peuple, que, en tant qu'Israélien, je partage de fait.* »

*

* *

Juliano Mer Khamis : il avait des ennemis des deux côtés

Il arrive souvent dans l'histoire que ce soient les meilleurs qui meurent jeunes ; en tout cas, bien avant leur temps. Car ils sont la cible privilégiée du pouvoir qu'ils combattent. C'était bien le cas du regretté Juliano Mer Khamis, acteur et réalisateur israélo-palestinien, une figure culturelle et politique dans les deux sociétés. Fils d'une mère juive israélienne (militante anticolonialiste) et d'un père palestinien (militant communiste), la voie de Juliano était toute tracée. Il a été assassiné le lundi 4 avril 2011, devant le Théâtre de la Liberté qu'il dirigeait à Jénine, en Cisjordanie. Au moment où les assassins ont tiré sur lui à bout portant, il venait de sortir de ce théâtre qui offre aux jeunes du camp de réfugiés la possibilité de s'exprimer, se libérant ainsi de leurs angoisses. Son assassinat n'a jamais été élucidé, peut-être faute de volonté politique des deux côtés de la Ligne Verte[60]. Juliano Mer Khamis avait des

[60] Ligne Verte : ligne de démarcation qui sépare Israël dans ses frontières internationalement reconnues et la Cisjordanie, tracée après la première guerre israélo-arabe en 1948.

ennemis dans les deux sociétés : ni le Mossad, ni les obscurantistes palestiniens ne le portaient tendrement dans leur cœur. Son décès a été suivi par de nombreux hommages en Israël, en Palestine et dans le monde entier.

*

* *

Yoram Kaniuk : l'Israélien qui ne voulait plus être juif

Le 2 octobre 2011, la Cour Suprême d'Israël a rendu un jugement où un citoyen, à sa demande, est désormais inscrit comme « sans religion » dans les registres d'état civil. Une telle décision serait d'une superbe banalité dans presque n'importe quel autre pays. Mais cet arrêté constitue une bombe juridique en Israël, où il est plus facile de réclamer la séparation de la religion et de l'État que de l'obtenir. Il s'agit d'un précédent judiciaire et administratif depuis la création de « l'État juif » en 1948. Le citoyen en question est Yoram Kaniuk, une figure publique : peintre, critique de théâtre, journaliste et écrivain. Ses œuvres sont largement connues du public israélien et ont été traduites dans de nombreuses langues. Né en Palestine sous le mandat britannique en 1930, ce personnage haut en couleur a écrit au Ministère de l'Intérieur demandant de ne plus figurer sur les registres officiels comme citoyen de religion juive.

Jusqu'ici la loi israélienne admet la conversion d'un de ses citoyens à une autre religion, mais pas à l'athéisme. Selon son avocat, des citoyens comme Kaniuk « ne sont pas des jeunes gens qui agissent sur un coup de tête, mais des personnes plus âgées qui y ont réfléchi, après des années passées à se sentir étouffées par l'establishment religieux ». Depuis ce jugement historique, deux cents personnes se sont rassemblées le 9 octobre à Tel-Aviv dans la rue où David Ben-Gourion a proclamé l'État d'Israël soixante-trois ans auparavant. Elles ont signé des requêtes similaires à celle de Kaniuk, espérant que la décision du tribunal fasse jurisprudence. Tout comme le mot « Palestinien », le mot « laïcité » a toujours figuré dans le lexique virtuel israélien de termes tabous. Une brèche est enfin créée, menaçant le pouvoir exorbitant des rabbins dans ce pays.

Et la religion dans tout ça : judaïsme ou sionisme, il faut choisir

Soumis à de multiples pressions nationales et internationales, le gouvernement israélien a jeté l'éponge et évacué les colons de Gaza à l'été 2005. Et les rabbins progressistes, qu'ont-ils déclaré à ce sujet ? Regardons du côté des « Rabbins pour des droits humains », qui regroupe plus d'une centaine de rabbins israéliens de toutes obédiences : séfarades, ashkénazes, orthodoxes, traditionnelistes, libéraux et reconstructionnistes. Ces religieux, dans leur diversité, sont unis par une même interprétation de la Torah qui veut que la loi divine est bafouée lorsqu'on viole les droits et la dignité de tout être humain, quel qu'il soit, juif ou non-juif, Israélien ou Palestinien. Les « Rabbins pour les droits humains » se veulent « la voix rabbinique de la conscience d'Israël » et rappellent que « le judaïsme a un autre visage, celui de l'humanisme, de la tolérance et de la responsabilité morale ». Ils n'ont pas manqué de rappeler à leurs fidèles l'impératif qui s'impose aux dirigeants israéliens de garantir le respect des droits du peuple palestinien en cette période agitée.

Tous les religieux israéliens ne sont pas des fanatiques, ni des partisans inconditionnels de l'occupation. L'un d'entre eux, mieux connu comme figure politique que comme juif pratiquant, est Abraham Burg, ancien président (travailliste) de la Knesset sous le gouvernement d'Ehud Barak (1999-2001). Cette personnalité de premier plan a exprimé des prises de position contrastées au fil des ans. Cela n'est pas surprenant compte tenu de sa trajectoire politique, car il est également l'un des anciens présidents de l'Agence juive, organisme para-gouvernemental chargé de favoriser l'immigration des Juifs en Israël. Il n'empêche, M. Burg, largement écouté par le public israélien, a fait une déclaration sur le plan d'évacuation de Gaza dont certains passages méritent d'être cités :

« *Le processus qui a présidé à l'adoption de ce plan a fait exploser le peu qu'il restait de la culture politique israélienne et nous condamne pour de longues années à cette démocratie bancale apparue dans l'anarchie des derniers jours. (...) Ce plan n'est pas seulement mauvais pour la manière dévoyée dont il a été adopté. Il l'est surtout pour son contenu. Il n'a ni partenaire ni vision, il ne regarde pas plus loin que le bout de son nez. Nous avons affaire à une énorme escroquerie : le sacrifice d'une zone d'implantation sans importance ni signification à Gaza et aux abords du Sinaï contre la perpétuation des méfaits et de la perversion de l'âme israélienne au cœur d'Hébron, à Yizhar, Beit El et au tombeau des Patriarches, transformés en autels pour y ligoter nos fils. Et pourtant : c'est là le meilleur des pires désengagements possibles ! Après lui, non seulement la face de notre démocratie politique israélienne apparaît ridée, défigurée, mais d'ores et déjà, l'entreprise nationale d'illusions qui a pour nom colonisation s'engage vers son effondrement inéluctable. Sans doute pour cette raison cela vaut-il la peine de payer un tel prix ! (…) Je ne suis sûr que d'une chose : la rédemption ne viendra pas du messianisme, et l'expansion territoriale ne nous apportera pas le bien-être. »*

*

* *

Enseignement du livre des Proverbes

Il convient de rappeler que la tradition juive interdit toute vengeance, s'appuyant sur un verset du livre des Proverbes (24, 17) : « Lorsque ton ennemi tombe, tu ne te réjouis point, s'il succombe, que ton cœur ne jubile pas. » Il faut savoir que les Israéliens ont peut-être plus d'ennemis à la Knesset qu'à la Mouquata'a.[61] Pendant l'agonie du Président Yasser

---

[61] Knesset : parlement israélien à Jérusalem. Mouquata'a : palais présidentiel palestinien à Ramallah.

Arafat dans un hôpital près de Paris, le journaliste israélien Meron Benvenisti a écrit un article mémorable publié dans le quotidien *Ha'aretz* le 5 novembre 2004. Ses paroles sont à la fois un bel hommage au dirigeant historique du mouvement national palestinien et une critique acerbe de l'attitude de bon nombre de ses compatriotes. Dans ce texte, on peut lire : « *Celui qui méprise son ennemi diminue sa propre victoire et coupe les racines à sa propre histoire. Nous marchons, et avec nous va notre ombre, le peuple palestinien ; nous frappons l'ombre avec un grand bâton, mais elle ne nous lâche pas. Que ferons-nous lorsque le soleil brillera et que nous découvrirons que l'ombre, incarnée dans l'image de la "bête à deux jambes", a disparu, qu'elle n'est plus là ? A qui ferons-nous jouer le rôle de l'infâme démon ? Personne n'est en mesure d'entrer dans les chaussures de l'homme qui a rempli ce rôle d'une façon aussi accomplie.* »

*

* *

Netivot Shalom

Créée à Jérusalem en 1975, cette organisation, dont le nom complet est « Oz Ve Shalom – Netivot Shalom », se présente comme un mouvement pour le judaïsme, le sionisme et la paix. Si certains pensent que ces termes sont contradictoires, le développement d'un courant religieux avec un profil clairement pacifiste est néanmoins positif. Se définissant comme la seule association israélienne qui a ces trois caractéristiques (religieuse, sioniste et pacifiste), elle se présente comme un rempart en milieu judaïque contre l'intégrisme et l'extrémisme politique. Car l'extrémisme prône la défense de la Terre d'Israël au-delà des valeurs de justice, de paix et de préservation de la vie humaine. Netivot Shalom souligne que ces derniers principes ont toujours été centraux dans la loi juive et dans la tradition juive. L'organisation se donne comme but de promouvoir les idéaux de tolérance et de pluralisme. Ses animateurs ont pour ambition d'impulser un changement fondamental au sein de la communauté religieuse et, au-delà, au sein de la société israélienne. Parmi ses objectifs il y a la promotion de l'égalité des droits pour la minorité arabe en Israël, ainsi que des droits politiques pour les Palestiniens dans les Territoires occupés, y compris par l'établissement d'un État palestinien indépendant.

Les porte-parole de Netivot Shalom ont obtenu une certaine couverture médiatique dans la presse israélienne. Cette organisation poursuit des activités à la fois éducatives et revendicatives auprès des jeunes, des étudiants, des enseignants et des familles. Ses activités de protestation sont centrées d'une part sur des questions de droits humains, de la coexistence entre Juifs et Arabes, et d'autre part sur une réflexion à l'égard des questions d'ordre religieux, à l'intention des croyants. Certes, ce dernier sujet suscite l'intérêt des juifs pratiquants, mais pas seulement. De plus en plus d'Israéliens laïques assistent aux activités de Netivot Shalom afin d'approfondir leurs connaissances et d'entendre une parole religieuse alternative sur la paix et les questions sociales.

*

* *

Esprit de vengeance ? Rappel à l'ordre provenant de la « Diaspora »

À l'annonce de la mort de Yasser Arafat en 2004, certains Israéliens se sont permis de fêter l'événement. Le professeur Yakov Rabkin, historien à l'Université de Montréal et spécialiste de l'histoire juive contemporaine, a cru bon de mettre des points sur les « i ». Il y a consacré un article dont nous reproduisons quelques extraits :

« (Certains appellent) à la vengeance, malgré la tradition juive qui interdit toute vengeance. (...)

« Il y a des juifs qui restent fidèles à l'héritage moral de la Torah, qui leur enjoint d'être "miséricordieux, réservés et bienfaisants", et ceux pour qui l'État d'Israël est devenu l'alpha et l'oméga de leur judaïsme. Ces derniers sont obligés d'outrepasser la tradition juive, qui privilégie la paix et la réconciliation, et de mettre

l'accent sur des interprétations littérales de certains passages bibliques qu'on peut utiliser comme une permis d'égoïsme et de cruauté. (…)

« La miséricorde y cède la place à la dureté, la réserve à l'audace, et ces nouvelles valeurs trouvent un écho chez beaucoup de juifs traumatisés par la Shoah et par le terrorisme. Ils sont influencés par l'interprétation sioniste de ces tragédies. En ignorant des avertissements réitérés dans la Torah de ne pas faire confiance à la force, ces juifs, animés par l'élan nationaliste inventé il y a à peine un siècle, lient leur avenir au sort d'un État-nation et de sa puissance militaire.

« Mais quelles que soient les divisions dans la "rue juive" à l'endroit de l'héritage du raïs, peu nombreux sont ceux dont le cœur jubile en ce moment critique. »

*

* *

Évacuation des colons : les rabbins s'en mêlent

L'évacuation des colons de Gaza a officiellement commencé au lendemain du 14 août 2005, qui correspond au 9 du mois d'Av dans le calendrier hébraïque. Cette journée, celle du carême juif de Ticha Be'Av, commémore trois désastres qui se sont abattus sur le peuple juif dans l'antiquité, la dernière en date étant la destruction du Temple de Jérusalem par les Romains en l'an 70 de l'ère chrétienne. Certains rabbins ont profité de l'occasion pour faire connaître leur interprétation toute personnelle de cette commémoration en rapport avec l'évacuation. Lors du rassemblement à Jérusalem le 10 août en faveur des colons, le grand rabbin Ovadia Yossef, chef spirituel du parti Shass (orthodoxe séfarade) a officié lors des prières en faveur des colons devant le Mur des Lamentations, réputé être un des murs du Temple détruit par les Romains il y a deux millénaires. Yossef était accompagné par les grands rabbins Mordechaï Eliahou et Abraham Shapira, incluant ainsi la communauté juive ashkénaze d'Israël dans cette manipulation. Si l'occupation tue, au moins le ridicule ne tue pas. Des rabbins les plus réactionnaires ont même prononcé des anathèmes contre des partisans de l'évacuation, et certains n'ont pas hésité à organiser des cérémonies de magie noire dans des cimetières, dans la plus pure tradition kabbalistique du mysticisme juif. De telles démonstrations d'obscurantisme ont eu un effet positif : elles ont éloigné ces rabbins de la masse des Israéliens laïques (majoritaires dans la population), même de ceux qui étaient hostiles à l'évacuation pour des raisons politiques. Quant aux « mitnagdim » (« opposants », de l'école rabbinique dite « lithuanienne »), ils conseillèrent à leurs disciples de se consacrer à l'étude de la Torah plutôt que d'assister aux manifestations des colons. Cela, non par sympathie pour les Palestiniens, mais par crainte du péché de « promiscuité » dans les foules trop denses.

Et les rabbins progressistes ? Il y a l'association « Rabbins pour des droits humains » qui regroupe tout de même plus de 100 rabbins en Israël, allant des ultra-orthodoxes aux reconstructionnistes. Ces rabbins, dans leur diversité, ont appelé les pouvoirs publics au respect de la Torah, loi juive exigeant la préservation de la vie et le respect de la dignité humaine. Pour eux, la loi divine est bafouée lorsqu'on viole les droits et la dignité de tout être humain, qu'il soit Israélien ou Palestinien. Ils n'ont pas manqué de rappeler à leurs fidèles les règles qui s'imposent aux dirigeants israéliens de garantir le respect des droits du peuple palestinien. Et pourtant, dans les semaines suivant l'évacuation, aucune nouvelle de la position des Rabbins pour les droits humains n'a paru dans la presse israélienne ou internationale.

*

* *

Manifeste des sionistes religieux dissidents

C'est le titre d'un document publié le 9 mai 2003 dans deux quotidiens israéliens, *Ha'aretz* et *Yediot Aharonot*. Il est signé par 170 Israéliens qui se définissent à la fois comme des religieux et des sionistes dissidents. Leurs observations sont éloquentes :

« *Depuis déjà longtemps, notre mouvement est en profonde crise. Toute la pensée religieuse tourne autour des colonies de Judée et de Samarie*[62] *pour lesquelles son essence même est sacrifiée : maintenir la vie en accord avec la Torah dans l'État véritable du peuple juif. Le fait qu'Israël impose sa loi à plus de trois millions d'individus, en ignorant leurs droits élémentaires, soulève de graves problèmes moraux. (...) Tous ces aspects ont été occultés par les rabbins et les dirigeants sionistes religieux, qui ne brandissaient que le drapeau de la colonisation de la Judée-Samarie, captifs qu'ils sont de la vue pseudo-religieuse qui fait de cette colonisation l'aboutissement de tout. Seuls quelques érudits osaient regarder la réalité en face et leur voix était à peine audible.* »

À la suite de ce manifeste, un des signataires a livré un témoignage révélateur. Il s'agit d'un consultant en économie de 28 ans, Shlomo Wagman (pas de parenté avec l'auteur de ce livre) :

« *J'ai passé la plus grande partie de mon existence à Alon Shvut, une colonie du Gush Etzion au sud de*

---

[62] Judée et Samarie : noms de royaumes juifs de l'antiquité, situés sur une partie du territoire qui est aujourd'hui la Cisjordanie occupée. Utilisée par les sionistes pour parler de ces territoires, cette appellation est considérée comme un affront par les Arabes palestiniens qui y vivent depuis plus d'un millénaire.

Jérusalem. (...) Un jour, j'ai vu à un barrage, un vieil homme accompagné d'une jeune enfant. (...) Soudain, un déclic s'est produit en moi. Je comprenais que cela n'avait rien à voir avec la sécurité ; que toute cette gigantesque activité militaire était nécessaire pour que je puisse vivre dans une belle villa, avec vue imprenable, au milieu de gens que j'appréciais à Alon Shvut. Que des centaines de gens, vieillards, femmes, enfants qui ne représentent aucun danger sur le plan de la sécurité, devaient payer le prix de notre belle vie là-bas. (...) J'ai alors décidé d'opérer mon "retrait unilatéral" ; j'ai quitté Alon Shvut peu après, bien que je sache que je regretterai cet endroit que j'aimais. Je vis à présent dans un affreux centre urbain à l'intérieur de la Ligne Verte. Je ne m'explique pas mon aveuglement passé ni celui présent de ma famille et de mes amis. Nous ne voyons pas la même réalité. »

D'autres témoignages abondent dans ce sens. Profiter de l'occupation ou vivre en accord avec les préceptes de la Torah, il faut choisir. Pour les promoteurs laïques du « Grand Israël », le même constat s'applique, mais par rapport à la loi des hommes. Profiter de l'occupation ou se conformer au droit international, il faut choisir.

*

* *

Le manifeste des rabbins qui manifestent

Le 26 juillet 2002, des membres de la communauté juive, religieux et laïques, ont marché sur le consulat israélien à New-York dans une manifestation organisée par la Palestine Right of Return Coalition (Coalition palestinienne pour le droit au retour). Devant le consulat, le rabbin Mordechi Weberman a pris la parole pour expliquer la participation des Juifs new-yorkais à cette action, en réponse à certains de leurs coreligionnaires qui leur ont demandé ce qu'ils faisaient là :

« *C'est précisément parce que nous sommes juifs que nous marchons avec les Palestiniens et que nous portons leur drapeau ! (...) Oui, dans notre Torah, nous avons reçu le commandement d'être équitables. Nous sommes appelés à poursuivre la voie de la justice. Et quoi de plus injuste que la tentative du mouvement sioniste, vieille d'un siècle, d'envahir la terre d'un autre peuple, de le faire fuir et de voler sa propriété ? Les sionistes de la première heure ont proclamé qu'ils étaient un peuple sans terre qui allait vers une terre sans peuple. Ces mots ont l'apparence de l'innocence mais ils sont totalement erronés. (...) Pour nous, il n'y a aucun doute : si les réfugiés juifs étaient venus en Palestine sans l'intention de dominer, sans l'intention de créer un État juif, sans l'intention de déposséder autrui, sans l'intention de priver les Palestiniens de leurs droits fondamentaux, ils auraient été accueillis par les Palestiniens, avec la même hospitalité dont les peuples islamiques ont fait preuve envers les juifs à travers l'histoire. Et nous aurions vécu ensemble comme ont vécu juifs et musulmans en Palestine, en paix et en harmonie. (…) En prononçant ces mots nous proclamons devant le monde entier que nous sommes le peuple de la Torah, que notre foi exige que nous soyons honnêtes, équitables, bons et sympathiques. (…)* »

En s'adressant aux Palestiniens dans le rassemblement, le rabbin Weberman continue : « *C'est un énorme mensonge de prétendre que les Palestiniens en particulier, ou que les musulmans en général, haïssent les juifs. Vous haïssez l'injustice, pas les juifs. N'ayez pas peur mes amis. Le mal ne peut pas triompher longtemps. Le cauchemar sioniste tire à sa fin. Il est épuisé. Ses dernières brutalités représentent l'agonie de ce corps qui souffre d'une maladie en phase terminale. Nous vivrons tous les deux pour voir le jour où juif et Palestinien s'embrasseront en paix sous le drapeau palestinien à Jérusalem. Et in fine, lorsque le Rédempteur de l'humanité viendra, les souffrances du présent seront un souvenir lointain dans les bénédictions du futur.* »

*

* *

Profanation de Rosh Hashanah et de Kippour

En septembre 1982, quand des soldats israéliens ont joué un rôle dans le massacre des camps de réfugiés de Sabra et Chatilla au Liban, un journaliste israélien a demandé au Ministre de la Défense de l'époque, un certain Ariel Sharon, ce qu'il en pensait. Le « Boucher de Beyrouth » a répondu en deux mots : Shana Tova (« bonne année » en hébreu). Un hasard du calendrier voulait que ce carnage tombe pendant le nouvel an juif. Les rabbins ont modérément apprécié, tout comme bon nombre de Juifs devant le spectacle de tant de sang innocent versé avec la complicité des leurs.

Quinze ans plus tard, en septembre 2007, le Premier ministre Ehud Olmert a menacé de « frapper fort contre des groupes terroristes » suite à une attaque lancée par la résistance palestinienne à Gaza contre une base de Tsahal. Le 19 septembre 2007, le cabinet de sécurité israélien (réunion d'urgence du Conseil des ministres pour examiner la situation militaire) a déclaré la Bande de Gaza « entité hostile ». Les premières menaces verbales d'Olmert sont intervenues à la veille de la fête de Rosh Hashana, le nouvel an juif, car la roquette lancée par les combattants palestiniens est tombée sur la base militaire d'Askelon deux jours avant le début de cette fête. Tout laisse à croire que le gouvernement Olmert a attendu la fin de cette période festive (le début du mois de Tishri dans le calendrier hébraïque) pour annoncer les nouvelles souffrances qu'il entendait infliger à la population de Gaza. En effet, l'annonce des représailles israéliennes est intervenue à deux jours de la date la plus solennelle du calendrier juif, Yom Yippour (le grand pardon). Quel affront ! Pas seulement contre les Palestiniens de Gaza, mais contre les Juifs du monde entier. Yippour, jour de jeûne et de prière, est consacré à un exercice d'introspection et d'examen de conscience. Dans la tradition juive, c'est à Dieu qu'il faut demander pardon pour les péchés que l'on aurait commis contre Lui (ne pas respecter le shabbat[63], ne pas manger cachère, ne pas se rendre à la synagogue le samedi, etc.). Mais pour tout péché que l'on aurait commis contre son prochain (manque de correction, désobligeance, offense, mépris ou violence infligée contre autrui), c'est à ce dernier qu'il faut demander pardon et faire amende honorable. Que l'on soit pratiquant ou pas, croyant ou pas, cette démarche demeure très présente dans la tradition juive. Si les Juifs israéliens voulaient demander pardon à ceux contre qui ils avaient commis des violences au cours de l'année écoulée, ce n'est sûrement pas comme cela qu'ils devaient s'y prendre.

---

[63] Shabbat : le sabbat, ou jour de repos. Dans la tradition juive, du vendredi soir au samedi soir.

Pour beaucoup de Juifs, les sentiments de compassion, de solidarité ou de fraternité qu'ils peuvent éprouver envers des Palestiniens ne découlent pas des impératifs religieux. Il n'empêche, les déclarations bellicistes et revanchardes des dirigeants israéliens comme Sharon, Olmert, Netanyahou ou Liberman[64] ne constituent pas seulement un affront à la paix et à la dignité humaine. Elles constituent également une offense grave envers tous les croyants, car le judaïsme nous enjoint de respecter les mitzvoth (commandements), surtout pendant le mois saint de Tichri[65]. Cet affront des autorités israéliennes défie la tradition d'humilité, de pardon et de justice attendue des Juifs en cette période de l'année. Puisque le péché (et le pardon) sont des actes individuels, le judaïsme ne cautionne pas la notion de culpabilité collective. Une nation ne saurait être damnée pour des offenses commises par des individus issus de son sein. Ainsi, il n'y a pas de culpabilité collective des Israéliens (et encore moins des Juifs du monde entier) pour les agissements criminels des maîtres de Tel-Aviv. Mais les menaces du gouvernement israélien lancent un défi à la

[64] Avigdor Liberman, chef du parti Israël Beiténou (extrême droite) et ministre des Affaires étrangères dans les gouvernements d'Olmert et de Netanyahou.

[65] Tichri : mois dans le calendrier hébraïque qui correspond généralement à la fin septembre-début octobre et qui comprend notamment les fêtes de Roch Hashanah (nouvel an) et de Yom Kippour (grand pardon).

population juive du monde entier. Pour un État qui se veut juif, c'est un comble. Car chaque juif doit faire un effort de sincérité dans son examen de conscience, en Israël comme ailleurs. Ce n'est pas un geste rituel vide de sens ; les manquements de chacun ne sont pas automatiquement balayés sous prétexte qu'on aurait récité une prière à la synagogue. Pour les croyants, les commandements divins imposent un changement de comportement pour cultiver la piété, l'équité et, comme a dit Rabbi Tarfon[66], pour « créer un monde meilleur ».

*

* *

Rosh Hashana : d'autres Juifs, d'autres vœux

La fédération des Juifs européens pour une paix juste (EJJP) a diffusé une déclaration le 3 octobre 2005 à l'occasion du nouvel an juif. « C'est à la fois honteux et tragique qu'à la veille de Rosh Hashana, le nouvel an juif, qui marque le début de grandes fêtes, une période de commémoration, l'auto examen spirituel, et de repentir pour le peuple juif partout, des destructions et des actes de terreur aient été commis dans la Bande de Gaza par l'armée israélienne. » Dans une petite rétrospective historique, le texte dit : « Nous nous

[66] Rabbi Tarfon : sage juif du 2ème siècle de l'ère chrétienne.

rappelons que c'est à la veille des grandes fêtes de 2001 qu'Ariel Sharon a fait subir au peuple palestinien sous occupation, plus d'humiliation, d'oppression et de mort. Le souvenir de cet évènement ne s'est pas estompé bien au contraire, il s'est intensifié avec de nouveaux crimes commis continuellement par le gouvernement Sharon. » Le texte interpelle les autorités israéliennes : « Les Juifs Européens pour une Paix Juste demandent au gouvernement israélien de cesser ses assassinats extra judiciaires ciblés, 11 d'entre eux ayant eu lieu ces 10 derniers jours. Il ne peut y avoir aucune justification à ces meurtres illégaux. » Pour conclure sur une note d'espoir, la déclaration exprime un souhait, traditionnel en cette période de fêtes : « Nous espérons que la Nouvelle année donnera à la Communauté internationale et par-dessus tout au gouvernement et au peuple d'Israël la force et la sagesse de prendre les mesures de confiance nécessaires à la construction d'une paix juste et durable pour les deux peuples. »

*

* *

Des rabbins récidivistes

Un groupe de 300 rabbins a provoqué un tollé en Israël, chez les religieux comme chez les laïques. Ces « docteurs de loi » (la loi divine) ont suscité de vives critiques de la part de députés à la Knesset qui sont chargés, eux, d'écrire la loi des hommes. Dans une lettre rédigée en décembre 2010, ces rabbins orthodoxes ont appelé ouvertement à la discrimination, exhortant les Juifs du pays à ne pas vendre ou louer des logements à des non-Juifs, visant particulièrement la population arabe d'Israël. Dans leur manifeste xénophobe, ils qualifient de tels contrats de vente ou de location de « sacrilèges ». Facteur aggravant : la grande majorité des signataires sont des rabbins fonctionnaires, officiant dans des synagogues municipales ou dirigeant des écoles religieuses administrées par l'État. Face à ce racisme financé par les contribuables – bien malgré eux – plusieurs dizaines d'autres rabbins d'Israël ont aussitôt dénoncé l'appel sectaire de leurs collègues, l'estimant basé sur une interprétation fallacieuse et anachronique des textes religieux.

Mieux, un groupe de rabbins provenant de synagogues situées dans plusieurs pays du monde ont écrit au rabbinat[67] israélien pour exprimer leur désaccord. Ils commencent par citer la Torah : « Tu ne violeras pas le droit de l'étranger… et tu te souviendras que tu as été esclave en Égypte » (Deutéronome XXIV, 17-18). Voici quelques extraits de leur lettre de protestation :

---

[67] Rabbinat : les rabbins en général, constituant le clergé juif dans son ensemble. Ils élisent les Grands Rabbins et leurs instances représentatives.

« La récente décision halachique[68] édictée par des rabbins en charge de communautés en Israël qui interdit la location d'appartements à des non-juifs a causé beaucoup de stupeur et de douleur dans nos communautés. La tentative pour fonder des politiques discriminatoires sur la religion ou l'appartenance ethnique sur la Torah[69] est un pitoyable détournement de notre tradition. AmYIsraël[70] connaît la blessure de la discrimination et les cicatrices de la haine. Quand ceux qui représentent les autorités rabbiniques officielles de l'État d'Israël expriment de telles positions nous sommes révoltés par cette profanation Chillul HaShem[71] du nom de Dieu. (...) En outre ces mises en cause des principes de nos prophètes (...) donnent une justification au sentiment antijuif et antiisraélien à travers le monde. (...) L'attitude discriminatoire que traduit cette décision halachique ne représente pas la position de la majorité des rabbins et des savants en matière de Torah, ni celle de la population en Israël. (...) Pour l'amour de notre peuple, de notre Torah et d'Israël, nous vous conjurons de prendre fortement et publiquement position et de vous opposer à ceux qui trahissent notre tradition. »

---

[68] Décret religieux. Halacha : le corpus du droit judaïque, codifiés dans la Torah et le Talmud et interprété par des décrets rabbiniques.

[69] Torah : la loi dite « écrite », principal livre saint du judaïsme.

[70] Am YIsraël : littéralement, le « peuple d'Israël ». Cette expression ne se réfère pas aux citoyens d'un État mais bien au peuple juif dans son ensemble, dans le sens biblique du terme (les enfants d'Israël).

[71] Chillul HaShem : une offense contre le Tout Puissant.

Ce genre de polémique à l'intérieur même du clergé survient de temps en temps dans toutes les religions et le judaïsme ne fait pas exception. Verset contre verset, psaume contre psaume, interprétation contre interprétation, la religion n'est que ce qu'on fait d'elle. Pour le meilleur et pour le pire.

*

* *

Le Grand Rabbin du Royaume-Uni charge Israël

Le 27 août 2002 Jonathan Sacks, Grand Rabbin du Royaume-Uni, a accordé une interview exclusive au quotidien *The Guardian*. Dans cet entretien, la première personnalité de la communauté juive britannique a vertement critiqué la politique israélienne, qu'il juge contraire à la tradition juive. Il informe les lecteurs que l'agressivité israélienne envers les Palestiniens est « incompatible » avec les principes sacrés du judaïsme et que cette agressivité est en train de « corrompre » la culture israélienne. Jonathan Sacks est loin d'être un inconnu de la communauté juive et du public britanniques. Au moment de prononcer ces paroles, Sacks, juif orthodoxe, exerçait ses fonctions de Grand Rabbin depuis 11 ans et avait régulièrement participé à l'émission de grande écoute *Thought for the Day* (« pensée du jour ») sur les ondes de la BBC. Sacks est l'un des rares chefs spirituels du royaume dont l'influence dépasse largement sa communauté confessionnelle, en l'occurrence les 280 000 Juifs du pays. Dès 1967 (la guerre de six jours), Jonathan Sacks était « convaincu qu'Israël devait rendre les Territoires occupés au nom de la paix ». Il n'a jamais renoncé à cette conviction. Sur l'actualité au Proche-Orient, il a dit au *Guardian* que « la situation actuelle est tout à fait tragique. Elle est en train de pousser Israël dans des postures qui, à long terme, sont incompatibles avec nos idéaux les plus profonds. »

Par ailleurs, Sacks a déjà rencontré secrètement à New-York, en l'an 2000, l'ayatollah Abdoullah Jayadi-Amoli, dignitaire religieux iranien, à l'occasion d'une réunion organisée par le ministère des Affaires étrangères britannique. De cet entretien il retient : « Dès le début, nous parlions la même langue, celle des croyants. » Au moment d'accorder l'interview au *Guardia*n, le grand rabbin venait d'écrire un livre qui a fait date : *The Dignity of Difference, How to Avoid the Clash of Civilisations* (« la dignité de la différence, commence éviter le clash des civilisations »). Sacks précise : « J'y lance un appel à toutes les cultures et à toutes les langues. Je leur dis “les gars, il faut commencer à conceptualiser notre monde de façon différente si nous voulons survivre au 21ème siècle”. » Ainsi, les Juifs de Sa Gracieuse Majesté sont en train de mettre leurs coreligionnaires israéliens devant leur responsabilités.

*

* *

Sukkot : tabernacle de la paix

Dans le cadre de la plus importante période de fêtes juives, l'association israélienne Bat Shalom (les Femmes pour la Paix) organisent son annuelle « Sukkah » (tabernacle) de la paix. Ceci à l'occasion de « Sukkot », la fête de la moisson, également connue sous le nom de la fête des tabernacles ou la fête des cabanes. Cette commémoration, qui dure une semaine pendant le mois hébraïque de Tichri (celui du nouvel an), est un acte de reconnaissance pour l'abondance des récoltes. En automne ce genre de fête est célébré, dans toutes ses variantes, par l'ensemble des sociétés d'origine rurale. La tradition juive veut que les commensaux prennent leur repas dans une cabane, ou tabernacle, avec un toit de paille au-dessus de la tête. Ce décor symbolise à la fois notre communion avec la nature et la fragilité de la vie sur terre. C'est un moment de partage entre parents et amis, réunis pour exprimer leur gratitude pour l'abondance de la récolte. Le hasard du calendrier veut qu'en 2005, la semaine juive de Sukkot ait eu lieu pendant le mois musulman de Ramadan, caractérisé également par le partage d'un repas festif au moment du coucher du soleil. Cela tombe bien, car les membres de Bat Shalom ont invité leurs voisins arabes à partager leurs repas dans le Tabernacle de la Paix dressé par l'association. En 2006 les militantes de Bat Shalom érigent leur « Sukkah » à Meggiddo, dans le nord d'Israël. C'est une région cosmopolite où les fidèles des quatre principales religions du pays se côtoient (juifs, musulmans, chrétiens et druzes). Bat Shalom est une des composantes de la Coalition des femmes pour la paix, une structure qui regroupe une dizaine d'organisations féminines et féministes pour la paix et contre l'occupation. L'amitié judéo-arabe et l'amitié judéo-musulmane sont des vecteurs de rapprochement entre citoyens de confessions et de cultures différentes. Se connaître mieux, c'est essentiel pour pouvoir vivre ensemble.

*

* *

Ni « terre promise », ni « terre sainte »

Dans un texte publié le 9 janvier 2001 par le quotidien français *Le Monde*, le rabbin David Meyer, de rite libéral, aborde le thème de la terre promise. Dans ce texte il souligne la conditionnalité de la sainte alliance, celle établie entre Dieu et le peuple d'Israël (c'est-à-dire les Juifs dans leur ensemble – on ne parle pas ici des citoyens d'un certain État). Le rabbin Meyer, d'origine alsacienne, est professeur de littérature rabbinique et de pensée juive contemporaine. Dans cet article, il nous enseigne que :

« *Contrairement aux idées reçues, l'idée de "terre sainte" ou de "promesse inconditionnelle" sur la terre d'Israël n'existe pas dans la tradition juive. (...) Pour la tradition juive, le saint et le sacré, ainsi que la notion de promesse divine, sont liés au comportement moral des hommes et non pas à une valeur intrinsèque d'un bout de terre, quel qu'il soit. (...) Lorsque les valeurs de la morale et de l'éthique sont renversées, lorsque l'accessoire devient plus important que l'essentiel, lorsque la pureté ou le sacré sont des valeurs supérieures au respect de la vie humaine, les notions de sainteté et de promesse disparaissent. Lorsqu'il n'y a pas de sens de l'éthique, il n'y a ni "terre promise", ni "terre sainte". (...) Lorsque la Torah nous met en garde contre la pratique d'une certaine idolâtrie qui mettrait en péril notre présence sur la terre d'Israël, ne devons-nous pas réfléchir sur cette nouvelle forme de pratique idolâtre que constitue l'idolâtrie de la terre d'Israël, du "Grand Israël" ? (...) Lorsque le Talmud*[72] *soumet à notre réflexion les conséquences terribles d'une inversion des valeurs morales, ne devons-nous pas nous interroger sur la prépondérance qu'a prise, dans notre monde d'aujourd'hui, la notion de souveraineté, au détriment du respect de la vie ?* »

---

[72] Talmud : la loi dite « orale », essentiellement des commentaires sur la Torah. Le Talmud est sujet à de multiples interprétations et considéré comme faillible, car c'est l'œuvre des hommes et non de Dieu.

*

* *

Tou Bishvat : les arbres n'ont pas de religion

Tandis que le monde entier a célébré le nouvel an le 1er janvier, les Juifs du monde entier ont célébré le 25 janvier 2005 le nouvel an des arbres. Cette date, qui correspond au 15 Shvat dans le calendrier hébraïque, marque le début de la saison de bourgeonnement des amandiers au Proche-Orient. Un traité du Talmud désigne cette date comme le nouvel an des arbres. En Israël, l'hypocrisie légendaire poursuit son chemin avec des écoliers qui sont envoyés pour planter des arbres, grâce à des dons collectés par le KKL. Jusque là, pas de problème, tant qu'il s'agit de plantations. Mais là où le bât blesse, c'est le nombre de plus en plus important d'arbres qui sont arrachés et déracinés dans les Territoires occupés. Surtout des oliviers, des amandiers et autres arbres fruitiers. Pourquoi ? Parce qu'ils ont le tort d'être cultivés par des paysans palestiniens que les colons et l'armée essaient de chasser de leurs terres afin d'agrandir des colonies.

Une seule statistique fait froid dans le dos : au cours de la première année de l'Intifada, les forces d'occupation israéliennes ont rasé et brûlé 3 700 000 mètres carrés de terres cultivées, puis déraciné et brûlé 26 570 oliviers. Ces chiffres n'ont cessé d'augmenter depuis. Voilà ce qu'il en est pour la volonté de l'Etat d'Israël de

« faire fleurir le désert » comme dit la propagande du KKL. Outre les Comités de secours aux agriculteurs palestiniens, d'autres organisations militent également pour arrêter cette hémorragie, dont… les Rabbins pour les droits humains. Comme chaque année, ces rabbins célèbrent Tou Bishvat en plantant des arbres sur les terres palestiniennes afin de remplacer ceux arrachés par Tsahal et les colons. De telles actions de plantation n'étaient guère prévues par le KKL ! Que l'on soit laïque ou religieux, croyant ou pas, il faut saluer l'action de l'association Rabbins pour les droits humains et exprimer sa solidarité avec les paysans palestiniens à l'occasion de Tou Bishvat, comme tout au long de l'année.

*

* *

Des valeurs, des rites et de l'universalisme

Quelle est la place au juste des rites dans la religion juive par rapport aux valeurs qu'ils doivent symboliser ? Comment le judaïsme peut-il se réclamer de l'universalisme dès lors que l'ensemble de ses rituels le distingue tant du reste de l'humanité ? Voici des extraits d'un sermon fort instructif prononcé à ce sujet par le rabbin John D. Rayner à la Synagogue juive libérale de Londres le jour de Kippour, le 27 septembre 2001 :

« Le Créateur de l'univers est un Dieu moral qui nous demande de pratiquer la justice. Tout le reste, et en particulier le rituel religieux, devient insignifiant par rapport à cette exigence. Les valeurs éthiques sont les seules valeurs ultimes. "Je hais, j'ai en dégoût vos fêtes, je ne prends nul plaisir à vos assemblées… Mais que le bon droit jaillisse comme l'eau, la justice comme un torrent qui ne tarit point" (Amos 5, 21 et 24). C'est là un thème qui revient sans cesse chez Amos, Osée, Isaïe, Michée et Jérémie, ainsi que dans la prophétie précitée du Deutéro-Isaïe. Dieu, nous dit celui-ci, se moque de savoir si nous jeûnons ; il se soucie infiniment davantage de notre comportement à l'égard du prochain (Isaïe 58, 1-7). (…) Il est impératif pour nous de revenir à l'enseignement des Prophètes. Il faut souligner que la survie d'un peuple observant une série de rites particuliers, exotiques et pittoresques, peut certes présenter un intérêt considérable pour les anthropologues, mais demeure totalement indifférente à Dieu, à moins que ce peuple ne représente réellement, par son exemple éthique, "la Lumière des Nations" (Isaïe, 49, 6). Il convient d'ajouter que les impératifs éthiques, de par leur nature même, transcendent les frontières nationales ; c'est pourquoi l'enseignement des Prophètes est fondé non seulement sur la justice, mais encore sur l'universalisme. C'est là le second aspect de cet enseignement. Il faut bien reconnaître que, sur ce point, il s'est produit dans le monde juif un recul sensible. L'insistance renouvelée sur le rituel fait partie

de ce constat, puisque les rites ont précisément pour fonction de nous rendre différents des autres. Mais c'est surtout dans l'attitude des Juifs vis-à-vis de l'État d'Israël et de son conflit avec les Palestiniens que le recul est le plus marqué. À cet égard, l'attitude prédominante parmi les Juifs (...) est marquée par la compassion pour soi, l'apologie de soi et la certitude d'avoir toujours raison. (...) Le mythe de l'innocence des Juifs est indéfendable. Je n'éprouve aucun plaisir à dire cela, mais c'est la vérité. Et j'espère bien que, du haut de cette chaire, on vous dira toujours la vérité, pour désagréable qu'elle puisse être. Les Prophètes hébreux auraient été profondément choqués par l'attitude présente de leur peuple ; il est vrai qu'en leur temps déjà ils avaient motif à critiquer leur propre société. Comme le dit le premier verset de notre Haphtara[73] d'aujourd'hui : "Crie à plein gosier, ne te ménage point ! Comme le cor, fais retentir la voix ! Et expose à mon peuple son iniquité, à la maison de Jacob ses péchés" (Isaïe 58, 1). Par ailleurs, ils dénonçaient avec mépris les faux prophètes qui courtisaient le peuple à coups de mensonges, en disant : "Paix ! Paix !" alors qu'il n'y a point de paix (Jérémie 6, 14). (...) En ce jour de Kippour, ce n'est pas le moment d'être satisfaits de nous-même. Bien au contraire, c'est le moment de nous interroger à notre sujet. Il ne s'agit pas de dénoncer les fautes des autres, pour nombreuses et

[73] Haphtara : une brève lecture des Prophètes qui suit la lecture de la Torah pendant l'office de shabbat ou lors d'autres fêtes juives.

graves qu'elles soient, mais de faire face à nos propres fautes. Il s'agit d'écouter la voix des Prophètes qui nous demandent de dire et de faire non ce qui est bien vu ou à la mode, non ce qui nous réconforte, mais ce qui est juste. »

*

* *

Rabbins et imams pour le dialogue, de Séville à Gaza

En mars 2006, un groupe de 150 rabbins et imams de plusieurs pays se sont réunis pour la deuxième année consécutive près de Séville (Espagne). C'est dans cette région de l'Andalousie que juifs, musulmans et chrétiens ont vécu ensemble pendant des siècles dans la paix et la tolérance. Parmi les conviés il y avait des rabbins d'Israël et des imams de Palestine, dont Imad al-Falouji de Gaza. Par contre les imams proches du Hamas et des Frères musulmans n'ont pas fait le déplacement. Cyril Dion, un des organisateurs, a déclaré à la presse que ces deux courants sont des « antijuifs primaires ». Pour sa part, le rabbin Menachem Froman, ex-intime de Yasser Arafat et du Cheikh Yacine[74] a dit : « Je connais bien les gens du Hamas. (…) J'essaie de les comprendre. La

[74] Cheikh Yacine : chef spirituel du Hamas, assassiné par l'armée israélienne en 2004.

seule façon d'établir des ponts entre les deux camps passe par les initiatives et le dialogue entre les leaders religieux. Les accords d'Oslo avaient été faits sans eux, cela ne pouvait pas fonctionner. »

*

* *

Appel Olga :

Dans « l'Appel Olga », rédigé en 2004, un grand nombre de personnalités israéliennes ont abordé les relations de leur pays avec les Palestiniens sous un angle éthique, qui touche aux fondamentaux de la culture juive millénaire. Ils rappellent aux bons souvenirs de leurs compatriotes que :

« Depuis sa création, Israël a vécu par l'épée. Une suite incessante de "représailles", d'opérations militaires et de guerres est devenue la drogue essentielle à la survie des Juifs israéliens. (…) Dix ans après les Accords d'Oslo, nous vivons dans une réalité coloniale aveugle – au cœur des ténèbres. (…) Ainsi, où qu'ils soient, une frontière est dessinée entre les Juifs et les Arabes, afin de distinguer et séparer les élus et les damnés. (…) Corriger l'injustice continue infligée aux réfugiés palestiniens, génération après génération, est une condition nécessaire, tant pour la réconciliation avec le peuple palestinien, que pour notre propre guérison spirituelle, Juifs israéliens. Ce n'est qu'ainsi que nous cesserons

d'être affligés par les démons du passé et les damnations, et que nous pourrons nous sentir à demeure dans notre patrie commune. (...) Nous sommes des frères et sœurs et non des ennemis éternels comme le professent les empoisonneurs de puits. (...) Si nous réunissons en nous-mêmes l'honnêteté adéquate et le courage nécessaire, nous serons capables de faire les premiers pas de cette longue marche qui peut nous extirper de l'enchevêtrement de négation, de répression, de distorsion de la réalité, de manque de vision et de renonciation à notre conscience, enchevêtrement duquel le peuple d'Israël est captif depuis des générations. »

*

* *

Canada/USA : rabbins orthodoxes et concessions territoriales

Quelques jours avant la conférence d'Annapolis,[75] le Congrès rabbinique central (CRC), qui représente des rabbins orthodoxes au Canada et aux États-Unis, a publié une déclaration sur les négociations de paix. Cette instance regroupe plus de 150 synagogues orthodoxes en Amérique du Nord. Le 30 novembre 2007, après avoir dit qu'il n'a pas pour habitude

[75] Conférence tenue dans cette ville aux États-Unis en décembre 2007 à l'initiative du président George W. Bush, avec le Premier ministre israélien Ehud Olmert et le Président palestinien Mahmoud Abbas.

d'émettre des déclarations politiques, le CRC a fait référence au caractère exceptionnel des circonstances : « Lorsque la vérité est déformée, surtout par ceux qui prétendent parler au nom de la Torah » (allusion au courant dominant dans le rabbinat), « le CRC est obligé de préciser les choses ». Entrant dans le vif du sujet, les rabbins orthodoxes contestent des déclarations faites par certaines organisations politiques et religieuses juives qui, elles, prétendent que « rendre des parties de la terre sainte, en particulier Jérusalem, pour assurer la paix », serait interdit. « Ceci n'est tout simplement pas vrai » affirme le CRC, qui rappelle que ce qui est interdit par la Torah, c'est « l'établissement d'un État juif avant l'arrivée du Messie. Les juifs sont en exil à travers le monde, où ils doivent vivre en paix et en harmonie et faire preuve de loyauté envers les pays de résidence dans lesquels ils vivent. Les principes de la Torah proclament également que la vie humaine est la cause la plus sacrée. Des concessions territoriales qui ont pour objectif de sauvegarder les vies et d'éviter des souffrances humaines ne sont pas seulement autorisées par la Torah, mais exigées par elle. » Les rabbins concluent : « Des centaines de milliers de juifs orthodoxes en Amérique et ailleurs, qui sont fidèles à l'enseignement religieux du Talmud, ainsi que des sages s'opposent à la proclamation d'un État souverain et s'opposent aux politiques expansionnistes du gouvernement israélien. Que toute l'humanité soit digne d'une véritable rédemption lorsque "de leurs glaives, ils forgeront des hoyaux" et la gloire de Dieu remplira le monde. »

*

* *

Manifestation religieuse dans la plus importante ville juive du monde

Des estimations varient entre quelques dizaines de milliers et une centaine de milliers de personnes. Juifs pratiquants, ils sont descendus dans la rue pour clamer leur foi et demander que les autorités politiques agissent en conformité avec l'éthique de la Torah. Cette manifestation, a-t-elle eu lieu à Jérusalem ? À Tel-Aviv ? Non, c'était à New-York, la ville qui accueille la plus grande population juive du monde. Le 9 juin 2013, les rues de la métropole américaine ont vu une marrée humaine d'hommes en noir, avec la coiffe traditionnelle des juifs orthodoxes. Fait exceptionnel, ils ne portaient pas des livres de prière, ni les rouleaux de la Torah, mais de grandes pancartes, comme cela se fait dans n'importe quelle manifestation revendicative. Les inscriptions s'adressaient ostensiblement aux autorités israéliennes, mais au-delà, aux autres juifs américains, au grand public des États-Unis et au gouvernement fédéral à Washington. La manifestation fut l'objet de nombreux reportages dans la presse écrite et électronique. En lisant les pancartes, les badauds et les téléspectateurs américains ont sûrement appris quelque chose qu'ils n'auraient jamais su en écoutant les porte-parole du gouvernement israélien ou de l'AIPAC : « Des juifs fidèles à la Torah se sont toujours opposés à l'État d'Israël », « Lisez le Talmud : il est interdit d'opprimer autrui », « Israël est un État sioniste, pas un État juif », « L'État sioniste bafoue sans merci des droits humains fondamentaux ». Pour une fois que les rabbins, les étudiants talmudiques et les fidèles sont sortis des synagogues pour s'exprimer sur la place publique, ils ne sont pas allés par quatre chemins. Une certaine idée du judaïsme, dans la plus grande ville juive du monde. Le tout très loin d'Israël, géographiquement et moralement.

Israël : de la corruption à la guerre

Le texte ci-dessous, écrit par Richard Wagman le 24 avril 2010, a été publié sur le site web de la revue « Rue 89 », www.rue89.com

C'est dans une certaine morosité que le peuple israélien s'apprête à commémorer sa fête nationale, le 14 mai. Cette date marque la proclamation de l'État d'Israël par David Ben Gourion en 1948 mais elle marque également le début de la « Nakba », l'expulsion de quelques 800 000 Palestiniens de leurs terres, créant ainsi le problème des réfugiés qui, après 62 ans, reste entier.

Une fête nationale – dans tout pays – est souvent l'occasion pour le peuple d'exprimer sa fierté, de sortir du placard ses symboles nationaux, de manifester son attachement à la patrie. Que le phénomène soit ou non souhaitable, une fête nationale, ça sert à ça. En Israël, qu'en est-il ? Dans la culture juive, le Talmud nous enseigne que le monde repose sur trois piliers : la vérité, l'équité et la paix. Mais dans « État hébreu », une blague juive veut que la société israélienne repose sur trois *autres* piliers : le mensonge, la corruption et l'armée.

Le 15 avril 2010, l'ancien Premier ministre Ehud Olmert (du parti de centre-droite Kadima, fondé par Ariel Sharon) a démenti devant la presse les lourdes accusations qui pèsent contre lui dans le plus vaste scandale immobilier de l'histoire du pays. Olmert est en effet soupçonné d'avoir reçu des pots-de-vin de 700 000 € en espèces de la part d'entreprises privées pour avoir facilité la construction du complexe « Holyland » ('Terre Sainte', sic) lorsqu'il était maire de Jérusalem entre 1993 et 2003. Qui plus est, cet ensemble immobilier de luxe a été édifié en infraction aux normes en vigueur : hauteur des constructions et plan d'occupation des sols. La veille, celui qui a succédé à Olmert à la mairie de Jérusalem, Uri Lupolianski (Yahadut Hatorah, coalition de partis religieux ashkénazes), a été arrêté dans le cadre de cette même enquête. Quant à Ehud Olmert, mis en examen dans l'affaire « Rishon Tours », accusé de s'être fait rembourser plusieurs fois le prix de billets d'avion pour lui-même et pour les membres de sa famille, il se trouve déjà devant les tribunaux. Sans parler des autres inculpations qui pèsent sur lui : financement illégal de sa campagne électorale de 2006, abus de confiance, truquage des marchés publics et népotisme. Celui qui fut chef du gouvernement pendant dix ans fait donc couler beaucoup d'encre dans la presse israélienne, mais plus seulement dans les pages politiques. Son nom est désormais omniprésent dans la chronique judiciaire !

Une exception ? Malheureusement non. En août 2009, la police israélienne a recommandé la mise en examen d'Avigdor Lieberman, ministre des Affaires étrangères (du parti Israël Beiténou, extrême droite). Ce politicien raciste, devant lequel Jean-Marie Le Pen ferait figure de modéré, a été accusé de corruption active, fraude, blanchiment d'argent sale, subornation de témoins et obstruction de la justice. N'ayant jamais avoir été condamné par le tribunal compétent, ce personnage controversé est toujours en poste comme chef de la diplomatie israélienne. Pour l'image internationale d'un pays qui se veut démocratique, on aurait pu mieux faire. Quant à Haïm Ramon, ancien ministre de la Justice (Kadima), il a été condamné par le Tribunal de Grande Instance de Tel-Aviv non pas pour un délit lié à la corruption mais pour une affaire toutefois assez grave sur le plan moral : le harcèlement sexuel. L'ancien Président d'Israël, Moshé Katsav (Likoud, parti de droite actuellement au pouvoir), a également été accusé de harcèlement sexuel en 2007. Il a préféré démissionner, laissant la place à Shimon Pérès, plutôt que d'être destitué et condamné en justice. Katsav a indemnisé sa victime dans un règlement à l'amiable. Si la présidence du pays n'est qu'un poste honorifique, celui qui préside l'État n'en est pas moins censé incarner une certaine autorité morale auprès de ses concitoyens. Pour Katsav, c'était raté.

En 2006, selon Transparency International (une ONG qui enquête sur les affaires de corruption), Israël a dégringolé de la 22ème place à la 34ème place des pays « les moins corrompus ». Pas de quoi être fier, quand on sait que le gouvernement israélien ne se gêne pas pour critiquer la corruption de l'Autorité palestinienne. Il ferait mieux de balayer devant sa porte. C'est ce qu'estime le « Mouvement pour la probité du gouvernement », une nouvelle ONG israélienne.

Outre les élus, ni les cadres du parti au pouvoir, ni les hauts fonctionnaires n'échappent à la chronique judiciaire. Citons-en un seul : Tzahi Hangebi, accusé d'abus de confiance et de corruption électorale. Un nom parmi d'autres dans ce cas de figure : la liste est longue.

Quant aux voyages à l'étranger des hauts responsables politiques et militaires, ils sont désormais sous haute surveillance. Aucun déplacement n'est avalisé sans consultation préalable des conseillers juridiques du pouvoir. Ainsi, l'actuel Premier ministre, Benyamin Netanyahou (Likoud), a-t-il annulé son déplacement aux États-Unis le 14 avril pour le sommet sur la sécurité nucléaire. Après avoir été humilié par l'accueil glacial que Barak Obama lui avait réservé à

Washington le mois précédent, Netanyahou se sentait sur la sellette dans le dossier nucléaire, car Israël n'a jamais admis qu'il possédait l'arme atomique, un secret de Polichinelle pourtant. En décembre 2009, Tzipi Livni (Kadima), ancienne ministre, était obligée d'annuler un déplacement à Londres pour éviter d'être interpellée par la police britannique. Un mandat d'arrêt avait été délivré contre elle par un tribunal anglais, à titre de compétence universelle en matière de crimes de guerre. Des juges de Sa Gracieuse Majesté l'avaient épinglée pour son rôle dans le massacre de 1 400 Palestiniens dans la Bande de Gaza en janvier 2009 : le déclenchement de l'opération « Plomb durci » alors que Livni était ministre des Affaires étrangères et candidate pour le poste de Premier ministre dans la campagne des législatives qui se profilait à l'horizon électoral.

Déjà en septembre 2009, des avocats palestiniens avaient demandé aux tribunaux britanniques d'émettre un mandat d'arrêt contre Ehud Barak, actuel ministre de la Défense (Travailliste), pour les mêmes motifs. Cet incident judiciaire et diplomatique avait été immédiatement suivi par un camouflet infligé au général Moshé Ya'alon (Likoud), vice-Premier ministre et ancien chef de l'état-major. Celui-ci avait dû renoncer à un voyage au Royaume-Uni (ancienne puissance coloniale en Palestine) pour avoir ordonné, en 2002, le bombardement d'un immeuble à Gaza dans lequel 14 civils avaient perdu la vie. Ces incidents embarrassants pour Tel-Aviv rappellent le mandat d'arrestation émis en Belgique contre l'ancien Premier ministre Ariel Sharon, toujours à titre de compétence universelle en matière de crimes de guerre. Les dirigeants israéliens peuvent également considérer l'Espagne comme un pays à éviter : des officiers haut gradés de Tsahal furent cités en 2008 par des avocats à Madrid suite à une plainte déposée avec le concours du PCHR (Centre palestinien pour les droits humains). Qui plus est, le rapport Goldstone – rédigé sous la direction de ce juriste sud-africain mandaté par l'ONU pour enquêter sur les violations du droit international à Gaza – a sérieusement écorché les dirigeants israéliens. Avec une élite politique et militaire quasiment « assignée à résidence » à l'intérieur des frontières israéliennes – sous peine d'une arrestation humiliante – que vaut aujourd'hui l'image d'Israël, pays qui se targue d'être « la seule démocratie au Moyen-Orient » ?

Moshé Ya'alon n'est pas l'unique militaire à être traqué par la justice hors des frontières d'Israël. En avril 2007, Interpol a émis un mandat d'arrêt international contre trois officiers israéliens, Yaïr Klein, Melnik Ferry et Tzedaka Abraham. Ils sont accusés d'avoir entraîné les milices paramilitaires d'extrême droite en Colombie et d'avoir travaillé dans les années 1990 pour les hommes de Pablo Escobar, narcotrafiquant colombien qui purge actuellement une peine de prison à perpétuité. Quant à Yaïr Klein, il avait auparavant servi comme mercenaire en Sierra Leone, au Liberia et au Panama. Voilà une autre activité « internationaliste » chère à une partie de la caste militaire israélienne : le mercenariat.

De la corruption à la guerre, il n'y a qu'un pas. Comble de l'ironie, face au discours sécuritaire ambiant en Israël, le pays fut ébranlé en 2007 par une révélation qui a laissé pantois bon nombre d'Israéliens. Trente-cinq soldats furent inculpés pour avoir volé du matériel militaire dans les casernes. Dans quel but ? Pour les revendre… aux combattants palestiniens et au Hezbollah libanais ! Certains rapports des renseignements militaires israéliens ont évoqué 2 345 pièces d'artillerie, 15 roquettes antichars et des dizaines de milliers de munitions volatilisées, dont 24 000 balles pour la seule année 2006. Des journalistes, citant des sources officielles israéliennes, ont révélé ces faits déjà connus de bon nombre d'Israéliens (la conscription étant obligatoire) mais sujet tabou, que peu de gens voulaient avouer au grand jour. Les trafiquants, des réservistes pris entre des officiers peu regardants et le chômage qui les guette à la fin de leur service militaire, n'ont pas trouvé mieux pour arrondir leurs fins de mois qu'un lucratif trafic d'armes, même si ces dernières doivent se retourner contre eux sur le terrain des opérations militaires dans des affrontements avec la résistance palestinienne.

Chômage, précarité, violence, contrebande du matériel militaire, le tout dans une société rongée jusqu'à l'os par la corruption généralisée, telle est l'ambiance en Israël à la veille de la « fête nationale ». Les Israéliens, pourront-ils un jour être fiers de leur pays ? Sans doute. À condition que ce pays renonce à l'occupation, rapatrie les colons, démantèle le Mur de séparation, reconnaisse le droit au retour des réfugiés et s'assure que chaque citoyen juif parle aussi bien l'arabe que ses citoyens palestiniens parlent l'hébreu. Israël doit faire amende honorable pour toutes les horreurs du passé en demandant solennellement pardon à ses victimes et à leurs familles. Quant aux 11 000 prisonniers politiques palestiniens qui peuplent les geôles d'Israël, ils doivent bénéficier d'une amnistie générale et laisser leur place derrière les barreaux à une bonne partie de la classe politique, de la hiérarchie militaire et de l'élite corrompue actuellement au pouvoir.

Ce n'est peut-être pas demain la veille, mais seul un scénario de ce genre sera à même d'apporter les conditions d'une véritable paix juste dans la région. Ça prendra le temps que ça prendra, mais dans la mesure où tout changement profond commence par un premier pas modeste, autant commencer tout de suite. Ce ne serait pas trop tôt.

*

* *

La prospérité israélienne vient de l'étranger

Outre le gaspillage à grande échelle des fonds publics israéliens, il faut savoir d'abord d'où viennent ces fonds. Dans la plupart des économies développées, le trésor public vient des taxes et impôts qui, eux, découlent de la production de biens et de services. Pour l'essentiel du budget israélien, l'explication est ailleurs. Quand il s'agit d'aide de la communauté internationale (notamment en termes d'aide humanitaire), on pense spontanément aux pays sous-développés en Afrique ou en Asie. Et pourtant, les statistiques en la matière peuvent réserver quelques surprises. À votre avis, quel pays au monde est le cinquième bénéficiaire de l'aide internationale : le Bangladesh, l'Indonésie, le Burkina Faso, l'Éthiopie, Haïti ou encore le Zimbabwe ? Eh non, c'est Israël ! L'aide en question est bilatérale. Elle provient des réparations allemandes pour la Shoah et surtout de l'aide financière des États-Unis. Sans être affecté aux projets de développement classiques (irrigation, cliniques, écoles rurales, etc.), l'argent des contribuables allemands et américains est versé directement au ministère chargé du budget national. L'essentiel de ces sommes est englouti dans les dépenses militaires et dans des infrastructures pour les colons en Territoires occupés. À titre d'exemple, le 6 août 2007, les États-Unis ont accordé à Israël une rallonge de crédits militaires à hauteur de 30 milliards de dollars (23,8 milliards d'euros) répartis sur 10 ans, ce qui représente une augmentation de 25% de l'aide militaire que Washington octroie à Israël. Compte tenu de la population israélienne, ce pactole représente une aide annuelle de plus de 400 000 dollars (318 000 euros) par citoyen pour les seules dépenses militaires, sans compter l'aide américaine versée à Israël dans le domaine économique en dehors du complexe militaro-industriel.

Quant aux Territoires palestiniens, parlons-en. Viennent-ils juste derrière Israël comme sixième bénéficiaire de l'aide internationale ? Pas du tout ! La Palestine, pourtant occupée et sans grandes ressources naturelles, n'est que le 20ème pays bénéficiaire de l'aide internationale, provenant surtout de l'Union européenne. Qui plus est, les projets à Gaza et en Cisjordanie ainsi financés par les contribuables européens sont régulièrement bombardés par l'aviation israélienne, les réduisant en gravats.

Si le contraire était vrai – si les Territoires palestiniens étaient la cinquième bénéficiaire mondial de l'aide internationale et Israël le 20ème – la Palestine serait aujourd'hui la Suisse du Moyen-Orient, rivalisant avec des monarchies pétrolières du Golfe pour le niveau de richesse nationale disponible pour sa population. Et puis Israël serait un pays comme un autre du Monde Arabe (hormis ceux qui sont dotés de la manne pétrolière). Le niveau socio-économique en

Israël serait alors comparable à celui de ses voisins : le Liban, la Syrie, la Jordanie ou l'Égypte. Voilà pour le « miracle économique » israélien. Made in USA.

*

* *

L'occupation : un coût social exorbitant

La présence des colons, en plus de rendre impossible la naissance d'un État palestinien viable, représente un coût élevé pour l'économie de l'État d'Israël. L'augmentation continuelle du nombre de colons devient un fardeau insoutenable pour les finances du pays. Shir Hever, économiste du Centre d'information alternative de Jérusalem, nous informe qu'en 1967 au début de l'occupation, celle-ci était une source de revenus pour Israël. Et cela grâce à l'exploitation de la main-d'œuvre palestinienne (des bas salaires pour les travailleurs arabes), la vente de produits israéliens dans les Territoires occupés, le contrôle des sources d'eau potable et l'octroi des terres les plus fertiles aux colons. Ceci correspond aux critères classiques de l'exploitation coloniale, par la métropole, des terres conquises. Mais aujourd'hui, cette même occupation est devenue un puits sans fond qui draine hors du budget national des sommes énormes. Déjà en 2007, elle a coûté pas moins de 9 milliards de dollars US (6,1 milliards d'euros) par an. Et ce chiffre n'a cessé de croître avec l'augmentation annuelle du nombre de colons, à la hauteur de 5,8 % (de loin supérieur au taux de croissance « naturelle » de cette population, estimé à 1,8 %). Shir Hever estime que d'ici 2015, l'État dépensera le double pour ses colons. Dans 20 ans, le coût de l'occupation sera le principal poste de dépense de l'État, loin devant celui de l'éducation, de la santé, ou d'autres services publics pour les Israéliens habitant à l'intérieur de la frontière de 1967.

D'une source d'enrichissement, l'occupation est donc devenue, 45 ans plus tard, une cause d'endettement sans fin. Comment expliquer cette évolution ? Elle est due principalement à la résistance palestinienne qui, depuis la première Intifada (1987), a su opérer ce retournement de situation. En analysant les chiffres, rappelons d'abord qu'en 2007, Israël comptait plus de 7 millions d'habitants. Déjà à cette date, plus de 2 milliards d'euros d'argent public étaient gaspillés en privilèges accordés aux colons (exonérations fiscales, subventions pour des écoles, achat de maisons par l'État, frais de transport, etc.). Ensuite, deux fois ce montant (plus de 4 milliards d'euros) étaient dépensés pour assurer la sécurité des colons (infrastructure militaire et mobilisation de divisions entières de l'armée). Pour garder ce niveau de dépenses, Tel-Aviv opère un choix politique qui en dit long sur ses vraies priorités : coupes claires dans les budgets sociaux et privatisation rapide de pans entiers de l'économie nationale.

Certes, cette économie en sursis est soutenue artificiellement par l'aide américaine mais à partir de 2007 cette dernière a été réduite de plus de 2 milliards d'euros (3 milliards de dollars) à seulement 1,9 milliards d'euros (2,8 milliards de dollars) par an. Qui plus est, le dollar ne vaut plus autant si bien que cette aide, déjà restreinte, vaut moins. L'argent manquant est donc fourni par les contribuables israéliens, déjà lourdement taxés. Depuis 1973, le produit intérieur brut est au dessous de la moyenne des pays avec lesquels Israël est habituellement comparé. Bien que le PIB (un indice de croissance) soit soutenu par la guerre, cela n'implique pas une amélioration des conditions de vie des habitants. Shir Hever précise : « Le chômage diminue mais les chômeurs ont perdu leurs subventions » et « le nombre de pauvres a augmenté. » L'armée et les colons ont un appétit insatiable. Sans l'aide américaine, Israël aurait une économie comparable à celle des pays voisins. Si, par contre, l'aide américaine depuis 45 ans avait été versée à l'OLP et à l'Autorité palestinienne, la Palestine serait aujourd'hui parmi les pays les plus riches de la région. Quant à l'État hébreu, avec sa population dont la plus grande composante est séfarade (Juifs originaires du Monde Arabe), il serait un pays arabe comme les autres, tant sur le plan économique que culturel. Ainsi, aujourd'hui, la différence essentielle entre la prospérité israélienne et la misère palestinienne, provient-elle d'une combinaison entre l'argent américain, l'occupation et les effets dévastateurs de cette dernière. Cependant rien n'est inéluctable. Un changement de politique peut entraîner un changement substantiel de la situation sur le terrain. Les privilégiés d'aujourd'hui peuvent devenir les défavorisés de demain et vice versa.

*

* *

Mur de séparation : objet de corruption, de mensonge ou des deux ?

Dès le début de la construction du Mur de séparation, les gouvernements israéliens (de gauche ou de droite) ont justifié cet ouvrage en prétendant que sa fonction serait de protéger les Israéliens contre les attentats palestiniens. Et ceci bien que le Mur ne sépare pas Palestiniens et Israéliens mais sépare plutôt des Palestiniens d'autres Palestiniens, car au lieu d'être érigé sur la frontière, la majeure partie est construite à l'intérieur des territoires occupés, annexant les principaux blocs de colonies en Cisjordanie. Des nouvelles provenant d'Israël tendent à corroborer cette fonction d'annexion. Doudi Barel, homme d'affaires et président de l'Association israélienne des entrepreneurs en travaux publics, a déjà fait connaître son mécontentement. Parce que la sécurité de son pays est en jeu ? Non, parce que les travaux du Mur ont pris du retard. En fait, sa construction s'est interrompue faute de crédits. Projet lancé en 2002 sur proposition d'Ehud Barak (ancien Premier ministre travailliste), le coût global du Mur était alors estimé entre 1,4 et 2 milliards d'euros et devait s'étendre sur 790 kilomètres, du nord de la Cisjordanie jusqu'au sud d'Hébron.

Sur le plan financier, ce chantier revêt un caractère pharaonique, creusant un trou béant dans le budget national, déjà sérieusement alourdi par les dépenses militaires. Mais depuis le début du chantier, la deuxième Intifada s'est essoufflée. Quant au plus chaud partisan de ce projet, Ariel Sharon, il a été terrassé par une attaque cérébrale, début 2006, le laissant dans un coma irréversible. Celui qui l'a remplacé, Ehud Olmert, semblait avoir d'autres priorités. Depuis le début des travaux, entamés dans l'urgence, les ingénieurs du ministère de la Défense ont été obligés de revoir leur copie à plusieurs reprises. De plus, la Cour suprême d'Israël a jugé que le Mur devrait être déplacé ici et là, en se prononçant sur une partie des 145 plaintes déposées par des villages palestiniens lésés. En janvier 2008, seulement 450 des 790 kilomètres de l'ouvrage avaient été achevés. À certains endroits cette barrière est un mur stricto sensu, à d'autres endroits c'est une clôture de barbelés munie de tours de garde et d'un système de surveillance électronique. Et dans l'ensemble, cet ouvrage est peu ou mal entretenu. Il semble ainsi être à l'abandon près de la ville de Modi'in où les alarmes ont été détruites et ne fonctionnent plus. Des ouvriers palestiniens ont coupé les barbelées en plusieurs endroits et les franchissent pour travailler clandestinement en Israël. Shlomi Eldar, journaliste israélien bien connu, a estimé que « si le Hamas ou le Fatah décidaient de reprendre leurs campagnes d'attentats suicides, ils n'auraient aucun problème à le faire. »

Au début du projet, en 2002, le gouvernement avait annoncé que le Mur, ouvrage « temporaire », était conçu pour durer une période de cinq ans, c'est-à-dire jusqu'en 2007. Or en janvier 2008, 340 km de l'ouvrage originalement conçu n'étaient pas encore construits. Et son achèvement n'est pas prévu avant 2010… au plus tôt ! En octobre 2007, le ministère de la Défense a demandé aux entreprises sous contrat d'interrompre les travaux dans la région d'Hébron. Selon des sources proches du ministre Ehud Barak, une partie des crédits alloués pour achever le Mur serait désormais affectée au développement d'un système antimissiles et antiroquettes qui doit protéger Israël contre d'hypothétiques frappes du Hezbollah ou de l'Iran. D'une guerre à l'autre, Tel-Aviv jongle avec ses dépenses militaires. En réalité, maintenant que l'annexion des blocs de colonies est pratiquement un fait accompli, la fonction sécuritaire du Mur n'est plus à l'ordre du jour.

*

* *

Le capitalisme israélien à l'ombre du Mur

Mme Simone Korkus, journaliste néerlandaise travaillant en Palestine depuis plusieurs années, a réalisé une étude en 2007 sur les conditions de travail dans les colonies israéliennes qui emploient la main-d'œuvre palestinienne dans les Territoires occupés. Quelques extraits : « Les zones industrielles et les colonies sont habituellement situées dans la soi-disant “Zone C”, ce qui signifie qu'elles tombent sous la juridiction israélienne. On pourrait s'attendre à ce que la législation du travail israélienne y soit appliquée, mais le tribunal du travail a décidé que la législation jordanienne était applicable aux ouvriers palestiniens… Résultat : les ouvriers palestiniens sont juridiquement discriminés par rapport à leurs collègues israéliens sur un même lieu de travail. »

L'enquête analyse ensuite la situation du côté de Tulkarem, dans la zone industrielle au nom improbable de « Nizzane Ha Shalom » (les bourgeons de la paix). Le quotidien des ouvriers palestiniens dans les sept usines de la zone est moins poétique que ce que ce nom évoque. Cette zone a été construite en 1995 en tant que l'une des neuf zones industrielles prévues en Cisjordanie. Les 700 Palestiniens qui travaillent dans les ateliers de production de cartons, de pièces de rechange en plastique, de pesticides et de liquides toxiques subissent un sort dramatique. Comme « *ce père de cinq enfants qui vient ici tous les jours – six fois par semaine, neuf heures par jour – pour un salaire horaire de 11 shekels (2 euros), ce qui représente plus de 7 shekels de moins que le salaire horaire minimum pour les Israéliens… Mais parfois, il a peur. Son patron le renverra-t-il s'il demande une augmentation ou s'il arrive en retard ou s'il tombe malade ? Cela est déjà arrivé. Les retardataires sont punis et ils n'ont plus de travail et de salaire pendant au moins une semaine. Les rebelles, les malades et les faibles sont virés sur-le-champ. "Là où je travaille, mon patron peut trouver immédiatement dix autres personnes" explique-t-il. Et donc il quitte sa maison à cinq heures du matin, il ne demande pas le minimum salarial, il travaille quand il est malade et pendant les fêtes de l'Id Al Adha et il n'a jamais entendu parler de vacances.* » Un autre ouvrier de cette zone industrielle témoigne : « *Il y a deux ans, j'ai enfin trouvé le courage de me plaindre. Vous savez ce qui s'est produit ? J'ai été renvoyé sur-le-champ et je suis rentré à la maison sans salaire. Deux semaines plus tard, le téléphone a sonné. C'était mon patron. Il m'a dit qu'il me donnait une dernière chance, mais que je devais la fermer.* » Et c'est ce qu'il a fait. « *Il ne s'est pas plaint au sujet du manque de vêtements de protection et il n'a rien dit quand le jeune Namer s'est blessé par accident au ventre avec une agrafeuse électrique et qu'il a été renvoyé chez lui sans toucher de salaire. Mais il admet qu'il est furieux. "Le pire, c'est que le directeur s'en fout. Ce n'est pas qu'il nous traite comme des animaux. C'est qu'il ne nous voit même pas."* ».

L'étude abonde de ce genre de témoignages et des informations économiques édifiantes corroborent ces récits. Face aux affirmations israéliennes selon lesquelles le Mur de séparation répondrait à des impératifs de sécurité, on voit mieux sa véritable fonction. Outre l'annexion des terres palestiniennes pour l'expansion des blocs de colonies, la création *de facto* de zones franches, imperméables au droit de travail et aux normes environnementales, n'a rien à envier aux *maquilladores* mexicains et autres délocalisations dans des pays à bas coût de main-d'œuvre. Pendant que les communiqués officiels louent les avantages du Mur sous des prétextes sécuritaires, les employeurs israéliens se frottent les mains.

*

* *

Un trafic d'armes qui a scandalisé les Israéliens

C'est *Al-Hayat*, quotidien de langue arabe publié à Londres, qui a révélé le scandale des militaires israéliens vendant des armes aux Palestiniens, voire au Hezbollah libanais, afin de toucher un supplément de revenus. À l'époque, en 2007, Israël reprochait souvent à l'Égypte de ne pas sévir assez fermement contre un trafic en faveur du Hamas, des armes passant fréquemment dans les tunnels sous la frontière égyptienne vers la Bande de Gaza. Mais le président égyptien en poste à ce moment-là, Hosni Moubarak, a affirmé que ces armes proviennent d'Israël même ! Depuis, la police militaire israélienne a effectué une cascade d'arrestations de soldats pris dans ce surprenant trafic d'armes. Que ce petit trafic lucratif ait permis aux combattants palestiniens de monter plusieurs opérations militaires au cours des dernières années est un secret de Polichinelle. Le commandement de Tsahal reconnaît le phénomène et le prend très au sérieux. Ce trafic insolite, qui n'avait rien de nouveau, a pris de l'ampleur en 2006 et 2007. Des rapports des renseignements militaires israéliens reconnaissent que des armes et munitions, dérobées dans les arsenaux, ont réapparu dans des mains palestiniennes à Gaza, Tulkarem, Naplouse et Jénine. En octobre 2007, 15 roquettes antichars ont disparu d'un terrain d'entraînement du plateau du Golan, zone sous haute surveillance militaire. Le fait que ce vol ait été commis par des effectifs de Tsahal ne fait aucun doute. Par ailleurs la justice israélienne a été saisie de nombreux dossiers concernant des transactions clandestines d'armes à la frontière libanaise, certains datant d'avant le conflit avec le Hezbollah en août 2006.

Selon les responsables militaires israéliens, la majorité de ces vols sont commis par des soldats voulant arrondir leurs fins de mois. À noter que le tiers des troupes est composé de réservistes, qui risquent de se trouver au chômage au bout de leur période annuelle de service militaire obligatoire. Pour essayer de faire face à ce problème, le chef d'état-major, le général Gaby Ashkenazi, a annoncé un renforcement des moyens d'investigation et une multiplication des inspections surprises. On voit donc là un nouvel effet pervers de l'occupation et de son coût économique et social dans une société hypermilitarisée. Face à la colère prévisible de l'opinion israélienne, Tel-Aviv devrait faire preuve d'un peu plus d'humilité la prochaine fois qu'il a envie de se dérober devant ses responsabilités en accusant le gouvernement égyptien d'un manque de surveillance à la frontière avec la Bande de Gaza.

*

*   *

Rescapés de la Shoah : victimes des banquiers israéliens

Un article intitulé « Holocauste » paru le 19 janvier 2005 dans *Courrier International* en dit beaucoup sur le poids des « valeurs humaines » lorsqu'il s'agit des impératifs du capital financier :

« Les banques israéliennes ont lésé les survivants et leurs descendants. Après quatre années d'enquête, une commission parlementaire israélienne conclut que "les banques israéliennes qui géraient des avoirs de Juifs européens morts dans les camps ont fait peu d'efforts pour restituer ces fonds à leurs descendants ou bien les ont incorrectement remboursés".... "Ni l'État ni les banques ne se sont vraiment souciés de ce problème" a déclaré Colette Avital, députée travailliste et présidente de la commission. Et d'ajouter : "Au vu de ce que nous avons exigé d'autres pays dans la même situation, nous ne pensons pas que l'État d'Israël doive bénéficier d'un traitement de faveur." (...) "Sous la pression des États-Unis et d'Israël, les banques et les gouvernements suisse et autrichien ont dû lever le secret sur les comptes appartenant à des victimes et des survivants de l'Holocauste et verser des compensations". Ainsi la Suisse a payé 1,25 milliard de dollars. Mais les banques israéliennes ne semblent pas prêtes à reconnaître leur responsabilité. » L'argent n'a pas d'odeur, c'est bien connu. Même quand les banquiers sont de la même communauté que les victimes du génocide dont ils gèrent les avoirs. L'antisémitisme nazi est une chose, l'opportunisme financier, l'avarice et la course aux profits à tout prix, en sont une autre. Ce sont plutôt ces derniers motifs qui animent les banquiers suisses, autrichiens et... israéliens ! Voilà le comportement des banquiers dans l'État qui se veut un « abri pour les Juifs ».

*

* *

Rescapés de la Shoah : « comme si nous étions un fardeau »

Le 5 août 2007 a eu lieu la « Marche des vivants ». Non, il ne s'agit pas de Juifs qui vont en pèlerinage au camp d'extermination d'Auschwitz, événement auquel on associe habituellement le nom « Marche des vivants ». Il s'agit d'une manifestation de personnes âgées, rescapées du génocide, qui ont défilé à Jérusalem entre la Knesset et le bureau du Premier ministre. Ce n'était pas une des nombreuses commémorations officielles de la Shoah en Israël, mais bien une manifestation revendicative où les marcheurs ont exprimé leurs doléances devant les autorités israéliennes.

En clair, quelque 240 000 Israéliens âgés, survivants du génocide, ont poussé un cri de colère contre le gouvernement Olmert qui proposait une augmentation mensuelle ridicule de 15 euros à leur maigre pension. « L'État hébreu », créé au lendemain de la Seconde guerre mondiale, prétend représenter les Juifs du monde entier. À ce titre il a déjà reçu des milliards d'euros de l'Allemagne, qui verse encore des indemnisations à Israël, même si le gouvernement allemand actuel ne peut d'aucune manière être comparé au régime nazi, ni être vu comme héritier politique du nazisme. Qu'en est-il de cet argent aujourd'hui ? Une bonne partie est perdue dans le gouffre du déficit budgétaire israélien, creusé par des dépenses militaires et de coûteux projets de colonisation dans les Territoires occupés. Certains se demandent si une partie de ses fonds n'a pas été carrément détournée par des hommes politiques ou des hauts fonctionnaires indélicats. Toujours est-il, il reste peu d'argent pour les plus démunis, y compris les rescapés de la Shoah, dont la plupart vivent en dessous du seuil de pauvreté.

Les autorités israéliennes ont proposé d'étaler sur quatre ans l'augmentation des indemnités. Au cours d'une conférence de presse à Jérusalem le 4 août 2007, Ruth Tatarko, une des rescapées, a dit d'une voix tremblante : « Le gouvernement nous traite comme si nous étions un fardeau et mise sur une solution biologique du problème ». En effet, dans quatre ans, bon nombre de ces personnes âgées ne seront plus de ce monde. Outre des paiements versés à Israël, Berlin indemnise aussi directement les victimes du génocide qui résident encore sur son sol, et il n'est pas le seul gouvernement européen à le faire. Les rescapés israéliens soulignent à titre d'exemple que l'Allemagne, mais aussi la France et les Pays-Bas, indemnisent mieux leurs citoyens survivants de la Shoah que « l'État juif ». Pour les Israéliens, ce constat est douloureux. Il est à noter par ailleurs que la majorité des rescapés du génocide hitlérien ne vit pas en Israël, mais en Europe et en Amérique.

L'affirmation des manifestants israéliens a été confirmée par un reportage accablant sur les conditions de vie des survivants, diffusé sur la deuxième chaîne privée de la télévision israélienne. Un coup dur pour les rescapés, mais aussi pour les fondements de la société israélienne elle-même, qui se veut le dernier refuge contre l'antisémitisme et le champion dans la défense des intérêts juifs dans le monde. Le sort qu'il réserve aux survivants des camps d'extermination constitue une révélation cynique sur les véritables priorités de Tel-Aviv.

*

* *

Méthodes douteuses de Tel-Aviv : le cas de la deuxième flottille

Lors de l'arraisonnement du bateau français « Dignité Al-Karama » le 19 juillet 2011 dans les eaux internationales au large de Gaza (un acte de piraterie selon le droit maritime), les officiers israéliens ont sciemment désinformé le commando chargé de cette besogne. Croyant avoir affaire à des terroristes, des soldats armés jusqu'aux dents ont découvert, hébétés, des pacifistes, des élus et des syndicalistes à bord. Ils ont quand même exécuté les ordres douteux, saccageant le navire et foulant aux pieds le drapeau français qui flottait sur le mât, sans que Paris ait rien trouvé à redire sur cet incident.[76] Dix mille (10 000) Israéliens ont néanmoins manifesté à Tel-Aviv contre l'arraisonnement de la flottille.

L'extrême droite, membre du gouvernement Netanyahou, est aussitôt entrée en scène, faisant adopter une loi à la Knesset qui pénalise d'une amende de 10 000 € tout citoyen ou association israélien qui préconise le boycott des produits provenant des colonies dans les Territoires occupés (colonies dont l'installation constitue une violation des Conventions de Genève sur la conduite des puissances occupantes en temps de guerre). Provoquant aussitôt une levée de boucliers à gauche, auprès des associations de défense des droits humains et dans la presse, cette loi a été contestée devant la Cour suprême d'Israël.

Mais comme ci cela ne suffisait pas, Tel-Aviv surenchérit en annonçant son intention d'enquêter sur les financements de nombreuses associations pacifistes israéliennes, moyen classique employé par des régimes plus ou moins démocratiques pour museler leur opposition interne. Pire, le gouvernement de Benyamin Netanyahou menace du même coup de mener une enquête sur les organisations en Europe qui

---

[76] Nicolas Sarkozy, homme politique pro-israélien, était alors Président de la République.

s'opposent à la politique israélienne, telles des centaines d'associations qui, en toute légalité, ont soutenu la deuxième flottille internationale pour briser le blocus maritime de Gaza. De quel droit un gouvernement étranger – quel qu'il soit – se permet-il « d'enquêter » sur des associations françaises en France, allemandes en Allemagne ou britanniques en Grande-Bretagne ? Il ne s'agit ni de ressortissants israéliens, ni d'organisations clandestines, mais bien de syndicats, d'ONG, d'églises et d'autres associations travaillant en toute légalité dans une optique de solidarité avec le peuple palestinien. Et les gouvernements des pays en question, n'ont-ils rien à dire dans ce qui ressemble à une mise en question de leur souveraineté ? Depuis quand les services israéliens sont-ils compétents à l'extérieur de leurs frontières ?

Il y a une limite aux défis continuels que le pouvoir israélien ose lancer à la communauté internationale et les chancelleries occidentales doivent commencer à le lui signaler un tant soit peu.

Ce n'est pas en défiant sans cesse les gouvernements occidentaux que l'État d'Israël rassurera le Monde Arabe, l'Europe et le reste du monde. C'est par le respect de ses obligations internationales, des Conventions de Genève, des jugements de la Cour Internationale de Justice et des résolutions de l'ONU que Tel-Aviv peut espérer un minimum de légitimité et un début de solution au conflit qui l'oppose à ses voisins palestiniens. L'application desdites obligations passe par la fin du blocus contre Gaza, le démantèlement du Mur édifié à l'intérieur de la Cisjordanie, le rapatriement des colons en Israël (dans les frontières de 1967), le retrait de l'armée israélienne des territoires occupés, la libération des prisonniers politiques et le droit au retour des réfugiés. Sinon, tout boycott, toute sanction et toute initiative citoyenne contre Israël, qui se comporte en État voyou, est non seulement légitime, mais salutaire.

Rappelons que tous les Juifs du monde entier ne sont pas des Israéliens et que les autorités de Tel-Aviv ne sont pas habilitées à parler en leur nom. Car nombre d'entre eux soutiennent sans réserve toute initiative favorable à une paix juste au Proche-Orient. Même s'il y a une communauté juive non négligeable en Israël (près de six millions de personnes dans ses frontières internationalement reconnues), celle-ci constitue néanmoins une minorité de la population juive au niveau international. Deux Juifs sur trois ne sont pas Israéliens. Quant au tiers restant qui se trouve actuellement en Israël (où leurs parents ou grands parents ont souvent été amenés, de gré ou de force, au cours de la courte histoire de ce pays), ils ne sont pas tous de chauds partisans de la politique provocatrice menée par le gouvernement Netanyahou, loin s'en faut. Nombre de Juifs européens, américains, asiatiques, australiens, africains et même un grand nombre de Juifs israéliens, ne se reconnaissent pas dans la surenchère militariste de la droite nationaliste et de l'extrême droite actuellement au pouvoir à Tel-Aviv. Car cette surenchère est aux antipodes des valeurs juives universelles, un élément essentiel de l'enseignement juif progressiste.

L'amplification sans fin de la répression israélienne est non seulement meurtrière pour le peuple palestinien, elle est à terme suicidaire pour l'avenir de la communauté juive en Israël. Seule une paix juste et durable est en mesure de lui assurer une pérennité dans cette région du monde.

*

* *

Sans oublier le cas du « bateau juif »

Entre la première flottille internationale (en 2010, où l'armée israélienne a fait 9 morts sur le bateau Mavi Marmara, parti de Turquie) et la deuxième flottille internationale (en 2011, où le Mossad a saboté deux navires dans un port en Grèce), une autre embarcation, beaucoup moins médiatisée, a levé l'encre d'un port à Chypre le 26 septembre 2010. Il s'agit du bateau « Irene », affrété par deux associations juives, l'une britannique, l'autre allemande, toutes les deux membres de la fédération EJJP (Juifs européens pour une paix juste). Cette initiative a reçu le soutien de American Jews for a Just Peace (Juifs américains pour une paix juste), Jewish Voice for Peace (Voix juive pour la paix, USA), Jews Against the Occupation (Juifs contre l'occupation basé à Sydney, Australie) ainsi que de la fédération EJJP.

L'objectif de cette expédition, comme les deux autres, était de livrer de l'aide humanitaire à la Bande de Gaza par voie maritime, brisant ainsi le blocus imposé illégalement par l'armée israélienne. Outre l'aide matérielle, il s'agissait bien entendu de faire appel à la communauté internationale pour dénoncer le blocus israélien. « Irene », arraisonné par la marine israélienne, avait à bord dix passagers et membres d'équipage, des Juifs du Royaume-Uni, d'Allemagne, des Etats-Unis et d'Israël. Il y avait également deux journalistes britanniques à bord. Le porte-parole de cette expédition a rappelé que « la politique du gouvernement israélien n'est pas soutenue par l'ensemble des Juifs ». Parmi les passagers il y avait Lilian Rosengarten, une réfugiée de l'Allemagne nazie, Caron Angier, le biographe de Primo Levi, Rami Elhanan, qui a perdu sa fille dans un attentat terroriste, Reuven Moskovitz, rescapé de la Shoah et membre fondateur du village judéo-arabe Neve Shalom en Israël, ainsi que Yonatan Shapira, ancien pilote de l'armée de l'air israélienne qui a refusé de bombarder des populations civiles dans les Territoires occupés.

L'armée israélienne a opéré un arraisonnement musclé, conduit par huit vaisseaux de guerre, dont quatre équipés de canons. Certains passagers ont été brutalisés, arrêtés, puis le bateau et sa cargaison ont été confisqués. Pourtant les organisateurs avait écrit visiblement sur la voile du bateau, en hébreu et en arabe, le nom de l'association britannique organisatrice : « Juifs pour la Justice pour les Palestiniens ». Puis ils avaient émis un SOS en hébreu et en anglais sur les ondes de la radio nautique, sur le canal de secours. Dans ce message, ils ont déclaré : « Nous sommes le bateau d'une organisation de Juifs européens. (...) Parmi nous se trouvent des survivants de l'Holocauste. (...) Nous vous appelons, officiers et soldats des Forces de Défense d'Israël à refuser d'obéir aux ordres illégaux de vos commandants. (...) Le blocus et l'occupation sont inhumains et contraires à la morale universelle et aux valeurs du judaïsme. »

La suite fut un triste spectacle de brutalité de la part des militaires israéliens. Tsahal n'a pourtant pas réussi à réduire ces militants au silence. Depuis, beaucoup d'autres personnes de la communauté juive de leurs pays respectifs les ont rejoints dans leur dénonciation des crimes de guerre israéliens.

Réfugiés et prisonniers : des questions juives ?

Appel israélien en faveur des prisonniers

À l'été 2005 une nouvelle structure, le « Comité d'action israélien en faveur des prisonniers et détenus palestiniens », avait lancé un appel qui mérite d'être connu. Dans ce document, les militants israéliens affirment leur conviction « qu'il ne peut exister de paix entre Israël et la Palestine aussi longtemps que des milliers de Palestiniens, dénommés "prisonniers de sécurité" (qui, dans leur résistance à l'occupation, ont utilisé diverses formes de violence contre la sécurité des citoyens israéliens) et des centaines de personnes sous détention administrative continuent d'être enfermés dans les prisons israéliennes. » Le Comité estime que « les prisonniers palestiniens peuvent et doivent jouer un rôle significatif dans l'avancement du processus de paix », mais seulement « si la société israélienne prête attention à leurs épreuves et met fin à la discrimination institutionnelle systématique à leur encontre ». Le premier but que le Comité s'est donné était « d'agir pour modifier la norme existante, dont la pratique amène les commissions de libération à refuser la libération conditionnelle des "prisonniers de sécurité" qui purgent de longues peines ». Un autre objectif du Comité est de « susciter un débat public au sein de la société israélienne concernant le problème des prisonniers palestiniens et de favoriser une prise de conscience publique de leur cause ».

*

* *

Zokrot et Najdeh : le problématique des réfugiés

Eitan Bronstein, anticolonialiste israélien et Leila El Ali, réfugiée palestinienne au Liban, se sont rencontrés en 2005 pour débattre de la situation des réfugiés palestiniens ainsi que du rôle de la mémoire dans le conflit qui oppose leurs deux peuples. Eitan Bronstein est enseignant à l'école de la Paix de Neve Shalom et fondateur de l'association Zokrot, qui signifie « se souvenir » en hébreu. L'association a pour objectif de présenter une autre vision de l'histoire israélienne, grâce aux travaux menés par les nouveaux historiens. Elle vise à sensibiliser la population israélienne à l'histoire des Palestiniens qui vivaient là avant 1948 et qui sont devenus depuis des réfugiés. Leila El Ali est responsable de Najdeh, une association créée par des femmes palestiniennes et libanaises dans le but d'aider les femmes réfugiées au Liban à prendre en charge leur développement économique et social. Une tournée a eu lieu en France en 2005 avec ces deux porte-parole, organisée par la Cimade[77] (association protestante) en partenariat avec le CCFD[78] (association catholique) et avec le soutien de l'UJFP (association juive). M. Bronstein et Mme El Ali en ont profité pour rencontrer des élus, des journalistes et des dirigeants religieux. Ils ont également animé des débats publics à Paris, Lyon, Marseille, Dijon, puis à Massy et Fontenay-sous-Bois en région parisienne. Par ailleurs, Eitan Bronstein a écrit un article sur le sujet, au titre provocateur : « La Nakba : une chose qui n'a pas lieu (même si elle devait avoir lieu) ». Cet article, rédigé en hébreu et traduit en français, fut surtout écrit pour le public israélien. Car le problème des réfugiés, abordé par Bronstein, est bien présent dans le subconscient de ses compatriotes. C'est une question tabou, refoulée, mais qui revient pour hanter les Israéliens. Affronter ce problème, c'est une des clefs pour lever chez les citoyens israéliens un obstacle psychologique, leur permettant de regarder leur passé en face et de concevoir un avenir commun avec les grands perdants des guerres israélo-arabes : les réfugiés.

---

[77] Cimade : Service œcuménique d'entraide.

[78] CCFD : Comité catholique contre la faim et pour le développement.

*
* *

Murmures entre les murs

En 2007 et 2008, une pièce de théâtre de grande qualité était à l'affiche à Haïfa, à Jénine et à Paris. Baptisée « MurMure », cette pièce a été créée en hébreu au Théâtre Municipal de Haïfa, en arabe au Théâtre de la Liberté de Jénine et en français à Confluences, association culturelle parisienne. Cette pièce, écrite d'après l'œuvre du Palestinien Mahmoud Al Safadi et de l'Israélienne Amira Hass, correspondante au quotidien *Ha'aretz*, est le fruit d'entretiens clandestins entre Hass, en sa qualité de journaliste, et Al Safadi, lorsque ce dernier, militant du FPLP,[79] était détenu comme prisonnier politique en Israël. MurMure est une pièce tragi-comique sur l'enfermement de détenus politiques palestiniens qui met en scène la rencontre d'une femme et d'un homme s'affranchissant des haines, des replis communautaires et des dénis imposés par leur histoire et leur société respectives. MurMure offre, le temps d'une représentation théâtrale, un point de vue singulier sur les relations entre les protagonistes du conflit israélo-palestinien et met en lumière, avec humour, certains mécanismes de comportements dans ces deux sociétés profondément en crise. Des débats

[79] FPLP : Front populaire de libération de la Palestine, composante de gauche de l'OLP.

ont eu lieu après les représentations, qui ont réuni des milliers de spectateurs en Israël, en Palestine et en Europe.

*

* *

Réfugiés palestiniens : corriger l'injustice

Aussi minoritaires soient-ils, il y a des citoyens israéliens – et pas des moindres – qui plaident en faveur d'un règlement juste du problème des réfugiés. Parmi les signataires de « l'Appel Olga » rédigé en 2004 se trouvent des personnalités influentes dans la société israélienne, telles Zalman Amit, Yossi Amitay, Ariella Azulay, Meron Benvenisti, Lin Chalozin-Dovrat, Sami Shalom Chetrit, Raya Cohen, Ariella Friedmann, Daphna Golan, Neve Gordon, Yehudith Harel, Abraham Mansbach, Oren Medicks, Avi Mograbi, Avraham Oz, Nurit Peled Elhanan, Amnon Raz-Krakotzkin et Michel Warschawski. Cette liste est loin d'être exhaustive. Voici ce que dit l'Appel Olga au sujet des réfugiés palestiniens :

« *Ajoutant l'insulte à l'injure, Israël persiste dans son refus d'assumer la moindre part de responsabilité dans ses méfaits, de l'expulsion de la majorité des Palestiniens il y a plus d'un demi-siècle, à la présente transformation en ghetto des villes et villages de la Cisjordanie. (...) La reconnaissance du Droit au retour fait partie intégrante de nos principes. Corriger l'injustice continue infligée aux réfugiés palestiniens, génération après génération, est une condition nécessaire. (…) Tous les Israéliens savent qu'il n'est pas question ici de peccadilles politiques, mais plutôt du sort des peuples de ce pays.* »

*

* *

Libérez les objecteurs de conscience israéliens

L'UJFP a fêté le nouvel an juif le 3 octobre 2005 à Paris avec Avi Mograbi, cinéaste israélien progressiste. Son fils, Shaul Mograbi-Berger, était alors derrière les barreaux en Israël, où il a purgé une troisième peine de prison consécutive pour avoir refusé de servir dans l'armée d'occupation. En plus de la projection de quelques vidéos sur le refus des jeunes à faire la guerre, et l'animation d'une discussion politique sur ce thème, l'association a recueilli 280 € dans la salle au profit du Forum des familles de refuzniks. Mograbi a laissé à ses hôtes une pétition aux titres évocateurs : « Refusons l'occupation » et « Libérez les objecteurs de conscience ». Au recto de ce document figuraient les biographies de cinq jeunes israéliens qui purgeaient à ce moment-là leur peine pour avoir osé dire non : Alex Cohn, Wissam Qablan, Orwa Zidan, Shaul Mograbi-Berger et Uri Natan.

*

* *

Libération des prisonniers palestiniens : miroir aux alouettes ?

Le 20 juillet 2007, le monde entier avait droit aux images d'allégresse à Ramallah, retransmises en direct sur le petit écran, à l'occasion de la libération de 255 prisonniers politiques palestiniens par l'État d'Israël. Au même moment, des milices palestiniennes et libanaises détenaient trois (3) prisonniers de guerre israéliens. L'armée israélienne, elle, détenait, selon les estimations, quelques 10 000 prisonniers de guerre et prisonniers politiques palestiniens. Dans ce déséquilibre de forces, toute libération de prisonniers arabes est naturellement une bonne nouvelle pour le peuple palestinien, dont la quasi-totalité des familles est directement concernée. La joie des uns est pourtant tempérée par la résignation des autres, sachant que la libération de ces prisonniers – triés sur le volet par Israël – ne concerne que des détenus du Fatah et de ses alliés, à l'exclusion de tout détenu du Hamas. Cette initiative est une manœuvre intentionnelle de Tel-Aviv pour les dresser les uns contre les autres, enfonçant le clou de la division du peuple palestinien et accroissant l'isolement de la Bande de Gaza.

Mais derrière cette manœuvre, largement commentée par la presse, s'en cache une autre. Car dans la quinzaine qui a précédé ces libérations, l'armée israélienne a procédé à l'arrestation de quelques… 300 nouveaux opposants politiques palestiniens. La plupart d'entre eux sont pourtant du Fatah du Président Mahmoud Abbas, qu'Israël prétend soutenir (contre Hamas). Ce chiffre de 300 nouvelles arrestations est corroboré par l'Association du Prisonnier palestinien, par le Département des statistiques palestiniennes, par le Fatah et par d'autres sources concordantes. Ainsi, on libère 255 prisonniers avec la main droite et on enferme 300 autres avec la main gauche, sous la toile de fond des centres de détention remplis de plusieurs milliers d'autres prisonniers politiques. Cette situation est totalement inacceptable pour quiconque cherche la paix. Si Israël veut faire un « geste de bonne foi » comme le Premier ministre Ehud Olmert l'a annoncé après le sommet de Charm el-Cheikh en 2006, il doit libérer massivement les prisonniers politiques qu'il détient, sans contrepartie et sans manœuvres politiques visant à diviser les Palestiniens.

Israël a récidivé fin 2011. Sous la pression, il a libéré un premier contingent d'environ 500 prisonniers politiques palestiniens, dont Salah Hamouri, jeune prisonnier franco-palestinien. C'était en échange de la libération du prisonnier de guerre Gilad Shalit, jeune soldat franco-israélien détenu par des combattants palestiniens. Mais dès que les quelque 500 Palestiniens sont sortis des prisons israéliennes, ils ont été aussitôt remplacés par 500 nouveaux détenus politiques. Ainsi,

Israël utilise les prisonniers comme une variable d'ajustement dans ses rapports de force avec les Palestiniens. Les prisonniers deviennent une monnaie d'échange à la table des négociations, « libérables » contre telle ou telle concession. Ils sont condamnés par des tribunaux militaires ou bien enfermés sous le régime de la détention administrative hérité de l'occupation britannique de la Palestine mandataire. Ainsi, on peut considérer ces prisonniers comme des otages, plutôt que comme des détenus condamnés par des tribunaux impartiaux à l'issue de procès équitables.

*

* *

Tali Fahima : une prisonnière israélienne emblématique

Tali Fahima, une Israélienne dont la famille est originaire d'Algérie, a été durement réprimée par la justice israélienne pour s'être rendue dans le camps de réfugiés de Jénine et avoir tissé des liens d'amitié avec ses habitants, y compris des résistants palestiniens. Dans un bel article, Idan Landau, professeur de linguistique à l'Université Ben-Gourion, a rendu un vibrant hommage à Tali Fahima. Lorsque cette prisonnière politique israélienne a bénéficié d'une libération conditionnelle le 3 janvier 2007, quelque 200 pacifistes et anticolonialistes israéliens l'ont accueillie à sa sortie de prison près de

Tel-Aviv. L'article du professeur Landau a paru sur le site web de *Yediot Aharonot*, le quotidien qui a la plus grande diffusion en Israël.

« Tali Fahima est restée deux ans, cinq mois et 26 jours en prison et aujourd'hui, elle a été libérée. De ces 877 jours d'une peine cruelle et humiliante, aucun n'est justifié. Tali Fahima n'est pas la première prisonnière politique en Israël. (…) Tous ont passé des mois et des années en prison, non pas en raison d'un préjudice réel causé à l'État d'Israël et à la sécurité de ses habitants, mais pour avoir défié – avec un culot étonnant – la doctrine dominante et pour avoir fait le pire de tout : avoir tendu à l'ennemi une main pacifique, sans clins d'œil ni ruses. C'est impardonnable : le "processus de paix" ne tolère pas d'avancée réelle vers la paix. (…) Mais le cas Fahima se singularise aussi par rapport aux autres cas. En juillet 2005, lors de la prolongation de sa détention qui durait déjà depuis un an, la juge Deborah Berliner a décrété : "La loyauté de Fahima ne va pas à l'État d'Israël et Fahima constitue dès lors toujours un risque". Pourtant, la justice était avec elle : la loyauté de Fahima aux valeurs de la vie et de la justice l'emportait sur la loyauté envers un État qui piétine ces valeurs-là. Fahima représente un espoir de paix, donc un danger pour l'État. (…) Tout jouait contre elle. C'est une mizrahi [juive orientale, NDLR], *c'est une femme, elle a une grande gueule et elle tourne en dérision l'opinion*

générale. Elle est un chiffon rouge devant nos yeux noyés de sang. (…) L'État, de son côté, continue de punir lourdement tous ceux qui tentent d'établir des relations humaines traversant la Ligne Verte. (…) »

*

* *

Témoignage de Salah Hamouri

Fin 2011, dans le cadre d'un échange contre le prisonnier franco-israélien Gilad Shalit, Salah Hamouri est libéré avec un millier d'autres prisonniers politiques. Ce jeune franco-palestinien a passé sept ans dans les geôles israéliennes avec un dossier vide, condamné par un tribunal militaire après trois années de détention administrative. Son cas est emblématique des prisonniers politiques palestiniens, un aspect non négligeable du conflit. En tournée en France, Salah Hamouri a accordé une interview exclusive à l'UJFP (Union juive française pour la paix) le 6 mai 2012. En voici quelques extraits. Propos recueillis par Richard Wagman.

Richard Wagman : Si on peut parler d'un sujet d'actualité qui touche les prisonniers palestiniens, une grève de la faim a été déclenchée le 17 avril, avec plus de 1 600 prisonniers qui participent à ce mouvement. Est-ce que c'était difficile à organiser ? J'imagine que c'est difficile à subir. Où en est maintenant cette grève de la faim ?

Salah Hamouri : Il a fallu un minimum de deux ou trois ans pour préparer cette grève parce qu'il y a plus de 20 prisons en Israël, isolées les unes des autres. La grève de la faim c'est un ultime recours des prisonniers pour défendre leurs droits et améliorer leurs conditions de détention. Aujourd'hui, après 20 jours de grève de la faim, une responsabilité historique repose sur les épaules de tous ceux qui se mobilisent pour les prisonniers et pour la Palestine. Après 20 jours de refus de s'alimenter, tous les moyens sont utilisés par l'administration pénitentiaire pour casser la volonté des grévistes. J'espère bien que ce mouvement portera ses fruits et que les prisonniers arriveront à obtenir la satisfaction de leurs revendications. En clair, mettre fin à l'isolement total, mettre fin à la détention administrative, accorder le droit de visite aux prisonniers de Gaza et plus généralement respecter les droits humains, dont celui de recevoir des livres en prison et de continuer ses études.

R.W. : En parlant des droits humains, tu viens de nous en faire une petite liste. Il s'agit de la violation des droits. Pour l'essentiel, les prisonniers ont été arrêtés dans les Territoires occupés mais détenus en Israël, ce qui va à l'encontre de l'Article 49 de la 4ème Convention de Genève. Est-ce qu'il y a d'autres exemples de violation des droits de prisonniers qu'on n'a pas encore abordés ?

S. H. : Déjà il y a 123 prisonniers qui ont dépassé 25 ans de détention. Ces derniers n'ont pas été libérés par les accords d'Oslo. Israël a transféré toutes ses prisons de la Cisjordanie en Israël, derrière la Ligne Verte, ce qui est totalement contraire au droit international. Normalement, lorsqu'on signe un accord de paix, tous les prisonniers politiques doivent être libérés mais Israël n'a pas appliqué cette règle. Il a construit, à l'intérieur de ses propres frontières, de nouvelles prisons pour les détenus politiques provenant des Territoires occupés. Il y a aussi la détention administrative, une disposition qui date du mandat britannique sur la Palestine et qu'Israël applique aujourd'hui contre des Palestiniens. Elle prévoit une peine de réclusion de six mois renouvelables sans procès, sans avocat, sans jugement, imposée seulement par ordre militaire donné par le responsable de l'armée israélienne dans chaque ville palestinienne.

R.W. : La question des prisonniers touche une partie de l'élite palestinienne. Il y a des universitaires, des députés et même des ministres qui sont en prison. À ton avis, est-ce une tentative pour décapiter la direction palestinienne ?

S. H. : L'emprisonnement des Palestiniens est un moyen de destruction de la société palestinienne. Ce n'est pas un moyen pour défendre la sécurité d'Israël. Les autorités de ce pays ont envoyé en prison des parlementaires, des dirigeants des partis politiques, des universitaires, des maîtres d'école.

Toutes les couches de la société palestiniennes ont été affectées par l'incarcération. Il y a aussi les enfants, dès l'âge de 9 ou 10 ans, qui se trouvent derrière des barreaux.

R.W. : La plupart des prisonniers politiques palestiniens viennent des territoires occupés mais un certain nombre sont des Palestiniens de l'intérieur, citoyens d'Israël. Sont-ils plus nombreux qu'avant à être incarcérés, les Palestiniens de 48 ?

S. H. : Parmi les Palestiniens de 48 il y a 150 prisonniers. Seize (16) d'entre eux ont dépassé 25 ans en prison. Et plusieurs d'entre eux ont été condamnés à la prison à vie. De plus, un Juif palestinien de Cisjordanie a été jugé également.

R.W. : Est-ce que tu peux nous parler un peu de son cas ?

S. H. : Il s'appelle Nader Samri. Il fait partie de ces Juifs qui ont refusé d'être du côté des Israéliens. Ce sont des Palestiniens d'origine qui sont restés à Naplouse. Cela fait maintenant 10 ans qu'il est en prison. Il a été jugé six fois.

R.W. : Je pense qu'il fait partie de la communauté des Samaritains.

S. H. : Oui, il fait partie de la communauté juive des Samaritains à Naplouse.

R.W. : Il s'agit donc de Juifs qui sont de culture palestinienne, citoyens palestiniens, qui étaient là avant la création de l'État d'Israël. C'est un cas intéressant. Par ailleurs, ici en France, le CRIF t'accuse d'avoir été impliqué dans un complot terroriste. En revanche, il y a des militants de l'UJFP qui t'accompagnent à chaque étape de ta tournée. As-tu pu remarquer le regard des Juifs sur la question des prisonniers et, plus largement, sur la question des droits humains en Palestine ?

S. H. : Les prisonniers, comme toute la société palestinienne, font très bien la différence entre d'une part l'État, l'occupation et d'autre par les Juifs. Parce qu'il y a une différence. On ne considère pas chaque Juif dans le monde comme Israélien. On fait bien la différence entre les sionistes et les Juifs qui sont aux côtés du peuple palestinien. Le CRIF est un mouvement qui soutient Israël de tout son corps. C'est un mouvement – on peut dire un lobby – israélien ici en France. Je sais qu'ils ne sont pas nombreux. Malheureusement, ils sont soutenus par la force.

R.W. : Le CRIF représente entre 15 et 20% des Juifs français, selon le nombre de familles membres d'associations affiliées à cette structure. Pour notre part, nous faisons partie des 80 à 85% des Juifs de France qui ne sont pas membres du CRIF. En Israël, est-ce que tu as remarqué ce même clivage ? Y a-t-il des Juifs qui dénoncent les prisonniers palestiniens comme terroristes et d'autres qui les soutiennent, qui réclament leur libération ?

S. H. : Il y a le Parti communiste, il y a aussi des partis arabes – Balad et d'autres – qui se trouvent en Israël. Il y a quelques associations de la société civile qui soutiennent les droits des Palestiniens. Oui, on sait qu'il y a un tel mouvement en Israël.

R.W. : Bien sûr, c'est un droit que de militer, en Israël, en France, en Palestine et ailleurs. Le nombre de prisonniers politiques incarcérés depuis des années est assez impressionnant. Quelle est l'ampleur de ce phénomène dans la société palestinienne ? Est-ce une question secondaire ou une question centrale ? Quel est son impact et l'importance qu'on accorde à la question des prisonniers dans le mouvement national palestinien ?

S. H. : Presque chaque famille palestinienne a connu l'emprisonnement d'un de ses membres. Depuis 1967 et jusqu'à aujourd'hui, il y a eu 750 000 prisonniers palestiniens. C'est-à-dire chaque famille a vécu une expérience d'incarcération. Cette question a la même ampleur que la Nakba. Elle a contribué à construire l'histoire du peuple palestinien. Il y a quelque chose dans la société palestinienne qu'on appelle la littérature des prisons. Il y a donc une littérature qui sort des geôles. Alors je crois bien que le sujet de l'emprisonnement des Palestiniens a une grande influence sur la société. Il y a aussi une grande mobilisation au sujet des prisonniers. Quand on parle d'un prisonnier on parle de lui, de sa famille, de ses proches. Par exemple il y avait 13 000 Palestiniens en prison en 2006. Si on multiplie ce chiffre par cinq – le nombre moyen des membres de la famille proche – tous ces gens sont devenus prisonniers par procuration.

R.W. : On parle essentiellement des prisonniers qui viennent des territoires occupés. Si on regarde la population de ces territoires, c'est-à-dire la Cisjordanie, Jérusalem-Est et Gaza, il y a environ 4 millions de Palestiniens. Alors 750 000 sur 4 millions, ce n'est pas loin d'un Palestinien sur cinq qui est passé par la case prison. C'est énorme ! Si on fait une extrapolation par rapport à la population française, cela fait plus de 10 millions de Français qui auraient été emprisonnés. Pendant que tu as purgé ta peine, le Printemps arabe a éclaté en Tunisie, en Égypte et dans d'autres pays du Monde Arabe. Penses-tu qu'il y a un espoir de changement pour les Palestiniens avec le souffle de liberté du Printemps arabe ?

S. H. : Personnellement je crois bien que le mouvement patriotique ou national palestinien – afin de continuer son chemin de combat, de lutte – a besoin d'un environnement démocratique dans les pays arabes. Je crois qu'après la défaite de toutes ces dictatures, on verra bien l'espoir au bout de ce tunnel, le tunnel du

Printemps arabe. Et je crois bien qu'il va positivement influer sur l'issue de la cause palestinienne.

R.W. : Justement, il y a des tunnels qui vont de l'Égypte jusqu'à Gaza pour acheminer du matériel qu'Israël ne laisse pas importer à cause du blocus. Est-ce que le Printemps arabe, qui a vu la chute de Moubarak, peut également passer par le tunnel de l'Égypte jusqu'en Palestine ? *(rires)*

S. H. : Le Printemps arabe est passé par des ponts ! Il est arrivé en Cisjordanie, à Jérusalem. On l'a bien observé même dans les prisons, on a regardé ces changements marqués par la chute des dictateurs qui ont défendu leurs intérêts, ceux des « élites », aux dépens de la défense de la Palestine. On sait bien qu'ils n'ont jamais défendu la Palestine. Alors j'espère bien que ce Printemps arabe apportera des nouveaux éléments positifs pour la cause palestinienne.

R.W. : As-tu un message particulier pour les membres de l'UJFP ?

S. H. : Tout d'abord j'aimerais les remercier pour le rôle qu'ils jouent, un rôle qui est difficile pour eux. Parce que je sais bien qu'Israël, un État qui pratique l'occupation, essaie toujours de les manipuler. Je les remercie pour ce rôle courageux, qui est aussi historique pour eux, parce qu'on sait bien que pour cet État, chaque Juif est considéré comme Israélien, et donc comme occupant. En les remerciant, j'espère bien qu'on continuera à travailler ensemble à cette mobilisation en France, jusqu'à la réalisation des objectifs du mouvement palestinien.

Conclusion

La reconnaissance diplomatique de l'État d'Israël est essentiellement due au vote – remporté dans un mouchoir de poche – qui a eu lieu à l'ONU le 29 novembre 1947. Mais la création même de cet État était attribuable à autre chose. Nullement à la minuscule communauté juive palestinienne « de souche », c'est-à-dire aux quelques centaines de familles juives qui habitaient encore en Palestine à la fin du 19ème siècle. Elles et leurs ascendants étaient là depuis la nuit des temps, essentiellement comme pèlerins près des lieux saints ou toute simplement comme habitants de cette terre, des Palestiniens parmi d'autres, de confession juive, qui ne sont jamais partis de leur pays ancestral. Tout d'abord ils étaient trop peu nombreux pour créer un État. Puis ils n'étaient pas forcément sionistes, c'est-à-dire favorables au projet politique de créer un foyer national, puis un État pour le peuple juif sur cette terre. Ils connaissaient bien l'enseignement du Talmud selon lequel un tel projet est une hérésie du point de vue prophétique, avant l'arrivée du Messie.

La création de l'État d'Israël est bien attribuable à des Juifs, mais à d'autres Juifs. En l'occurrence, elle est attribuable aux idéologues et militants sionistes qui ont remué ciel et terre pour rendre un tel projet viable. Il est bien entendu qu'il ne s'agissait pas de l'ensemble des Juifs du monde à l'époque où ce projet était en gestation. Peu importe qu'ils aient été une infime minorité au début, pour devenir plus nombreux au fil des ans. Ils étaient Juifs, aussi minoritaires, aussi hérétiques fussent-ils et aussi compromis fussent-ils auprès de l'impérialisme britannique et auprès d'autres interlocuteurs douteux, y compris les nazis. D'amples preuves historiques existent sur les tentatives des dirigeants sionistes pour convaincre des dignitaires du Troisième Reich à évacuer des Juifs européens vers la Palestine, même si ce projet n'a pas abouti. Bref, il faut reconnaître que ces idéologues et militants sionistes étaient bien Juifs, peu importe ce que l'on peut penser de leur projet politique. Ainsi, on peut dire qu'Israël est l'enfant de la « Diaspora » (la population juive mondiale) et non le contraire. Ce sont les Juifs russes, ukrainiens, lithuaniens, polonais, allemands et autres qui ont engendré Israël et non le contraire. On voit donc qui est l'enfant et qui sont les parents.

*

* *

Le rôle de la mère juive dans l'histoire contemporaine

Si toutes les familles ont une mère, les nôtres ont le redoutable honneur d'avoir une mère juive. Si vous n'avez pas connu un tel bonheur, vous ne savez pas ce que vous manquez ! La principale caractéristique de la mère juive stéréotypée est d'être hyperprotectrice par rapport à ses enfants. Seulement, il y a deux concepts différents de la protection et deux façons radicalement différentes de réagir face aux bêtises de ses rejetons. Car tous les enfants font des bêtises ; cela fait partie du processus d'accession à la maturité.

Un jour, du haut de mes huit ans, j'ai fait une bêtise. Je me suis battu avec un garçon à l'école, un enfant plus petit que moi. Bien qu'il ait eu peur de moi, il a trouvé le courage de venir à la maison pour se plaindre auprès de mes parents. Ma mère (qu'elle repose en paix) m'a puni, me faisant clairement comprendre pourquoi c'était mal. Mais en plus d'une sévère correction à la maison, elle m'a obligé à aller chez ma victime, dûment accompagné par ma yiddishe maman, puis elle a patiemment attendu au seuil de la porte. Forcé à la contrition, je me suis excusé auprès de ma petite victime et auprès de ses parents, demandant pardon. Ma mère a fait tout cela parce qu'elle m'aimait. C'est une certaine vision de la protection maternelle. En l'occurrence la protection contre moi-même, face à mes bêtises, en prévision de la vie d'adolescent et la vie d'adulte qui m'attendait.

D'autres mères juives réagiraient différemment face aux impairs de leurs enfants. Certaines nieraient les faits, disant « mon fils ? Impossible ! Jamais il ne ferait une chose pareille. » Même face à l'évidence, c'est la « protection » du fiston à tout prix. C'est sans doute une certaine forme d'égoïsme. Comment le produit de ma chair aurait-il pu faire une chose pareille ? Résultat, l'enfant se sent « protégé » par maman jusqu'au point de jouir d'une certaine impunité. Alors il devient de plus en plus gâté, de plus en plus dur, de plus en plus agressif. Cette forme particulière de protection maternelle finit souvent par produire de jeunes adultes intempestifs, asociaux, colériques, parfois délinquants.

C'est ça qui est arrivé à l'État d'Israël. L'enfant est né dans la douleur, au prix d'une guerre. Le jeune État a répété ses faits d'armes auprès de ses voisins à plusieurs reprises pendant sa jeunesse. Il ne s'est jamais excusé auprès de ses victimes et a-t-il encore moins modifié son comportement. Et pendant ce temps, qu'ont fait ses parents ? Rien.

Les mères juives de la Diaspora l'ont « couvert » en niant l'évidence. Mon fils ? Jamais ! Il a l'armée la plus morale au monde, jamais il ne ferait une chose pareille. En 1948 cela pouvait passer, car il est vrai qu'Israël est né dans la douleur et il y avait des victimes des deux côtés. Les réfugiés palestiniens ? Les Juifs errants de ce monde connaissent bien le chemin de l'exil. Si les survivants de la Shoah (ou les sionistes qui se sont présentés comme tels) ont malencontreusement fait déplacer quelques centaines de milliers d'Arabes – sans pour autant commettre de génocide – qu'est-ce que cela représente face aux six millions de victimes innocentes, exterminées par les fascistes allemands ? Les mères juives de la Diaspora ont d'abord nié la Nakba. De longues décennies après, quand les nouveaux historiens israéliens les ont confondues dans leur déni, elles ont justifié ce crime, le passant par pertes et profits. Et ainsi de suite. De guerre en guerre, de crime en crime, jusqu'à ce jour. Quant à leur rejeton, l'État d'Israël, regardez quel genre d'adulte il est devenu.

Il est bien entendu que ce récit est une simplification à outrance qui ne rend pas justice à la complexité du problème. Mais j'ose croire que le lecteur comprendra la métaphore. Il y a protection et protection. Il y a longtemps déjà qu'une partie des « parents » d'Israël (des Juifs de la Diaspora) assument leurs responsabilités « parentales » et infligent une correction à leur enfant à hauteur de ses bêtises. Seulement, une autre partie des Juifs de la Diaspora ne le font pas. Ce sont ces derniers qui, in fine, sont responsables de l'enfant gâté qu'est devenu leur rejeton. Pourquoi tant de défaillances de leur part ?

C'est largement dû à la direction des instances de la communauté juive qui, elle, donne le mauvais exemple. Et comment se fait-il que les Juifs de nombreux pays aient droit à des responsables communautaires aussi inconscients ? Eux et leurs organisations sont devenus les otages de leur enfant. Ils sont devenus des satellites de la diplomatie israélienne, en quelque sorte des supplétifs de l'ambassade d'Israël dans leurs pays respectifs. Petit enfant est devenu grand. Israël détient aujourd'hui les moyens d'un État moderne et pas n'importe lequel : Tsahal est la première armée du Proche-Orient et la cinquième armée du monde. Beaucoup de Juifs ont vu cette transmutation comme une revanche sur l'histoire. Au contraire du Juif soumis et peureux du ghetto, l'État hébreu qui est sorti de son ventre exhibe une puissance militaire hors pair. Au début, éblouis et pleins d'espoir, les parents n'ont rien dit, car la revanche sur l'histoire était trop belle. Mais au fur et à mesure que le comportement de fiston est devenu insupportable, il était déjà trop tard pour faire marche arrière. Pendant longtemps on pouvait encore nier, en bonne mère juive « protectrice ». Aujourd'hui, ce n'est plus possible, mais le mal est fait. Ces parents, dont beaucoup sont assez âgés, préfèrent mourir de vieillesse avec une belle illusion plutôt que d'admettre – passé l'âge de la retraite – que leur enfant est devenu un monstre.

Des monstres, il y en avait d'autres dans l'histoire juive. On a déjà parlé du Golem, cet être mythologique du folklore ashkénaze des ghettos d'Europe centrale, créé à partir d'un corps inanimé en argile, dans lequel l'Homme a injecté le souffle de la vie. C'est la fiction du Golem qui a inspiré moult autres fictions, dont celle de Frankenstein. Le monstre qui échappe au contrôle de son créateur. Voilà l'État d'Israël aujourd'hui. C'est tout à l'honneur des Juifs démocrates du monde entier qu'ils expriment leurs réserves, leurs questionnements, leurs critiques, leur désaccord et leur réprobation vis-à-vis des crimes de guerre commis par leur enfant. Quant aux autres parents, encore dans le déni ou dans le silence gêné, tant qu'ils restent figés dans cette posture inconfortable, ils ne pourront rien pour corriger leur enfant. Ils ne peuvent donc pas aider à résoudre le conflit israélo-palestinien. Au contraire, tant qu'ils restent dans le déni, ils participent à l'aggravation du problème.

*

* *

Les liaisons dangereuses

Dans l'actualité récente, on a vu des liaisons dangereuses se développer entre des forces en apparence contre-nature.

À titre d'exemple, en décembre 2011, le numéro deux du Front National (FN, parti d'extrême droit français), Louis Aliot, est allé en Israël puis a visité des colonies dans les Territoires occupés afin d'y préparer un prochain voyage pour Marine Le Pen, le nouvel espoir de l'extrême droite française. Son père, Jean-Marie Le Pen, fondateur du FN, l'avait déjà précédé plusieurs années auparavant, déclarant son soutien aux autorités israéliennes dans leur lutte contre « les Arabes ». Des quotidiens israéliens n'ont pas hésité à publier des propos de ce dirigeant d'extrême droite, prononcés lors d'une conférence de presse à Tel-Aviv. Car « les Arabes » – tout comme les immigrés musulmans en général – sont devenus les nouvelles bêtes noires des populistes de droite en Europe. Gilles-William Goldnadel, membre du Comité directeur du CRIF, ne nie pas avoir rencontré à plusieurs reprises les dirigeants du FN, ce qui en dit long sur les fréquentations de cette instance communautaire juive.

Le Front National, connu pour son antisémitisme, son islamophobie et son racisme tous azimuts n'est pas la première formation d'extrême droite en Europe à avoir envoyé ses dirigeants en Israël. Le Pen a été précédé par Heinz-Christian Strache (du FPO autrichien), par Geert Wilders (du PVV néerlandais) et par Filip Dewinter (du Vlaams Belang flamand). Avant eux, les évangélistes américains – un courant intégriste protestant ultra-conservateur – a apporté son financement à la colonisation des Territoires occupés en Cisjordanie et à Jérusalem-Est. Le pouvoir israélien et ses soutiens n'ont à aucun moment condamné ces nostalgiques du fascisme et ces fanatiques de la droite chrétienne intégriste, malgré leur antisémitisme avéré.

Ce n'est pas la première fois que des pourparlers entre les sionistes et les milieux de l'extrême droite antisémite ont eu lieu. Un tel rapprochement contre-nature s'est déjà produit au cours de la Seconde guerre mondiale. Pendant que les nazis étaient en train d'exterminer les Juifs d'Europe, des émissaires de l'Organisation Sioniste Mondiale ont mené des négociations secrètes avec des dignitaires du Troisième Reich afin de l'aider à se débarrasser de « ses » Juifs. Les laisser partir en Palestine – avec le concours logistique de l'OSM – serait plus efficace que les rafles, les transports et les infrastructures des camps d'extermination. Avec la guerre qui faisait rage et les armées alliées aux trousses d'Hitler, les autorités nazies avaient d'autres chats à fouetter que de consacrer leurs ressources à la Solution Finale. Vider l'Europe de ses Juifs en passant par Auschwitz ou en passant par des transports maritimes vers la Palestine, c'était pareil pour le régime hitlérien. Quant aux émissaires de Ben Gourion, il n'était pas question de laisser les Juifs européens partir pour l'Amérique, pourtant leur destination de prédilection, afin d'avoir la vie sauve. Les portes de l'immigration juive en Amérique étaient fermées pendant la Shoah et pour l'Agence Juive, cela valait mieux.[80] Finalement, ces négociations secrètes n'ont pas abouti et les Juifs d'Europe furent livrés à leur sort. Mais cet épisode peu glorieux de l'histoire du mouvement sioniste en dit long sur les vraies priorités de ce dernier.

*

*   *

Une majorité juive : pour quoi faire ?

L'édifice de l'idéologie sioniste repose sur l'idée de créer à tout prix un pays où les Juifs seraient majoritaires. Israël s'est toujours targué d'être ce pays. Regardons le plus près. En mars 2003, le périodique « News From Within », édité par le Centre d'information alternative de Jérusalem, a publié un article de Sami Shalom Chétrit, un universitaire israélien. Intitulé « L'addition finale d'Israël », ses conclusions bousculent quelques idées reçues. Voici des morceaux choisis :

« À travers la totalité de l'espace israélo-palestinien, de la Méditerranée au Jourdain, du Liban au nord, à l'Égypte au sud, la suprématie démographique de la population juive sur la population palestinienne représente à peine 200 000 personnes. Dès lors que ce

---

[80] À ce sujet voir l'excellent livre *While Six Million Died : A Chronicle of American Apathy*, Arthur D. Morse, Random House, 1968.

tableau inclut aussi près de 300 000 Russes non Juifs, la suprématie juive dans cette zone est une fiction. Si l'on ajoute au nombre des non Juifs environ 250 000 travailleurs étrangers, le calcul sioniste révèle un déficit camouflé. Mais il s'agit seulement da la première partie du calcul : le taux moyen de l'accroissement naturel annuel dans les Territoires occupés est de 3,7%, alors qu'il est de 1,5% en Israël. Les femmes israéliennes ont en moyenne 2,54 enfants alors que les palestiniennes ont une moyenne de 5,3. Selon ces statistiques, d'ici quelques années les Juifs seront devenus une minorité dans toute la zone sous contrôle israélien (s'ils ne le sont pas déjà). De plus il s'agira d'une minorité vieillissante. La population israélienne vieillit avec 10% de personnes de plus de 65 ans contre 3% chez les Palestiniens. »

Chétrit explore d'autres aspects de ces tendances démographiques, comme par exemple les perspectives culturelles et sociologiques des différentes strates de la population israélienne. Et de poser quelques questions dérangeantes :

« Les Juifs israéliens âgés de 18 à 40 ans – c'est-à-dire ceux qui doivent servir dans les unités régulières ou de réserve de l'armée – tentent leur chance à l'étranger. Vingt-cinq pourcent (25%) des Juifs israéliens de la tranche d'âge 18-29 ont déclaré qu'ils pensaient sérieusement quitter le pays de façon permanente. De plus 16% de la tranche d'âge 30-39 ont aussi déclaré qu'ils pensaient à présent quitter Israël

pour de bon. Alors qui restera ? Et qu'a le pays à offrir à ceux qui souhaitent rester ? En réalité le mythe de la menace d'extermination d'Israël est tout ce qui reste du sionisme, et la peur de la réalisation de cette menace est manipulée par tout le spectre politique depuis le député Yossi Sarid (président du Meretz – "sioniste de gauche") jusqu'au ministre de l'Équipement Effi Eitam (chef du Parti National Religieux). »

Alors le sionisme d'aujourd'hui (qu'il soit de droite ou de gauche), qu'a-t-il à offrir à la population juive contemporaine ? Au moment où ces lignes sont écrites, les Juifs de Jérusalem, sont-ils plus heureux, plus en sécurité, vivent-ils plus en harmonie avec leurs voisins que leurs coreligionnaires à Berlin, Londres, Paris, New-York ou Sydney ? Rien n'est moins sûr.

*

* *

Un État ? Deux États ? Qui dit mieux ?

Ce débat est loin d'être tranché ; quelques scénarios ont déjà été présentés. Il y a les adeptes de la formule « deux États pour deux peuples » et ceux qui disent que ce n'est qu'un slogan vidé de son sens par le cours des événements. Les promoteurs d'un seul État considèrent qu'à long terme, c'est la seule solution qui soit moralement acceptable. Leurs détracteurs répondent

« certes, mais les deux peuples ne sont pas prêts ». La quadrature du cercle. Et puis il y a mille et une idées qui fleurissent, comme celle d'Adalah, un groupe de juristes palestiniens de l'intérieur. Il propose une structure supranationale qui engloberait les deux peuples, avec les droits collectifs pour chacun d'entre eux et l'égalité de tous les citoyens devant la loi. Et ceci quel que soit le régime politique (deux États, un État binational ou tout autre arrangement issu de négociations à venir entre Israéliens et Palestiniens).

L'auteur de ces lignes est de l'avis que la question a été sagement réglée en 2004 par un groupe d'intellectuels israéliens progressistes. Il s'agit de l'Appel Olga, qui précise :

« *Il est inutile, à ce moment-ci, d'essayer de prédire la future concrétisation physique de cette vision d'une vie commune : deux États ou un ? Peut-être une confédération ! Ou bien une fédération ? Et que dire de cantons ? Dans tous les cas, la condition incontournable pour promouvoir la vision d'une vie commune s'impose d'elle-même, tant comme impératif moral suprême que comme question pratique dans l'instant présent : la fin immédiate de l'occupation. Ce n'est qu'ainsi que les Palestiniens de Jérusalem-Est, de la Cisjordanie et de la Bande de Gaza seront débarrassés du joug des colonies, du cauchemar de l'apartheid, du fardeau de l'humiliation et des démons de la destruction mise en œuvre par Israël jour et nuit, sans relâche, depuis trente-sept ans. Ce n'est que lorsqu'ils seront totalement libres que les Palestiniens seront aptes à discuter et décider de leur avenir.* »

Du côté israélien on ne peut pas demander davantage. C'est le « service minimum » attendu de tout démocrate, citoyen de la nation dominante : le droit à l'autodétermination du peuple dominé. Il passe par la fin impérative de l'occupation. Puis ce peuple libéré décidera de son avenir à son rythme, avec les critères qui sont les siens.

Le sort de ce peuple est intimement lié à celui de son oppresseur. Cela fait que le conflit israélo-palestinien est un cas colonial pas tout à fait comme les autres. Lors de la fête de Pessah, à la tombée de la nuit, les Juifs du monde entier posent une question au cours de la cérémonie traditionnelle : « Pourquoi cette nuit se distingue-t-elle de toutes les autres ? » De même, les anticolonialistes peuvent désormais ajouter une autre question en rapport avec le différend israélo-palestinien : « Pourquoi ce conflit se distingue-t-il de tous les autres ? » Car contrairement à un cas de domination coloniale classique, la nation dominée (la Palestine) et la métropole impérialiste (Israël) ne sont pas situées sur deux territoires différents, comme l'Inde de la Grande-Bretagne, ou l'Algérie de la France, ou le Brésil du Portugal, ou la Libye de l'Italie, etc. Elles sont situées sur un seul et même territoire qui, au demeurant, est tout petit.

Avec cette particularité : toute résolution juste de la question nationale passe nécessairement par trois étapes. Tout d'abord la « décolonisation ». En clair, la fin de l'occupation israélienne de la Cisjordanie, de Jérusalem-Est, de Gaza. Ensuite, c'est aux Palestiniens et à eux seuls de déterminer le régime politique qu'ils choisiront de bâtir sur ces territoires. Il se peut que la communauté internationale soit mise à contribution pour assurer la non ingérence d'Israël sur la souveraineté palestinienne, notamment en garantissant un couloir sûr pour relier Gaza à la Cisjordanie. Troisièmement, après avoir mis fin à l'occupation de gré ou de force, si les citoyens de la métropole impérialiste (Israël) et leurs dirigeants font preuve de suffisamment de maturité politique dans un avenir proche ou lointain, ils pourront décider de négocier de bonne foi avec leur ancienne « colonie » (les Territoires palestiniens) pour un autre arrangement politique, acceptable pour les deux parties et convenu d'un commun accord.

Il est bien entendu que toute « solution » irrédentiste, unilatérale, ultranationaliste, intolérante, voire génocidaire est inadmissible. Comme la création du « Grand Israël » où les Palestiniens seraient priés de dégager ou de mourir, quitte à s'établir dans d'autres pays arabes. Ou bien des appels « les Juifs à la mer », où ces derniers seraient destinés à l'extermination ou priés de chercher refuge dans les nombreux pays d'origine de leurs ancêtres respectifs. De telles « solutions » ultranationalistes, israéliennes ou palestiniennes, ne sont pas sérieuses et franchement, de nos jours, à part quelques groupes fanatiques, il n'y a pas grand monde qui préconise une telle issue.

Maintenant, si des Israéliens progressistes, pacifistes et anticolonialistes ont d'autres idées et veulent en discuter librement avec leurs homologues palestiniens, libres à eux de le faire. Et réciproquement, si des Palestiniens qui résistent à l'occupation veulent tendre la main à leurs camarades israéliens qui militent contre la politique de leur propre gouvernement pour évaluer ensemble quel avenir ils peuvent construire une fois débarrassés du joug colonial sioniste, libres à eux de le faire. Et ce serait tant mieux. En fait, un tel dialogue fraternel existe déjà et depuis de longues années entre Israéliens et Palestiniens unis dans une cause commune, celle pour une paix juste entre les deux peuples. Que ce dialogue continue jusqu'à la victoire finale, comme dirait le Che.

Il est bien entendu que les organisations de la société civile dans de nombreux pays peuvent apporter leur aide dans ce processus en exerçant des pressions sur l'État d'Israël, ainsi que sur les gouvernements de leurs pays respectifs, afin que ces derniers tiennent Tel-Aviv responsable de ses actes. Les flottilles internationales pour rompre le blocus de Gaza, les Tribunal Russell sur la Palestine, la campagne BDS et les innombrables actions de solidarité sont autant d'exemples de ces pressions. Bien que cet engagement soit partagé par de simples citoyens, toutes origines confondues, un rôle particulier incombe aux militants juifs. Pourquoi ?

En guise de réponse, sachez que l'auteur de ces lignes, aussi Juif soit-il, n'est pas Israélien, tout comme la grande majorité de la population juive du monde. De ce point de vue ce n'est pas à lui, ni aux Juifs du monde entier – qui ne portent pas le fardeau de la nationalité israélienne (heureux !) –, ce n'est pas à eux de dire aux Palestiniens comment concevoir leur avenir. Et pourtant, ils ont un rôle primordial à jouer dans ce processus, bien malgré eux. C'est de se démarquer, par tous les moyens à leur disposition, de l'État d'Israël et de ses dirigeants pour dire : « Vous ne me représentez pas ! » Ce faisant, ils cassent le mythe colporté par les sionistes selon lequel Israël serait l'État des Juifs et à ce titre représenterait tous les Juifs, où qu'ils vivent. En dissipant toute ambiguïté à cet égard, les quelque neuf millions de Juifs dans le monde qui ne sont pas Israéliens devraient envoyer ce message à leur propre gouvernement dans leurs pays respectifs. Peut-être ces gouvernements réaliseraient-ils que leurs citoyens juifs ne sont pas Israéliens, avec toutes les ramifications politiques qui en découlent. C'est une notion juridique qu'ils doivent a priori déjà posséder, car les Juifs du monde détiennent le passeport du pays dont ils sont les ressortissants et non le passeport israélien. Mais les gouvernements en question se rendraient compte que leurs citoyens juifs, dans leur diversité, ne se sentent pas forcément solidaires de l'État d'Israël, ni de ses politiques, ni de ses guerres, ni de ses atteintes aux droits humains, ni de ses crimes, ni de ses infractions au droit international. Une fois ce message transmis à ceux et celles qui exercent le pouvoir, les gouvernements se sentiraient plus libres de se démarquer de la politique israélienne. Car libérés de la hantise d'être taxés « d'antisémites ». Dès lors que les Juifs allemands, français, britanniques, russes, américains, canadiens, argentins, tunisiens, sud-africains ou australiens feraient comprendre à leurs gouvernements qu'il n'y a pas de « vote juif » uniforme, ni d'accord juif automatique avec les agissements douteux de l'État d'Israël, ces derniers pourraient voter dans leurs parlements respectifs et à l'ONU pour forcer la main à Israël afin qu'il se conforme au droit international.

L'agitation de la « rue juive » est loin d'être l'unique facteur qui influence les prises de position politiques sur cette question, car des considérations économiques, diplomatiques et stratégiques pèsent également de tout leur poids.

*

* *

Messie et rédemption : la Révolution russe

Que l'on soit croyant ou non, il y a un aspect central du judaïsme qui a imprégné la pensée juive à travers les temps, autant chez les religieux que chez les laïques. C'est l'idée que les Juifs seront toujours en exil jusqu'à la venue du Messie. On peut comprendre ce terme au sens propre comme au figuré. Selon les orthodoxes, nous n'avons qu'à attendre l'arrivée du Messie en nous consacrant à l'étude de la Torah et au respect des mitzvoth (commandements divins). Pour ce courant rigoureux du judaïsme traditionnel, toute intervention humaine est inutile car Dieu seul décidera du moment de l'arrivée de son émissaire. Parmi des courants religieux plus ouverts comme les juifs libéraux et, a fortiori, chez les Juifs laïques, c'est l'intervention humaine, qui serait conforme à la lettre et surtout à l'esprit des mitzvoth, qui peut accélérer la venue du Messie. Au 18ème siècle, la Halaskah[81], un courant intellectuel et moderniste de philosophes juifs, a avancé l'idée que l'Homme peut effectivement intervenir positivement pour faciliter la venue de l'âge messianique.

Aux 18ème et 19ème siècles, la grande majorité des Juifs d'Europe centrale partageaient leur condition

---

[81] Halaskah : souvent comparé à la Renaissance en Italie ou à la philosophie des Lumières en France, il s'agit d'un mouvement européen qui a relancé la spiritualité juive, impulsé par des courants modernistes de l'époque.

avec le prolétariat, voire le lumpen-prolétariat, surexploités quand ils n'étaient pas écartés du marché du travail, poussés à la marge de la société et obligés d'exercer des petits métiers (artisanat, colportage, échange) qui assuraient à peine leur subsistance. Chez ces Juifs, qui gonflaient les rangs de la classe ouvrière industrielle et artisanale, l'idée de l'intervention humaine pour accélérer la venue du Messie (au sens figuré) s'est traduite par une importante participation juive aux mouvements d'émancipation sociale de l'époque. Cette tendance s'est renforcée vers la fin du 19ème siècle sous l'influence d'un philosophe allemand d'origine juive, un certain Karl Marx. Elle s'est concrétisée en 1897 avec la création du Bund, qui allait devenir une puissante organisation de masse chez les ouvriers et artisans juifs. Pour ces militants, qui se sont détournés de la religion, de l'obscurantisme, des ghettos et du poids de la tradition, le nouveau Messie, c'était la révolution. Et la rédemption tant promise par les talmudistes, c'était l'émancipation sociale qui viendrait avec les transformations politiques majeures qui s'annonçaient à l'horizon. Il s'agit de la laïcisation d'un concept ancien du judaïsme, mis au goût du jour par un développement irrésistible des forces sociales, mobilisées pour le socialisme dans une période de fort bouillonnement politique.

La Révolution d'Octobre en Russie a émancipé les habitants des « zones de résidence » réservées aux Juifs sous l'Empire tsariste et la condition de ces derniers s'est nettement améliorée. Les Juifs russes ont massivement accompagné le processus d'édification du socialisme dans la jeune Union soviétique. L'adhésion de militants juifs chez les bolchéviques et dans les Partis communistes d'autres pays européens fut réelle, y compris au sommet de ces partis.

Mais la déception fut rude. Les armées blanches ont assiégé la révolution pendant la guerre civile (1918-1921) qui s'est accompagnée de pogroms antisémites commis par des forces contre-révolutionnaires en Ukraine. La crise économique et un début de famine ont éprouvé la république des soviets et les Juifs, déjà parmi les couches les plus pauvres du lumpen-prolétariat, en ont grandement souffert. Après l'assassinat de Rosa Luxembourg et de Karl Liebknecht en Allemagne, des poussées révolutionnaires en Europe centrale ont été écrasées dans le sang. Le fascisme a accédé au pouvoir en Italie en 1922 sous Mussolini et en Allemagne, pays qui avait jadis le Parti communiste le plus puissant d'Europe, un certain Adolphe Hitler a fait une première tentative pour s'accaparer du pouvoir avec le « putsch de la brasserie » à Munich en 1923. Son parti (les nazis) porte alors le nom trompeur de « Parti national-socialiste des travailleurs allemands ». Sale temps pour les révolutionnaires en général et sale temps pour les Juifs en particulier. Pendant ce temps l'Union soviétique peine à se redresser des années de guerre civile. Avec la mort de Lénine en 1924, Staline consolide son pouvoir, lentement mais sûrement. Les vieux bolchéviks sont déportés en Sibérie ou contraints à l'exil, tel Lev Davidovitch Bronstein (Trotsky). Avec la mise à l'écart de ces révolutionnaires, les espoirs de redresser la Russie soviétique dans le sens des valeurs marxistes s'amoindrissaient face à la montée de la bureaucratie stalinienne. Décidemment, la révolution a été pour les Juifs européens un faux Messie. La rédemption (l'édification du socialisme en URSS) a porté des espoirs de courte durée et, de nouveau, de nombreux Juifs furent jetés sur le chemin de l'exil, au sens propre et au figuré.

*

* *

Messie et rédemption : le triomphe du sionisme

Inutile de s'attarder sur le drame qui a précipité toute l'Europe dans la période noire des décennies 1930-1940. Le crash boursier de 1929 a plongé tous les pays industrialisés dans la Grande Dépression. Les vaincus de la Grande Guerre de 1914-1918 criaient vengeance et alors que l'Italie était déjà sous un régime fasciste, Hitler est venu au pouvoir en 1933. La prise de pouvoir par Franco en Espagne à l'issue d'une sanglante guerre civile (1936-1938) a complété le tableau. Le fascisme menaçait les peuples d'Europe et, comme on le sait, les Juifs étaient particulièrement visés comme « sous-hommes », avec d'autres indésirables (les Roms, les homosexuels, les déficients mentaux). La Seconde guerre mondiale, déclenchée en 1939 par l'invasion nazie de la Pologne, a fait 25 millions de morts et laissé l'Europe en ruines. Le génocide hitlérien contre les « sous-hommes » s'est soldé par l'extermination de six millions de Juifs, utilisant pour la première fois dans l'histoire de l'humanité des moyens industriels (et non militaires) pour supprimer des vies humaines.

Le « Reich de mille ans » s'est effondré après six ans de guerre, Hitler s'est suicidé dans son Bunker, l'Armée Rouge a hissé le drapeau soviétique sur le toit du Bundestag à Berlin et la planète entière s'est réveillée groggy. Le petit monde juif des shtetls d'Europe de l'Est avait disparu dans les chambres à gaz et dans les fours crématoires des camps d'extermination. Les survivants de ce terrible conflit se débrouillaient comme ils pouvaient pour ne pas mourir de faim et de froid dans les ruines d'Europe. Parmi les Juifs qui habitaient les territoires occupés par Hitler, il y avait quelques survivants : ceux qui avaient pris le maquis, des Juifs soviétiques qui avaient été évacués en Asie centrale et au Birobidjan, ceux qui avaient pu partir pour l'Amérique avec la complicité de certains consuls donnant des laisser-passer pour des réfugiés juifs et ceci à l'encontre des ordres de leurs chancelleries. Il y eut aussi des enfants juifs cachés dans les fermes en France et ailleurs par des justes, décorés ou non comme tels. Aussi il y avait un infime nombre de Juifs européens qui ont pu gagner la Palestine. Ils l'ont fait soit par conviction sioniste, soit tout simplement pour sauver leur peau. Ils y sont arrivés au compte-gouttes et ils ont eu la vie sauve.

Deux années après la capitulation hitlérienne, quand le monde a appris l'étendue des horreurs des camps de la mort, le fameux vote a eu lieu à l'Assemblée générale de l'ONU. Les nations du monde, réunies dans la toute nouvelle Organisation des Nations Unies, ont adopté à une seule voix de majorité le plan de partage de la Palestine en un État juif et un État arabe. C'est indéniablement l'ombre du génocide qui a plané sur la conscience des représentants des pays réunis à l'ONU lors de ce vote. Nous connaissons le reste de la tragique histoire israélo-palestinienne, inutile de s'y attarder dans les dernières pages de ce livre.

C'est dans cette conjoncture particulière et dans un monde traumatisé par le fascisme, la guerre, les destructions massives et les crimes contre l'humanité que le sionisme a triomphé. Il est clair qu'il n'aurait jamais triomphé sans le génocide juif. Des cyniques israéliens disent « tant pis pour les victimes d'Hitler mais tant mieux pour notre État ». Ils sont les seuls au monde à tenir ce discours, hormis les antisémites qui se réjouissent de voir la disparition de la grande majorité des Juifs d'Europe.

*

* *

La gloire et la déchéance d'une idée

Pendant longtemps en Israël – et dans les milieux sionistes ailleurs – on a entendu un autre discours, tout aussi cynique : « tant pis pour les Palestiniens », reconnaissant implicitement leurs souffrances. Mais dans le même souffle ils disent : « leurs malheurs n'ont rien de comparable avec ceux subis par le peuple juif sous Hitler ». Comme s'il fallait comparer toute souffrance humaine avec celle vécue par les victimes du Troisième Reich. Comme si toute injustice, aussi réelle soit-elle, serait amoindrie sous prétexte que c'était moins mal que les chambres à gaz et les fours crématoires. Ce genre de comparaison morbide n'a pas lieu d'être. Une injustice est une injustice. Le fait que tel crime serait moins grave que tel autre ne justifie rien. S'il y a une leçon, une seule, que l'humanité doit retenir de la Seconde guerre mondiale, c'est de ne plus jamais tomber dans la barbarie du fascisme, du racisme, de l'exclusion et de la déshumanisation de l'Autre.

Le progrès moral, éthique, philosophique, le progrès des idées est parfois moins rapide que le progrès technique dans notre société post-industrielle. Les Américains ont impulsé la tenue du procès de Nuremberg pour juger les criminels de guerre, mais ce furent ces mêmes Américains qui furent les seuls dans l'histoire à larguer des bombes atomiques sur des villes, celles de Hiroshima et Nagasaki. En 1957 les Soviétiques ont envoyé Sputnik dans le cosmos, le premier vaisseau spatial à faire le tour de notre planète au-dessus de la stratosphère, mais en même temps ils menaçaient toute vie humaine sur terre – avec leurs rivaux américains – en accélérant la course aux armements nucléaires. L'ONU a adopté la Déclaration universelle des Droits de l'Homme mais les dirigeants des pays alliés, notamment les États-Unis, ont facilité la fuite des criminels de guerre nazis en Amérique latine pour des « raisons d'État ». Le cynisme est à son comble. Les Nations Unis et ses instances juridiques (Cour internationale de justice, Tribunal pénal international) jugent d'anciens dictateurs pour crimes de guerre et crimes contre l'humanité, mais les horreurs ne cessent pas pour autant. Les Conventions de Genève précisent dans le détail les règles de la guerre et la responsabilité des belligérants en temps de conflit armé. On a condamné certains dignitaires nazis pour crime de génocide, mais cela n'a pas empêché le génocide cambodgien commis par les Khmers Rouges en 1975, ni la purification ethnique commise par les forces serbes dans l'ex-Yougoslavie en 1992, ni le génocide tutsi commis par le pouvoir hutu au Rwanda en 1994.

Tous les acquis démocratiques proclamés par l'ONU en matière de droits humains ne sont pas négligeables, ni fictifs. Malgré leur application nécessairement imparfaite, ils représentent un progrès éthique réel pour l'humanité. Le rythme des progrès techniques (y compris militaires) et des progrès éthiques continue à s'entrecroiser avec des hauts et des bas, des victoires et des défaites, des soulagements et des déceptions. Ainsi va l'histoire contemporaine. Ce n'est pas un long fleuve tranquille mais ce n'est pas non plus un abîme permanent dans une caverne d'horreurs sans fin. C'est tout simplement un lent progrès, mais un progrès réel tout de même, dans le domaine des droits, ponctué d'avances et de reculs. Comment pourrait-il en être autrement ?

Pendant de longs siècles, les perdants éternels sous des régimes politiques plus ou moins autocratiques en Europe furent les Juifs. Ils constituaient une minorité facilement attaquable comme bouc émissaire quand les affaires tournaient mal pour le pouvoir. Le racisme, c'est souvent une affaire d'État. Leurs coreligionnaires séfarades dans le Monde Arabe eurent plus de chance avec leurs voisins, aux côtés desquels ils purent vivre dans une coexistence généralement plus paisible pendant la longue histoire judéo-arabe, puis judéo-musulmane, au Moyen-Orient, en Afrique du Nord et pendant l'âge d'or andalou en Espagne. On ne choisit pas sa famille, ni son lieu de naissance. Le bonheur des uns, comme le malheur des autres, est souvent une affaire de hasard. Avec le lent progrès éthique de l'humanité, on est en droit de croire qu'un avenir un peu plus civilisé nous attend dans les décennies et les siècles à venir. Le Messie et la rédemption viendront-ils d'une autre poussée révolutionnaire, ou bien viendront-ils des bancs de l'Assemblée générale des Nations Unies ? Ou encore, viendront-ils du ciel, comme professent les religieux ? Qui vivra verra.

Et le peuple palestinien dans tout ça ? Il a largement payé le prix du sang et de l'humiliation pour le tragique destin des Juifs d'Europe, dans lequel il n'est pour rien. Les crimes d'Hitler ne peuvent pas être attribués aux paysans palestiniens qui cultivaient tranquillement leurs oliviers dans les vergers de Cisjordanie, qui priaient à la Mosquée Al-Aqsa à Jérusalem ou qui partaient pêcher en Méditerranée à partir des ports de Jaffa ou de Gaza. Et pourtant, ce sont eux les perdants de l'histoire tragique des Juifs du 20ème siècle.

L'histoire les a déjà absous des torts dont les sionistes les ont faussement accusés. À nous maintenant de réparer ce qui peut l'être, d'apporter un maximum de justice dans une situation manifestement injuste, de faciliter une réconciliation – difficile mais indispensable – entre les peuples palestinien et israélien. Il est bien entendu que cette tâche incombe à chacun de nous, à l'ensemble des citoyens du monde épris de paix. À eux de faire un geste dans ce sens, aussi modeste soit-il. L'exemple de la société civile, des syndicats, des partis, des associations, des ONG qui travaillent déjà sur ce dossier en faisant leur possible pour rendre justice au peuple palestinien nous montre la voie. Mais la responsabilité des Juifs dans cette tâche historique pèse particulièrement lourd. Et ceci bien malgré eux. Un Juif canadien né dans les années 1950, un Juif français né dans les années 1960, un Juif australien né dans les années 1970, un Juif tunisien né dans les années 1980, un Juif américain né dans les années 1990 ne sont pour rien dans cette histoire. Pour peu qu'ils mènent une vie tranquille chez eux au Canada, en France, en Australie, en Tunisie ou aux États-Unis sans faire leur « aliya » en Israël, sans soutenir la politique répressive du gouvernement israélien d'une façon ou d'une autre et sans manifester la moindre animosité envers des Arabes en général ou des Palestiniens en particulier, ils ne sont pour rien dans tout ça. Mais il y a un hic.

Le gouvernement d'Israël déploie des efforts colossaux pour les embrigader derrière sa politique criminelle par le biais de nombreuses campagnes de séduction et de propagande via ses agences officielles ou officieuses (Agence juive, KKL, El Al[82], offices de tourisme, salons d'investissements, etc.). Mais Tel-Aviv ne s'arrête pas là. L'État hébreu a mis la main sur la direction des instances communautaires juives partout dans le monde. À travers elles, les responsables israéliens multiplient des pressions sur les Juifs de la « Diaspora ». Des associations juives locales – religieuses ou laïques – sont mises à contribution. Le soutien à la politique israélienne devient un critère pour accorder ou refuser le financement de projets éducatifs, culturels, caritatifs ou médiatiques dans la communauté, car les décideurs communautaires sont maintenus dans le giron israélien. Les pressions sont très fortes. Même des synagogues deviennent des lieux de propagande et d'embrigadement, ce qui est inacceptable. Car pour les croyants, fréquenter une synagogue, ce n'est pas adhérer à un parti politique et assister à l'office de shabbat, ce n'est pas participer à un meeting partisan.

Tout cela a pour effet de renforcer au sein de l'opinion publique l'impression que les Juifs sont une « cinquième colonne », des citoyens de loyauté douteuse, des extranationaux qui sont en fait des Israéliens (ce qui n'est pas le cas) ou bien des Israéliens en puissance. Dans cette ambiance pesante,

---

[82] El Al : la compagnie nationale aérienne d'Israël. Le tourisme est un des piliers de l'économie israélienne, une des principales sources de devises étrangères.

les pressions sont mêmes fortes au sein des familles. Dans la plupart des cas il faut avoir du courage pour ne pas hurler avec les loups en faisant l'apologie de la politique d'Israël. Et s'en démarquer activement, disant haut et fort dans la communauté juive et au-delà que l'on désapprouve carrément la politique répressive de Tel-Aviv contre les Palestiniens, cela demande un certain courage. Et pourtant, c'est le genre d'initiative qui peut aider à faire basculer les gouvernements de nos pays respectifs vers une politique étrangère plus équilibrée, favorable à une paix juste au Proche-Orient.

De plus en plus nombreux sont ceux et celles dans la communauté qui relèvent le défi et dénoncent ce détournement des enseignements juifs universels, auxquels l'État d'Israël a tourné le dos. Ils s'indignent contre cette entreprise de perversion des valeurs qui nous sont chères, lorsque le gouvernement israélien prétend mener sa politique colonialiste et raciste au nom du judaïsme. Car la défense de la judaïté (religieuse ou laïque) est à ce prix. S'indigner, c'est faire preuve de fidélité aux « trois piliers sur lesquels repose le monde » : la vérité, la justice et la paix, pour citer un traité du Talmud.

Je remercie l'ensemble de mes lecteurs pour avoir bien voulu parcourir ces pages. Quant aux lecteurs juifs, je leur dis « Shalom » et bon courage dans la tâche qui nous attend. Comme au temps des prophètes, il nous incombe de participer à ce travail – parfois ingrat, mais nécessaire – le tout en conformité avec l'héritage qui nous est légué par les valeurs juives universelles. À nous de les transmettre aux générations futures.

Glossaire

Adalah Acronyme pour « Centre juridique pour les droits de la minorité arabe en Israël », ce mot signifie également « justice » en arabe. Association de juristes basée à Haïfa.

Agence juive Organisme paragouvernemental israélien qui a pour vocation d'encourager l'immigration juive en Palestine avant 1948, puis en Israël. Fondée en 1929.

AIC Alternative Information Center (Centre d'information alternative), association israélo-palestinienne fondée en 1984. Siégeant à Jérusalem-Ouest (Israël) et Beit Sahour (Cisjordanie), l'AIC publie le périodique « News from Within » en hébreu, arabe et anglais.

AIPAC American Israel Public Affairs Committee (Comité des affaires publiques israélo-américaines). Le principal lobby sioniste aux États-Unis.

Aliya Littéralement « montée » en hébreu, ce mot désigne l'immigration juive en Palestine, puis en Israël après 1948. « Troisième aliya » : vague d'immigration juive à la toute fin du 19ème siècle et au début du 20ème siècle dans le cadre du projet sioniste.

Al Kamandjati « Le petit violoniste » en arabe, le nom d'une association palestinienne dont l'objectif est de promouvoir la musique, surtout parmi les jeunes.

Ashkénaze Mot qui signifie littéralement « Juif allemand », il désigne des Juifs originaires d'Europe centrale et de l'Europe de l'Est.

ATMF Association des Travailleurs Maghrébins de France, fondée en 1960.

Balad Acronyme arabe pour « Ligue démocratique nationale » qui signifie également « pays ». Parti arabe à la Knesset, nationaliste et de centre-gauche, fondé en 1995.

BDS **Boycott**, Désinvestissement, Sanctions. Campagne internationale lancée par la société civile palestinienne en 2005.

Brith Shalom « Alliance pour la paix », courant de la gauche humaniste fondé en 1925 à Jérusalem. Elle militait pour l'indépendance de la tutelle britannique en Palestine sous l'égide d'une stricte égalité entre Juifs et Arabes.

B'Tselem Acronyme hébraïque pour « Centre israélien d'information sur les droits humains dans les Territoires occupés », fondé en 1989.

Bund Abréviation yiddish pour « Union générale des travailleurs juifs de Lituanie, de Pologne et de Russie », syndicat et parti politique fondé en 1897 à Vilna (actuellement Vilnius).

CNP Conseil national palestinien, instance représentative de l'OLP, pendant longtemps une sorte de parlement palestinien en exil.

Commission Peel Nommée par le gouvernement britannique à l'époque de la Palestine mandataire, elle propose en 1937 le premier plan de partage de la Palestine en deux entités : une partie juive et une partie arabe.

CRC Congrès rabbinique central, instance qui représente des rabbins orthodoxes au Canada et aux Etats-Unis.

CRIF Conseil représentatif des institutions juives de France, fondé dans la clandestinité en 1944 (alors sous le nom « Conseil représentatif des Israélites de France ») avec pour objectif de sauver des Juifs du génocide. Plutôt de gauche à sa fondation, le CRIF est aujourd'hui sioniste de droite.

Dreyfus Alfred Dreyfus, 1859-1935, capitaine de l'armée française de confession juive, injustement condamné en 1894 pour trahison. Ce procès a déclenché « l'Affaire Dreyfus », une profonde division de la société française portant avec elle une campagne antisémite d'une rare violence.

EJJP European Jews for a Just Peace (Juifs européens pour une paix juste), fondé en 2002. Réseau non sioniste et de gauche, il regroupe une quinzaine d'associations dans une dizaine de pays.

Fatah Acronyme arabe partiel inversé pour « Mouvement national palestinien de libération », parti créée par Yasser Arafat en 1959 au Koweït.

Fedayin Combattants palestiniens.

Forward Quotidien juif progressiste non sioniste publié en yiddish à New-York, fondé en 1897 (son titre signifie « en avant »). C'est aujourd'hui un hebdomadaire publié en anglais.

FPLP Front populaire pour la libération de la Palestine, parti politique de gauche avec des références marxistes. Membre de l'OLP, le FPLP est une composante de la résistance palestinienne.

Golem Être mythologique du folklore juif des ghettos d'Europe centrale. Réanimée au 16ème siècle, la légende du Golem est celle d'un corps inanimé fait d'argile, créé par l'Homme, dans lequel on a injecté le souffle de la vie.

Goy Mot hébraïque et yiddish qui signifie littéralement « autre nation », c'est-à-dire un non Juif. Utilisé parfois dans un sens péjoratif.

Grand Israël Terme qui désigne le projet sioniste extrémiste de créer un État juif de la Méditerranée au Jourdain.

Gush Emonim « Bloc de la Foi » en hébreu, une organisation messianique nationaliste créée en Cisjordanie en 1974, qui a largement contribué à la colonisation des Territoires palestiniens.

Gush Shalom « Bloc de la paix » en hébreu, association israélienne anticolonialiste qui milite contre l'occupation, fondée en 1993.

Ha'aretz « La terre » en hébreu, quotidien israélien de centre-gauche.

Hachomer Hatzaïr « Jeune garde » en hébreu, section jeunesse du précurseur du Parti travailliste israélien. Fondée en Pologne en 1913, elle avait alors des références marxistes.

Hadash Acronyme hébraïque pour « Front démocratique pour l'égalité et la paix » : le front de masse du Parti communiste israélien. Siégeant à la Knesset, c'est une des rares organisations binationales judéo-arabes en Israël. L'essentiel de son électorat se trouve aujourd'hui parmi les Palestiniens de l'intérieur.

Haganah « Défense » en hébreu, organisation militaire clandestine créée en Palestine en 1920. Prédécesseur de l'armée israélienne.

Halacha Le corpus du droit judaïque, codifié dans la Torah et le Talmud et interprété par des rabbins.

Halaskah Mouvement philosophique juif du 18ème siècle lancé par des intellectuels d'Europe centrale. Souvent comparé à la Renaissance en Italie ou à la philosophie des Lumières en France, il s'agit d'un courant de spiritualité juive, impulsé par des courants modernistes de l'époque.

Hamas Acronyme pour « Mouvement de la résistance islamique », qui signifie également « enthousiasme » en arabe. Parti politique palestinien fondé en 1987 à Gaza, proche des Frères musulmans égyptiens. Composante importante de la résistance palestinienne (non membre de l'OLP), il est au pouvoir à Gaza depuis 2007.

Hamoked Acronyme hébraïque pour « Association pour la défense de l'individu », une organisation israélienne des droits humains.

Haphtara Une brève lecture des Prophètes qui suit la lecture de la Torah à la synagogue pendant l'office de shabbat ou lors d'autres fêtes juives.

Hezbollah « Parti de Dieu » en arabe. Parti politique religieux chi'ite libanais fondé en 1982.

Histadrouth Centrale syndicale unique, fondée en 1920. Il s'agit d'un acronyme qui signifie « Organisation générale des travailleurs hébreux en terre d'Israël ». Comme son nom l'indique, c'est un syndicat sioniste mais aujourd'hui il représente aussi des salariés arabes citoyens d'Israël et administre la sécurité sociale israélienne.

Hithabrut-Tarabut Association antiraciste israélienne qui se définit comme un « mouvement juif-arabe pour un changement politique et social », fondée en 2006.

Holocauste Mot hébraïque qui désigne le génocide des Juifs perpétré par les nazis pendant la Seconde guerre mondiale. Le terme Shoah est également utilisé pour designer ce génocide.

ICAHD Israeli Committee Against House Demolitions (Comité israélien contre la démolition de maisons), fondé en 1997. Il ne se contente pas de protester : il reconstruit des maisons palestiniennes démolies par l'armée israélienne.

IJAN International Jewish Anti-Zionist Network (Réseau antisioniste juif international), présent dans plusieurs pays.

IJV Independent Jewish Voices (Voix juives indépendantes), organisation canadienne qui regroupe plusieurs associations juives progressistes à travers le pays, fondé en 2008 à Toronto.

Intifada « Soulèvement » en arabe, il désigne les deux grandes révoltes palestiniennes dans les Territoires occupés, qui ont éclaté en 1987 et 2000.

Irgoun De son nom complet Irgoun Zvaï Leoumi (« Organisation militaire nationale »), une milice sioniste d'extrême droite fondée en Palestine en 1931, qui a notamment commis des atrocités pendant la guerre de 1948.

Israël Beiténou Littéralement « Israël notre maison », parti d'extrême droite dirigé par Avigdor Liberman, ancien ministre des Affaires étrangères sous les gouvernements de Ehud Olmert et de Benyamin Netanyahou.

Israélite Une personne de religion ou d'origine juive (à ne pas confondre avec un citoyen de l'État d'Israël, dont la désignation est « Israélien »).

JCRC Jewish Community Relations Council (Conseil des relations communautaires juives) aux Etats-Unis, pro-sioniste.

JFNA Jewish Federations of North America (Fédérations juives d'Amérique du Nord), qui regroupe 157 organisations à travers les États-Unis

Judaïsme de la Torah Coalition de formations orthodoxes ashkénazes à la Knesset, très présente parmi les colons.

Kadima Littéralement « en avant » en hébreu, parti de centre droite fondé par Ariel Sharon en 2005 après l'évacuation des colons de la Bande de Gaza.

Kibboutz Ferme collective dans la Palestine mandataire puis en Israël dans le cadre du projet sioniste. Pluriel : kibboutzim.

KKL Keren Kayemeth LeIsrael. Son sigle hébraïque signifie littéralement « Fonds pour la création d'Israël ». Fondé en 1901, il a racheté des terres en Palestine dans le cadre du projet sioniste. Également connu en français sous le nom « Fonds national juif » et en anglais sous le nom « Jewish National Fund ».

Kol Acher « Une Autre Voix », le nom d'une association de citoyens juifs pacifistes à Sdérot, dans le sud d'Israël.

LICRA Ligue internationale contre le racisme et l'antisémitisme, association française fondée à Paris en 1926.

Ligue arabe Organisation régionale avec statut d'observateur à l'ONU, fondée en 1945 au Caire.

Ligne Verte Ligne de démarcation qui sépare Israël, dans ses frontières internationalement reconnues, de la Cisjordanie. Elle fut tracée après la première guerre israélo-arabe de 1948.

Ma'ariv « Le Soir » en hébreu, quotidien israélien de droite.

Matzpen « La boussole » en hébreu, organisation israélienne d'extrême gauche, antisioniste. Crée en 1962, elle s'est autodissoute en 1983.

Meretz Parti laïque qui siège à la Knesset, sioniste de gauche, fondé en 1992.

Minhal Mekarkei Israel Administration des domaines d'Israël, institution de propriété foncière opérant sous la responsabilité du gouverne-ment israélien.

Mizrahi Terme hébraïque qui désigne les Juifs originaires du Moyen-Orient. Par extension, ce terme est parfois utilisé en Israël pour tout Juif originaire de l'ensemble du Monde Arabe, le Maghreb compris.

Mochav Coopérative ouvrière dans la Palestine mandataire puis en Israël dans le cadre du projet sioniste. Pluriel : mochavim.

Mossad Service secret de contre-espionnage de l'État israélien.

Nakba « Catastrophe » en arabe, c'est l'expulsion d'entre 600 000 et 800 000 Palestiniens de leurs foyers pendant la guerre de 1948.

Netivot Shalom Créée en 1975, elle se définit comme la seule organisation israélienne qui soit religieuse, sioniste et pour la paix.

OSM Organisation sioniste mondiale, fondée en 1897 à Bâle (Suisse).

Palmach « Unité de choc » en hébreu, une milice d'élite créée en Palestine en 1941. A intégré l'armée israélienne en 1948.

Pessah La pâque juive qui, selon le récit biblique, commémore la délivrance des esclaves hébreux du Pharaon en Égypte. Après leur fuite de l'esclavage, Moïse les conduit vers la terre promise, selon le livre de l'Exode.

Pogrom Mot russe qui désigne un massacre de Juifs, tel que perpétré par des antisémites sous l'Empire tsariste.

PNR Parti National Religieux, ultra-orthodoxe et ashkénaze, fondé en 1956 et officiellement dissout en 2008. Ses dirigeants ont continué à siéger au gouvernement sous cette étiquette jusqu'en 1992. Traditionnellement au centre de l'échiquier politique, il a évolué vers la droite, proche des colons.

OLP Organisation pour la Libération de la Palestine, fondée en 1964 à Jérusalem-Est.

PCHR Palestinian Centre for Human Rights (Centre palestinien des droits humains), basé à Gaza, fondé en 1995.

PCATI Public Committee Against Torture in Israel (Comité public contre la torture en Israël), fondé en 1990.

Refuznik Mot russe qui signifie « celui qui refuse ». En clair, un objecteur de conscience de l'armée israélienne. Statut non reconnu par Tsahal. Les refuzniks sont réprimés et parfois condamnés par des tribunaux militaires.

Séfarade Également écrit « sépharade », ce terme signifie littéralement « Juif espagnol ». Il désigne les Juifs originaires de la péninsule ibérique et d'Afrique du Nord.

Shalom Archav « La Paix Maintenant » en hébreu, organisation pacifiste israélienne, sioniste de gauche, créée en 1978.

Shass Parti politique religieux à la Knesset, ultra-orthodoxe, séfarade et de droite, fondé en 1984.

Shoah Mot hébraïque qui désigne le génocide des Juifs perpétré par les nazis pendant la Seconde guerre mondiale. Le terme Holocauste est également utilisé pour désigner ce génocide.

Shovrim Shitka « Rompre le silence » en hébreu. Le nom d'une association de soldats qui témoignent au sujet des crimes de guerre commis par l'armée israélienne.

Shtetls Villages et bourgades juifs dans la Russie tsariste et les territoires qu'elle contrôlait dans l'est de l'Europe.

Stern Avraham Stern, 1907-1942, dirigeant sioniste d'extrême droite d'origine polonaise. La milice Lehi qu'il a fondée et qui porte également son nom – le gang Stern – a notamment commis des atrocités en Palestine pendant la guerre de 1948.

Ta'ayoush Mot arabe qui signifie « Vivre ensemble », c'est le nom d'une association israélienne fondée en 2000 pour promouvoir la fraternité judéo-arabe et aider à mettre fin à l'occupation des Territoires palestiniens.

Talmud Série d'écrits rédigés par des rabbins dans l'antiquité sur une période de plusieurs siècles, œuvre officiellement inachevée. Il est constitué essentiellement des commentaires sur la Torah. Également connu sous l'appellation de loi « orale », le Talmud est sujet à de multiples interprétations et considéré comme faillible, car c'est l'œuvre des hommes et non de Dieu.

Torah Les cinq premiers livres de la Bible, principal texte saint du judaïsme. Également connu sous le terme de loi « écrite » (par opposition au Talmud, la loi « orale »).

TPI Tribunal pénal international, instance de l'ONU qui siège à La Haye (Pays-Bas), fondé en 1993.

Tsahal Acronyme hébraïque qui signifie « Forces de défense d'Israël ». Appellation habituelle de l'armée israélienne.

Tou Bishvat Le « Nouvel an des arbres » dans le calendrier hébraïque, qui tombe généralement début janvier.

UJFP Union juive française pour la paix, fondée à Paris en 1994.

WIZO Women's International Zionist Organisation (Organisation internationale de femmes sionistes), fondée à Londres en 1920.

Yad Vashem Mémorial de la Shoah à Jérusalem.

Yediot Aharonot « Dernières nouvelles » en hébreu, un tabloïd classé à droite, le quotidien le plus lu en Israël.

Yesh Din Une association israélienne de droits humains dont le nom signifie « Il y a une justice », fondée en 2005.

Yesh Gvul Jeu de mots en hébreu qui veut dire à la fois « Il y a une limite » et « Il y a une frontière ». La principale association de soutien aux objecteurs de conscience de l'armée israélienne, fondée en 1982.

Yichouv Désigne les communautés juives en Palestine qui y ont émigré depuis la fin du 19ème siècle dans le but de créer un État juif. Les Juifs palestiniens qui étaient déjà sur place à l'époque et qui ne participaient pas au projet national sioniste ne sont pas concernés par ce terme.

Zokrot Littéralement « Se souvenir » en hébreu, association israélienne fondée en 2002 par des citoyens juifs pour entretenir la mémoire des villages palestiniens détruits dans la guerre de 1948.

Table des matières

Cet ouvrage a été composé par Edilivre

175, boulevard Anatole France – 93200 Saint-Denis

Tél. : 01 41 62 14 40 – Fax : 01 41 62 14 50

Mail : client@edilivre.com

www.edilivre.com

Tous nos livres sont imprimés
dans les règles environnementales les plus strictes

ISBN papier : 978-2-332-71088-8

ISBN pdf : 978-2-332-71089-5

ISBN epub : 978-2-332-71087-1

Dépôt légal : juin 2014

Imprimé en France, 2014